Grundschule in der digitalen Gesellschaft

Birgit Eickelmann, Ramona Lorenz,
Mario Vennemann, Julia Gerick,
Wilfried Bos (Hrsg.)

Grundschule in der digitalen Gesellschaft

Befunde aus den Schulleistungsstudien
IGLU und TIMSS 2011

Waxmann 2014
Münster • New York

Bibliografische Informationen der Deutschen Nationalbibliothek
Die Deutsche Nationalbibliothek verzeichnet diese Publikation in
der Deutschen Nationalbibliografie; detaillierte bibliografische
Daten sind im Internet über http://dnb.d-nb.de abrufbar.

Print-ISBN 978-3-8309-3020-4
E-Book-ISBN 978-3-8309-8020-9

© Waxmann Verlag GmbH, 2014
Postfach 8603, 48046 Münster

www.waxmann.com
info@waxmann.com

Umschlaggestaltung: Inna Ponomareva, Münster
Titelbild: vgajic – istockphoto.com
Satz: Sven Solterbeck, Münster
Druck: Hubert & Co., Göttingen

Gedruckt auf alterungsbeständigem Papier,
säurefrei gemäß ISO 9706

Printed in Germany

Alle Rechte vorbehalten. Nachdruck, auch auszugsweise, verboten.
Kein Teil dieses Werkes darf ohne schriftliche Genehmigung des
Verlages in irgendeiner Form reproduziert oder unter Verwendung
elektronischer Systeme verarbeitet, vervielfältigt oder verbreitet werden.

Inhalt

Grundschule in der digitalen Gesellschaft –
Konzeption und Inhalt des Bandes 7
*Birgit Eickelmann, Ramona Lorenz, Mario Vennemann,
Julia Gerick & Wilfried Bos*

Schulische Ausstattung mit digitalen Medien in der Grundschule............. 19
Julia Gerick, Mario Vennemann, Ramona Lorenz & Birgit Eickelmann

Zur Rolle der Schulleitung bei der Integration digitaler Medien
in Grundschulen 35
Julia Gerick, Kerstin Drossel & Birgit Eickelmann

Wie schätzen Grundschullehrerinnen und -lehrer
den Stellenwert digitaler Medien ein? 49
Birgit Eickelmann & Ramona Lorenz

Neue Technologien und die Leseleistung von Grundschulkindern.
Zur Bedeutung der schulischen und außerschulischen Nutzung
digitaler Medien 59
Ramona Lorenz & Julia Gerick

Nutzung digitaler Medien im naturwissenschaftlichen Unterricht
der Grundschule 73
Birgit Eickelmann & Mario Vennemann

Fachliche Nutzung digitaler Medien im Mathematikunterricht
der Grundschule 85
Julia Kahnert & Manuela Endberg

Digitale Lernressourcen und leistungsbezogene Disparitäten
von Grundschulkindern 97
Mario Vennemann & Birgit Eickelmann

Computernutzung von Grundschulkindern – (k)eine Geschlechterfrage?..... 111
Ramona Lorenz & Julia Kahnert

Digitale Kluft in der Grundschule?
Die Ausstattung und Nutzung digitaler Medien von Kindern
vor dem Hintergrund sozialer Disparitäten 123
Kerstin Drossel, Julia Gerick & Birgit Eickelmann

Computer und Internet im Spiegel migrationsspezifischer Disparitäten....... 141
Mario Vennemann, Julia Gerick & Birgit Eickelmann

Autorinnen und Autoren.. 157

Grundschule in der digitalen Gesellschaft – Konzeption und Inhalt des Bandes

Birgit Eickelmann, Ramona Lorenz, Mario Vennemann, Julia Gerick & Wilfried Bos

In Deutschland findet seit den 1990er Jahren die Nutzung von Computern und digitalen Medien Eingang in den Unterricht der Grundschulen und wird dort seither stetig ausgebaut. Neben Modellprojekten zum didaktischen Einsatz digitaler Medien in der Grundschule im Allgemeinen finden sich in der Literatur zahlreiche Sammlungen zur Beschreibung von Unterrichtsprojekten und -materialien, die in den letzten Jahren zunehmend webbasierte Angebote wie Wikis, mobile Endgeräte und neuerdings auch Tablet-Computer einbeziehen (vgl. u.a. Anskeit & Eickelmann, 2011; Aufenanger & Schlieszeit, 2013; Heyden & Lorenz, 2003; Mitzlaff, 2007). Diese oft an Beispielen orientierte Auseinandersetzung mit digitalen Medien in der Grundschule geht vielfach von dem Ansatz aus, dass digitale Medien das Potenzial haben, Unterricht zu modernisieren und eine neue Lernkultur zu unterstützen (vgl. Eickelmann & Schulz-Zander, 2010; Voogt & Knezek, 2008). Eine wichtige Rolle spielt dabei die Individualisierung des Lernens im Sinne eines vielfältigeren Angebotes an Lernmaterialien für unterschiedliche Schülergruppen, eines Lernens in eigenem Tempo sowie einer Unterstützung offener und kooperativer Lernformen (vgl. Eickelmann, Vennemann & Aßmann, 2013; Papanastasiou, Plomp & Papanastasiou, 2011).

Neben der theoretischen und konzeptionellen Beschreibung der Nutzung digitaler Medien in der Grundschule liegen empirische Studien vor, die sich auf die Nutzung und Implementierung digitaler Medien in Schulen beziehen (vgl. Eickelmann, 2010). Aktuelle nationale Studien zu neuen Technologien in der Grundschule, die neben Ausstattungsaspekten auch die Nutzung im Fachunterricht sowie Schülerhintergrundmerkmale berücksichtigen, fehlen trotz der steigenden Relevanz des Themas derzeit jedoch. Diese Lücke soll mit dem vorliegenden Band geschlossen werden, dessen Grundlage die aktuellen Daten der *Internationalen Grundschul-Lese-Untersuchung* (IGLU[1]; vgl. Bos, Tarelli, Bremerich-Vos & Schwippert, 2012) und der *Trends in International Mathematics and Science Study* (TIMSS; vgl. Bos, Wendt, Köller & Selter, 2012) aus dem Jahr 2011 bilden. Dieser Band greift die Diskussion um den Stellenwert neuer Technologien in der Primarstufe auf und nutzt dazu aus unterschiedlichen Perspektiven die Daten ebendieser Grundschulleistungsstudien, die die Möglichkeit für vertiefende Analysen hinsichtlich der Qualität und Nutzung digitaler Medien in der Primarstufe bieten.

---

1 International wird die Studie als *Progress in International Reading Literacy Study* (PIRLS) geführt.

Er zielt darauf ab, die für Deutschland repräsentativen Daten zu nutzen, um Einblicke in die schulische und außerschulische Ausstattung und Nutzung digitaler Medien durch Grundschulkinder am Ende der vierten Klasse zu geben. Dabei werden die Lern- und IT-Ausstattungsbedingungen an Grundschulen in den Blick genommen, die Schulleitungs- und Lehrerperspektive aufgegriffen, die fachliche Integration digitaler Medien thematisiert sowie auf Schülerhintergrundmerkmale und den Zugang zu digitalen Lernressourcen abgehoben. In separaten Beiträgen werden vertiefend unter der Berücksichtigung des Geschlechteraspekts, des Migrationshintergrundes sowie des sozioökonomischen Status der Schülerinnen und Schüler mögliche Unterschiede im Zugang zu und der Nutzung von digitalen Medien betrachtet. Dabei dienen sowohl die speziell als nationale Ergänzung in Deutschland erweiterten Instrumente als auch die internationalen Daten von IGLU und TIMSS 2011 als Grundlage der Sekundäranalysen.

1.   Zur Datengrundlage dieses Bandes – die Studien IGLU und TIMSS 2011

Seit mehr als 10 Jahren beteiligt sich Deutschland an IGLU und seit 2007 mit der vierten Jahrgangsstufe auch an TIMSS. Diese Studien dienen dem Bildungsmonitoring und bilden neben internationalen Leistungsvergleichen seither die empirische Grundlage zur Verbesserung des Bildungssystems im Bereich der Primarstufe. Inhaltlich heben IGLU und TIMSS auf die Kompetenzen von Grundschülerinnen und Grundschülern im Lesen (IGLU) sowie in Mathematik und in Naturwissenschaft (TIMSS) ab. Um die vorhandenen Leistungsstände der Grundschülerinnen und Grundschüler vor dem Hintergrund schulischer und außerschulischer Merkmale analysieren und einordnen zu können, werden neben der Kompetenzmessung umfangreiche Hintergrundfragebögen für die an Schule beteiligten Akteure (Schülerinnen und Schüler, Lehrpersonen und Schulleitung sowie in IGLU zusätzlich Eltern) eingesetzt, mit denen einerseits Merkmale der Person (Alter, Geschlecht, etc.), andererseits Prozessmerkmale von Schule und Unterricht erhoben werden. Dabei werden in Deutschland nicht nur die auf internationaler Ebene entwickelten und ausgewählten Fragen eingesetzt, sondern die internationalen Instrumente zusätzlich um nationale Ergänzungen erweitert, die vertiefend auf Bereiche abzielen, die für das deutsche Bildungssystem besonders spezifisch und relevant sind (vgl. Tarelli, Wendt, Bos & Zylowski, 2012). Sowohl in IGLU als auch in TIMSS bezieht sich die Zielpopulation auf Schülerinnen und Schüler am Ende der vierten Jahrgangsstufe.

Deutschland nahm bisher in einem fünfjährigen Rhythmus in den Jahren 2001, 2006 und 2011 an IGLU sowie in einem vierjährigen Zyklus in den Jahren 2007 und 2011 mit der vierten Jahrgangsstufe an TIMSS teil. Durch diesen Rhythmus fielen im Jahre 2011 erstmals die Erhebungszyklen von IGLU und TIMSS zusammen. Insgesamt beteiligten sich im Jahr 2011 weltweit 56 Bildungssysteme an der IGLU-Studie und 59 Bildungssysteme an der TIMS-Studie (vgl. Bos, Tarelli, Bremerich-Vos & Schwippert, 2012; Bos, Wendt, Köller & Selter, 2012). Neben Deutschland nahmen 37 weitere Teilnehmerstaaten die Gelegenheit wahr, sich an beiden Studien mit derselben Schülerkohorte aus der vierten Jahrgangsstufe zu beteiligen[2] (vgl. Tarelli et al., 2012). So nahmen im Jahr 2011 in Deutschland fast 4000 Schülerinnen und Schüler sowohl an IGLU als auch an TIMSS im Rahmen einer zweitägigen Testung teil (IGLU: 4000 Schülerinnen und Schüler, TIMSS: 3995 Schülerinnen und Schüler). Zur Stichprobenziehung greifen beide Studien auf eine mehrfach geschichtete Klumpenstichprobe zurück. Mit dieser komplexen Stichprobenziehung sind gewisse Unsicherheiten verbunden, die bei der Auswertung der Befunde beachtet werden müssen. Wird beispielsweise die Annahme einer einfachen Zufallsstichprobe zugrunde gelegt (wie in den meisten für Analysen verwendeten Statistikprogrammen der Fall), werden die Standardfehler der entsprechenden Statistiken unterschätzt und Befunde eher statistisch signifikant. Um dies zu verhindern, werden die Ergebnisse in diesem Band mit der von der IEA für Sekundäranalysen großer Schulleistungsuntersuchungen zur Verfügung gestellten Software IDB-Analyzer berechnet (vgl. Rutkowski, Gonzalez, Joncas & von Davier, 2010). Dieser gleicht die Unsicherheiten, die durch die Stichprobenziehung sowie Nichtbeantwortung von Fragen erzeugt werden, einerseits durch die sogenannte Repeated Jackknife Replication Technik (JRR, vgl. Johnson & Rust, 1992) und andererseits durch Berücksichtigung entsprechender Gewichtungsvariablen aus.

Wie in der nationalen Berichtlegung (vgl. Bos, Wendt et al., 2012; Bos, Tarelli et al., 2012) werden für die Einordnung der nationalen Befunde für Deutschland in den internationalen Kontext je nach Datengrundlage weitere Teilnahmestaaten sowie auch sogenannte Vergleichsgruppen herangezogen. Diese ermöglichen es, die Ergebnisse aus Deutschland mit denen der an IGLU bzw. TIMSS teilnehmenden Staaten der Europäischen Union (EU) und der Organisation for Economic Co-operation and Development (OECD) zu vergleichen.[3] Tabelle 1 gibt einen Überblick über die Vergleichsgruppen in IGLU 2011 und TIMSS 2011 (vgl. Tarelli, Wendt, Bos & Zylowski, 2012; Wendt, Tarelli, Bos, Frey & Vennemann, 2012).

Die in diesem Band gesammelten Beiträge fokussieren entweder auf Daten der IGLU-Studie, insbesondere dann, wenn auf den Deutschunterricht oder die Leseleistung abgezielt wird, oder auf Daten der TIMS-Studie, wenn auf den mathematischen oder naturwissenschaftlichen Bereich abgehoben wird. In Beiträgen, die nicht explizit fachliche Themen behandeln, wird entweder auf die Daten der IGLU- oder die der TIMS-Studie rekurriert. Dieser Ansatz ist durchaus vertret-

---

2 Aus diesem Grund liegen in diesen Ländern ebenfalls Elterninformationen für TIMSS 2011 vor.
3 Für Einzelheiten zu den organisatorischen Rahmenbedingungen der Studie (Teilnehmerstaaten, Testablauf, Qualitätsmanagement etc.) sowie auf Aspekte der Testkonzeption und -auswertung sei auf die jeweiligen nationalen Berichtsbände der Studien verwiesen.

Tabelle 1: Vergleichsgruppen in IGLU 2011 und TIMSS 2011

IGLU 2011		TIMSS 2011	
VG EU	**VG OECD**	**VG EU**	**VG OECD**
Belgien (Franz. Gem.)	Australien	Belgien (Fläm. Gem.)	Australien
Bulgarien	Belgien (Franz. Gem.)	Dänemark	Belgien (Fläm. Gem.)
Dänemark	Dänemark	Deutschland	Chile
Deutschland	Deutschland	England	Dänemark
England	England	Finnland	Deutschland
Finnland	Finnland	Irland	England
Frankreich	Frankreich	Italien	Finnland
Irland	Irland	Litauen	Irland
Italien	Israel	Malta	Italien
Litauen	Italien	Niederlande	Japan
Malta	Kanada	Nordirland	Neuseeland
Niederlande	Neuseeland	Österreich	Niederlande
Nordirland	Niederlande	Polen	Nordirland
Österreich	Nordirland	Portugal	Norwegen
Polen	Norwegen	Rumänien	Österreich
Portugal	Österreich	Schweden	Polen
Rumänien	Polen	Slowakische Rep.	Portugal
Schweden	Portugal	Slowenien	Republik Korea (Süd)
Slowakische Rep.	Schweden	Spanien	Schweden
Slowenien	Slowakische Rep.	Tschechische Rep.	Slowakische Rep.
Spanien	Slowenien	Ungarn	Slowenien
Tschechische Rep.	Spanien		Spanien
Ungarn	Tschechische Rep.		Tschechische Rep.
	Ungarn		Türkei
	USA		Ungarn
			USA

bar, denn – so ergeben eigene vergleichende Analysen – weichen die Angaben der Deutschlehrkräfte in IGLU 2011 in Bezug auf die im vorliegenden Band betrachteten Fragen und Bereiche nur in sehr geringem Maße von den Angaben der Mathematik- und Naturwissenschaftslehrkräfte ab, die mit der TIMS-Studie adressiert wurden. Daher verzerrt eine Einschränkung auf nur eine Studie innerhalb eines Kapitels die Ergebnisse der Beiträge nicht. Der geringe Unterschied zwischen der reinen IGLU- und TIMSS-Lehrerkohorte liegt möglicherweise nicht zuletzt auch darin begründet, dass im Grundschulbereich oft nach dem Klassenlehrerprinzip und nicht nach dem Fachlehrerprinzip unterrichtet wird und die Angaben aufgrund der gemeinsamen Stichprobe der beiden Studien in Deutschland somit überwiegend von Lehrkräften stammen, die mindestens zwei der Fächer Mathematik, Deutsch und Sachunterricht in der Grundschule unterrichten.

Eine weitere befragte Personengruppe stellen die Schulleitungen dar. Hinsichtlich der Schulleitungen ist zu erwähnen, dass durch die im Rahmen des gemeinsamen Studiendesigns realisierte Auswahl von Schulen die Schulen sowohl an IGLU als auch an TIMSS teilnehmen. Damit macht es an dieser Stelle keinen Unterschied, ob in Fragen und Analysen, die die Schulleitung betreffen, auf die IGLU- oder TIMSS-Daten zurückgegriffen wird.

In der Zusammenschau gewinnen, durch die Veränderung zur Informations- und Wissensgesellschaft, zunehmend Auskünfte über die schulische und außerschulische Nutzung digitaler Medien durch Grundschulkinder und -lehrkräfte sowie über schulische Rahmenbedingungen zur Nutzung digitaler Medien für Lernprozesse an Bedeutung. Die Möglichkeit zu vertiefenden Einblicken durch diese Informationen, die mit den Hintergrundfragebögen im Rahmen dieser Studien erfasst werden, wurde bisher nur in verhältnismäßig geringem Umfang tatsächlich genutzt und bietet somit eine zielführende Grundlage für den vorliegenden Band, der im folgenden Abschnitt in seiner Struktur und seinen wichtigsten Befunden überblickartig vorgestellt wird.

2. Neue Technologien in der Primarstufe – zentrale Themen des Bandes und Einblicke in die Befunde

Mit den nationalen und internationalen Hintergrundfragebögen der beiden Studien IGLU 2011 und TIMSS 2011 liegen wertvolle Informationen über zentrale schulische und außerschulische Rahmenbedingungen des Kompetenzerwerbs von Grundschulkindern vor, die neben vielen weiteren Aspekten auf Schul-, Unterrichts-, Kontext- und Individualebene differenziert Informationen über den gesamten Bereich der neuen Technologien enthalten. Diese differenzierte Ausgangsbasis ermöglicht es, in den Beiträgen des vorliegenden Bandes Aspekte zur Nutzung neuer Technologien im Primarbereich aus unterschiedlichen Perspektiven zu beleuchten.

Dabei ist es wichtig zu betonen, dass es sich bei den in diesem Band berichteten Befunden um Ergebnisse von Sekundäranalysen handelt: Die in den Beiträgen formulierten Fragestellungen sind nicht als ursprünglich forschungsleitende Fragen von IGLU und TIMSS gestellt worden. Vielmehr wird der Versuch unternommen, die vorliegenden aktuellen Daten der Fragebögen aus IGLU 2011 sowie TIMSS 2011 vertiefend auszuwerten und in die aktuelle Diskussion um den Einsatz neuer Technologien in Grundschulen und die Nutzung digitaler Medien durch Grundschulkinder einzubinden. Dieser Ansatz zielt darauf ab, durch Sekundäranalysen die breite Daten- und Wissensbasis der vorgenannten großen Grundschulleistungsstudien zu nutzen, um empirisch fundierte Einblicke in Bezug auf die Nutzung digitaler Medien in Grundschulen zu gewinnen und diese als Ausgangspunkt für zukünftige Entwicklungen im Bildungssystem zu diskutieren.

2.1 Zur IT-Ausstattung

Im ersten Beitrag dieses Bandes greifen *Gerick, Vennemann, Lorenz und Eickelmann* die schulische Ausstattung mit digitalen Medien im Primarbereich auf Grundlage der IGLU-2011-Daten auf. Es zeigt sich, dass sich die IT-Ausstattung an Grundschulen in Deutschland im Laufe der letzten zehn Jahre nachweislich verbessert hat. So hat sich allein die Ausstattung mit Computern zahlenmäßig zwischen 2001 und 2011 mehr als verdoppelt. Hinsichtlich des Ausstattungsverhältnisses zeigt sich, dass ein Drittel der Grundschülerinnen und Grundschüler in Deutschland eine Schule besucht, an der das Computer-Schüler-Verhältnis bei 1:3 und damit zumindest in diesen Schulen in einer Größenordnung liegt, in der individualisiertes Lernen mit digitalen Medien und neue Unterrichtsformen möglich sind und nicht von fehlender Ausstattung beeinträchtigt werden. Etwa zwei Drittel der Schülerinnen und Schüler in Deutschland besuchen eine Schule, in der ein oder mehrere Computer im Klassenraum zur Verfügung stehen. Auch das Konzept des Computerraums ist weiterhin verbreitet. Fast vier Fünftel der Schülerinnen und Schüler besuchen eine Schule, an der ein solcher Raum vorhanden ist. In den Grundschulen in Deutschland haben sich Probleme mit der Ausstattung innerhalb der letzten zehn Jahre deutlich reduziert. Im Jahr 2011 liegen sie nun unter dem internationalen Mittelwert: Nur noch etwa ein Viertel der Schülerinnen und Schüler besucht eine Grundschule in Deutschland, an der die Nutzung von Computern für Unterrichtszwecke durch Ausstattungsprobleme beeinträchtigt wird. Computerarbeitsplätze für Lehrer sind an Grundschulen in Deutschland weit verbreitet. Die Einschätzung der schulischen Akteure, vor allem der Lehrpersonen und der Schulleitungen, zur IT-Ausstattung der Schulen für Lehrpersonen hat sich insgesamt verbessert.

2.2 Die Schulleitungs- und Lehrerperspektive

Gerick, Drossel und Eickelmann gehen in ihrem Beitrag vertiefend auf die Schulleitungsperspektive und auf das Schulleitungshandeln im Bereich des IT-Managements in Schulen ein. Die Unterstützungssituation durch Schulleitungen für den Computereinsatz an Grundschulen in Deutschland ist insgesamt durchaus als positiv zu bewerten. Medienkonzepte als Maßnahme für die schulische Qualitätsentwicklung und -sicherung erfahren eine erstaunlich hohe Zustimmung durch die Schulleitungen an Grundschulen in Deutschland. Es ist zu vermuten, dass die Relevanz von Medienkonzepten für die Schulentwicklung an vielen Schulen bereits erkannt worden ist. Dies eröffnet vor dem Hintergrund, dass die Erstellung eines solchen Konzeptes in vielen Bundesländern nicht obligatorisch ist, Ansatzpunkte für zukünftige Handlungsfelder. Eine regressionsanalytische Betrachtung zur Erklärung der Bedeutsamkeit der Medienkonzepterstellung zur schulischen Qualitätsentwicklung und -sicherung gibt Hinweise auf die Relevanz des Schulleitungshandelns, allerdings indirekt über die Gestaltung von Merkmalen der schulischen Arbeitssituation in Form der Schulkultur sowie gemeinsamer Werte, wie sie sich in der Leistungsorientierung der Schule widerspiegeln.

Eickelmann und Lorenz ergänzen die im Beitrag zur Schulleitung angeführte Perspektive um die Lehrerperspektive und gehen dabei der Frage nach, wie Grundschullehrerinnen und -lehrer den Stellenwert digitaler Medien einschätzen. Es zeigt sich, dass die Einstellungen von Lehrpersonen ein bedeutsames Kriterium hinsichtlich der Nutzung digitaler Medien in Schule und Unterricht darstellen. Insgesamt wird deutlich, dass Lehrkräfte in Deutschland digitalen Medien gegenüber positiv eingestellt sind. Dennoch nutzen Grundschullehrpersonen weitaus häufiger digitale Medien für die Unterrichtsvorbereitung als im Unterricht selbst. Die Einnahme der Lehrerperspektive macht Entwicklungspotenziale deutlich. Diese beziehen sich einerseits auf die (technische) Unterstützung der Lehrkräfte und andererseits auf den professionellen Austausch der Lehrkräfte hinsichtlich des didaktischen Einsatzes digitaler Medien im Unterricht.

2.3 Zur fachlichen Nutzung digitaler Medien in der Grundschule

Drei Beiträge dieses Bandes gehen vertiefend auf die fachliche Nutzung digitaler Medien in den Domänen Lesen, Mathematik und Naturwissenschaften in der Grundschule ein.

Der Beitrag von *Lorenz und Gerick* untersucht auf der Grundlage von IGLU 2011 die Nutzung digitaler Medien im Deutschunterricht und geht dabei auch auf außerschulisches Medienhandeln ein. Ausgehend von der Prämisse, dass digitale Medien wichtige Lerngelegenheiten bieten, als didaktische Unterstützungsinstrumente dienen und dass die Förderung der Lesekompetenz bereits in der Grundschule durch Computer- und Informationstechnologien unterstützt werden kann, wird auch der Zusammenhang der Nutzung digitaler Medien mit der Leseleistung betrachtet. Es kann gezeigt werden, dass der Zusammenhang zwischen schulischer Mediennutzung und der Leseleistung nicht linear verläuft, sondern komplexer zu betrachten ist. Bezüglich der außerschulischen Mediennutzung kann herausgestellt werden, dass der Umgang mit digitalen Medien hinsichtlich einiger Nutzungsformen als negativer Prädiktor für die Leseleistung anzusehen ist, auch wenn das Vorhandensein eines häuslichen Internetanschlusses grundsätzlich positiv ist.

Eickelmann und Vennemann fokussieren in ihrem Beitrag den naturwissenschaftlichen Unterricht in der Grundschule: Es zeigt sich auf der Grundlage von TIMSS 2011, dass Grundschülerinnen und Grundschüler in Deutschland noch nicht umfänglich von den Potenzialen profitieren, die fachspezifisch sowie aus fachdidaktischer Sicht mit digitalen Medien einhergehen. Im Vergleich zu traditionellen Lehrmedien wie beispielsweise Arbeitsbüchern oder -blättern spielt der Computer im naturwissenschaftlichen Sachunterricht eher eine ergänzende Rolle. Im Ländervergleich der EU- und OECD-Staaten wird ersichtlich, dass der Computer in nahezu allen Ländern häufiger als Grundlage für den naturwissenschaftlichen Sachunterricht verwendet wird und der PC in Deutschland nach wie vor hauptsächlich für Internetrecherchen genutzt wird.

Kahnert und Endberg zeigen auf Grundlage der TIMSS-2011-Daten, dass digitale Medien im Mathematikunterricht bisher eher selten genutzt werden. Diese dienen nach Angaben der Lehrpersonen auch hier lediglich als Ergänzung. Des Weiteren konnten sowohl national als auch international keine eindeutigen Hinweise dahingehend gefunden werden, dass sich die Computernutzung im Mathematikunterricht entweder positiv oder negativ auf die Mathematikleistungen der Schülerinnen und Schüler auswirkt.

2.4 Schülermerkmale und digitale Medien – Lernressourcen, Geschlechteraspekte, sozioökonomischer Status und Migrationshintergrund

Vier Beiträge nehmen Schülerhintergrundvariablen näher in den Blick und rücken damit Aspekte wie die Verfügbarkeit von digitalen Ressourcen als Bildungsressourcen im 21. Jahrhundert, Unterschiede in der Nutzung und im Zugang zu digitalen Medien zwischen Mädchen und Jungen, den sozioökonomischen Status der Schülerfamilien sowie die Frage nach der Rolle des Migrationshintergrunds der Schülerinnen und Schüler in den Mittelpunkt. Hinter dieser Vorgehensweise steht implizit die Frage, ob sich in Bezug auf neue Technologien möglicherweise Hinweise auf Chancenungleichheiten im Grundschulalter identifizieren lassen, die als Ausgangspunkte für weitere Entwicklungen des Bildungssystems genutzt werden könnten. Um die Ergebnisse dieser Analysen interpretieren zu können, wird für die Untersuchungsaspekte Lernressourcen, Geschlecht sowie Migrationshintergrund jeweils der sozioökonomische Status als Kontrollvariable eingeführt.

Vennemann und Eickelmann gehen in ihrem Beitrag auf den Stellenwert digitaler Lernressourcen ein und untersuchen, ob sich aus unterschiedlichen Zugangsmöglichkeiten zu neuen Technologien leistungsbezogene Disparitäten ergeben. Bezogen auf die häusliche Ausstattung von Grundschulkindern mit digitalen Medien zeigt sich, dass in Deutschland der Großteil der Grundschülerinnen und Grundschüler über einen heimischen Computer bzw. auch über einen Internetanschluss verfügt. Vertiefende Analysen zeigen, dass der Besitz neuer Technologien – auch im internationalen Vergleich – mit Leistungsdifferenzen verbunden ist, die für Deutschland auch unter Kontrolle des sozioökonomischen Status der Schülerinnen und Schüler bestehen bleiben.

Der Beitrag von *Lorenz und Kahnert* fokussiert auf Geschlechterunterschiede und stellt die Frage, ob sich die Computernutzung von Jungen und Mädchen unterscheidet. Es zeigt sich, dass bereits am Ende der Grundschulzeit Unterschiede zugunsten der Jungen im Zugang und in der Nutzung digitaler Medien deutlich werden. Entwicklungsperspektiven, die im Vergleich der Befunde aus den IGLU-Studien aus den Jahren 2006 und 2011 abgeleitet werden können, weisen jedoch darauf hin, dass die gefundenen Unterschiede vor einigen Jahren noch deutlicher waren.

Der Beitrag von *Drossel, Gerick und Eickelmann* betrachtet vertiefend den sozioökonomischen Status der Schülerfamilien und zeigt hinsichtlich der Ausstattung und Nutzung digitaler Medien im Elternhaus, widersprüchlich zur bisherigen Forschungslage, dass der sozioökonomische Status kaum eine Rolle beim Zugang zu Computern und zum Internet spielt. Auch bei der Computernutzung in der Schule lassen sich auf Grundlage der IGLU-Daten keine Unterschiede zwischen Schülerinnen und Schülern aus Familien mit unterschiedlichem sozioökonomischem Status nachweisen. In Bezug auf die Nutzung von digitalen Medien und beim Besuch von außerunterrichtlichen Computerangeboten bestehen durchaus Unterschiede: So zeigt sich, dass Schülerinnen und Schüler mit niedrigem sozioökonomischem Status häufiger das Internet für schulische Zwecke nutzen sowie häufiger an außerunterrichtlichen Computerangeboten in der Schule teilnehmen als Kinder mit höherem sozioökonomischem Status.

Der Beitrag von *Vennemann, Gerick und Eickelmann* untersucht schließlich die Rolle des Migrationshintergrundes von Schülerinnen und Schülern. Die Analysen zielen vorrangig auf die Untersuchung von Unterschieden in der Ausstattung sowie in Bezug auf die Nutzung von Computern und Internet zu Hause und in der Schule ab. Vor dem Hintergrund der im Haushalt gesprochenen Familiensprache werden in diesem Zusammenhang nur nominelle Unterschiede in der Ausstattung der Familien mit digitalen Medien identifiziert. Migrationsspezifische Disparitäten in der Ausstattung mit Computern und Internet können auch für die Geburtsländer der Mütter und Väter der Grundschulkinder sowie unter Kontrolle des sozioökonomischen Status nicht ausgemacht werden. Es wird jedoch deutlich, dass Grundschülerinnen und Grundschüler mit Migrationshintergrund Computer zu Hause tendenziell häufiger nutzen aber gleichzeitig im schulischen Kontext keine häufigere Computer- und Internetnutzung berichten als ihre Mitschülerinnen und Mitschüler ohne Migrationshintergrund.

3. Zusammenfassung und Diskussion

Der vorliegende Band nutzt die Datengrundlage der IGLU- und TIMS-Studie des Jahres 2011, um über die dort eingesetzten Hintergrundfragebögen ein umfassendes Bild über die Nutzung neuer Technologien in der Grundschule zu geben. Dabei fokussieren die Analysen auf Lehrer-, Schüler- und Schulleitungsdaten sowie auf Daten zur technischen Ausstattung der Grundschulen in Deutschland. Über internationale Vergleiche können die Befunde für Deutschland eingeordnet werden. Der Rückgriff auf die Ergebnisse vorangegangener Studienzyklen ermöglicht es darüber hinaus, Entwicklungen zu erkennen. Die dargestellten Analysen haben für Deutschland derzeit einen Alleinstellungscharakter, da seit der letzten IT-Ausstattungsstudie der Ständigen Konferenz der Kultusminister der Länder in der Bundesrepublik Deutschland (KMK) im Jahr 2009 kein datengestütztes Bild über die Situation an Grundschulen in Deutschland empirisch abgebildet wurde. Die umfangreichen zusätzlichen, über Ausstattungsmerkmale hinausgehenden Daten aus Sicht der schulischen Akteure, die zumindest auf Schülerebene repräsentativ für Deutschland sind, geben erstmalig ein umfassendes Bild über die Nutzung digitaler Medien im Primarbereich. Gleichwohl wird deutlich, dass der Informationsbedarf über die Nutzung neuer Technologien im Primarbereich noch größer ist: Vertiefende Fragen, in welchen didaktischen Kontexten welche Technologien genutzt werden sowie ob und in welchem Maße sich daraus lernförderliche Potenziale ergeben, lassen sich auf der Grundlage der IGLU- und TIMSS-Daten nur ansatzweise beantworten. Gleichsam wird deutlich, dass in Grundschulen in Deutschland der Einsatz digitaler Medien eine deutlich höhere Akzeptanz erfährt als noch vor einigen Jahren. Weiterhin ergibt sich, dass Grundschülerinnen und -schüler in Deutschland zu einem hohen Maße auch im außerschulischen Bereich digitale Medien nutzen. Ob und in welchem Maße schulisches und außerschulisches Medienhandeln verbunden ist, kann auf der Grundlage der betrachteten Studien nicht vollständig erfasst werden. Hier bestehen zukünftige Forschungsfelder. Neben Handlungsbedarfen, die sich aus den ausgeführten Analysen unmittelbar ableiten lassen, wie z.B. der Bedarf an noch besserer technischer Unterstützung der Lehrkräfte sowie der besseren konzeptionellen Verankerung digitaler Medien in schulischen Konzepten, bedarf es weiterer Studien, die den Einsatz digitaler Medien – und hier ist auch der spezifische Einsatz in unterschiedlichen Unterrichtsfächern gemeint – fokussieren. Wenn es ein Bildungsziel ist, digitale Medien zu nutzen, Medienkompetenz zu fördern und digitale Medien in den Fachunterricht als selbstverständliches und lernförderliches Unterrichtsmedium zu integrieren, bestehen nicht nur auf der Praxisebene, sondern auch auf Seiten der Bildungsadministration Handlungsbedarfe. Im gleichen Maße bestehen Forschungsbedarfe, die vor dem Hintergrund des aktuellen Forschungsstandes vor allem mit Studien auf der Unterrichtsebene zu bearbeiten sind. Dabei ist dem Gegenstand der neuen Technologien immanent, dass sich diese rasant entwickeln. Die derzeitigen Entwicklungen weisen für Lernen und Lehren besondere Potenziale auf, die es zukünftig zu erforschen und zu nutzen gilt. Einen ersten Ausgangspunkt bilden dafür die in diesem Band dargelegten Befunde, die sich sowohl an die schulische Praxis und die Bildungsadministration wenden als auch Ausgangspunkte für weitere Forschungsarbeiten zusammenführen.

Literatur

Anskeit, N. & Eickelmann, B. (2011). Wiki-Einsatz im Deutschunterricht – Mit neuen Technologien kooperatives Lernen unterstützen. In M. Bonsen, W. Homeier, K. Tschekan & L. Ubben (Hrsg.): *Unterrichtsqualität sichern – Grundschule* (S. 1–20). Berlin: Raabe.

Aufenanger, S. & Schlieszeit, J. (2013). Tablets im Unterricht nutzen. Möglichkeiten und Trends beim Einsatz von Tablets für das Lehren und Lernen. *Computer + Unterricht, 23*(89), 6–9.

Bos, W., Tarelli, I., Bremerich-Vos, A. & Schwippert, K. (Hrsg.). (2012). *IGLU 2011. Lesekompetenzen von Grundschulkindern in Deutschland im internationalen Vergleich*. Münster: Waxmann.

Bos, W., Wendt, H., Köller, O. & Selter, C. (Hrsg.). (2012). *TIMSS 2011. Mathematische und naturwissenschaftliche Kompetenzen von Grundschulkindern in Deutschland im internationalen Vergleich*. Münster: Waxmann.

Eickelmann, B. (2010). *Digitale Medien erfolgreich in Schule und Unterricht implementieren*. Münster: Waxmann.

Eickelmann, B. & Schulz-Zander, R. (2010). Qualitätsentwicklung im Unterricht – zur Rolle digitaler Medien. In N. Berkemeyer, W. Bos, H.G. Holtappels, N. McElvany & R. Schulz-Zander (Hrsg.), *Jahrbuch der Schulentwicklung 16* (S. 235–259). Weinheim: Juventa.

Eickelmann, B., Vennemann, M. & Aßmann, S. (2013). Digitale Medien in der Grundschule – Deutschland und Österreich im Spiegel der internationalen Schulleistungsstudie TIMSS. *Zeitschrift Medienimpulse, 21*(2), 1–13.

Heyden, K.-H. & Lorenz, W. (Hrsg.). (2003). *Erste Schritte mit dem Internet: Lernen mit neuen Medien – Unterrichtsbeispiele und Projektideen*. Mannheim: Cornelsen Scriptor.

Johnson, E.G. & Rust, K.F. (1992). Population inference and variance estimation for the NAEP data. *Journal of Educational Statistics, 17*, 175–190.

Mitzlaff, H. (2007). *Internationales Handbuch Computer (ICT), Grundschule, Kindergarten und Neue Lernkultur*. Baltmannsweiler: Schneider Verlag Hohengehren.

Rutkowski, L., Gonzalez, E., Joncas, M. & von Davier, M. (2010). International large-scale assessment data: Issues in secondary analsis and reporting. *Educational Researcher, 39*(2), 142–151.

Papanastasiou, C., Plomp, T. & Papanastasiou, E. (Hrsg.). (2011). *IEA 1958–2008: 50 years of experiences and memories* (Vol. 1). Nicosia: Cultural Center of the Kykkos Monastery.

Tarelli, I., Wendt, H., Bos, W. & Zylowski, A. (2012). Ziele, Anlage und Durchführung der internationalen Grundschul-Lese-Untersuchung. In W. Bos, I. Tarelli, A. Bremerich-Vos & K. Schwippert (Hrsg.), *IGLU 2011. Lesekompetenzen von Grundschulkindern in Deutschland im internationalen Vergleich* (S. 27–67). Münster: Waxmann.

Voogt, J. & Knezek, G. (Hrsg.). (2008). *International handbook of information technology in primary and secondary education*. New York, NY: Springer.

Wendt, H., Tarelli, I., Bos, W., Frey, K. A. & Vennemann, M. (2012). Ziele, Anlage und Durchführung der Trends in International Mathematics and Science Study (TIMSS 2011). In W. Bos, H. Wendt, O. Köller & C. Selter (Hrsg.), *TIMSS 2011. Mathematische und naturwissenschaftliche Kompetenzen von Grundschulkindern in Deutschland im internationalen Vergleich* (S. 27–68). Münster: Waxmann.

Schulische Ausstattung mit digitalen Medien in der Grundschule

Julia Gerick, Mario Vennemann, Ramona Lorenz & Birgit Eickelmann

Die Debatte um den Einsatz neuer Technologien in Schule und Unterricht ist eng mit der Frage nach der schulischen Ausstattung verbunden. Die schulische Ausstattung mit digitalen Medien steht in den letzten Jahren allerdings immer weniger im Fokus, wie Eickelmann (2010a, S. 28) resümiert: „[D]as Ausstattungsargument [hat] in der Diskussion um die Implementation pädagogischer Innovationen unter Nutzung digitaler Medien an Bedeutung verloren". Vielmehr sind es Faktoren wie didaktische Konzepte oder Schul- und Unterrichtsentwicklungsprozesse, die in den Vordergrund rücken. Dass die schulische Ausstattung trotzdem die Basis für eine erfolgreiche Nutzung im schulischen Kontext bildet, wird in der Empfehlung *Medienbildung in der Schule* der Ständigen Konferenz der Kultusminister der Länder in der Bundesrepublik Deutschland (KMK) aus dem Jahr 2012 deutlich, in der es heißt: „Schulen benötigen eine anforderungsgerechte Ausstattung, damit die Schülerinnen und Schüler mit und über Medien lernen und arbeiten können" (KMK, 2012, S. 7f.). Im Rahmen des vorliegenden Beitrags wird daher differenziert die aktuelle Ausstattungssituation an Grundschulen in Deutschland sowie im internationalen Vergleich in den Blick genommen.

1. Aktuelle Befunde zur Ausstattung von Grundschulen mit digitalen Medien

Die Verfügbarkeit einer guten IT-Ausstattung ist eine notwendige, aber keine hinreichende Bedingung für den Einsatz digitaler Medien in der Grundschule. Unzureichende technische Ausstattung stellt einen wichtigen Hinderungsgrund für die Integration digitaler Medien in den Unterricht dar (vgl. u.a. Schulz-Zander et al., 2003; Eickelmann, 2010a). Dabei ist für Grundschulen wichtig, dass das schulische IT-Ausstattungskonzept zu den pädagogischen Zielsetzungen der Schule passt und sich im Idealfall schulische Ausstattungskonzepte an den pädagogischen Bedürfnissen der Schule ausrichten und nicht umgekehrt (vgl. Pacher & Kern, 2005).

Unter Berücksichtigung der rasanten technischen Entwicklung finden sich seit Jahren in der internationalen Literatur Hinweise darauf, dass die gemeinsame Entwicklung (*co-evolution*) von Pädagogik und IT-Ausstattung in Lehr-Lern-Prozessen zur erfolgreichen Implementierung von digitalen Medien in Schule und Unterricht führt (vgl. Davis, Eickelmann & Zaka, 2013). Allerdings fehlt derzeit in Deutschland eine zuverlässige Datengrundlage darüber, wie sich die schulische

IT-Ausstattung in Grundschulen darstellt und wie sie sich über die vergangenen Jahre entwickelt hat. Verschiedene Datenquellen bieten einen Überblick über die Ausstattungssituation an Schulen in Deutschland. Bis zum Jahr 2006 veröffentlichte das Bundesministerium für Bildung und Forschung (BMBF) eine jährliche Übersicht zur IT-Ausstattung der allgemeinbildenden und berufsbildenden Schulen in Deutschland, aus der u.a. Informationen zu Hard- und Software, zur Vernetzung, zu eingesetzten Betriebssystemen sowie zum Internet hervorgingen (vgl. BMBF, 2006). Für das Schuljahr 2007/2008 stellte die KMK eine Datensammlung zur Verfügung, in der sich Angaben zur IT-Ausstattung für den Unterricht, zur Vernetzung sowie zum Internetzugang finden lassen (vgl. KMK, 2008). So konnte im Zeitverlauf von 2002 bis 2006 gezeigt werden, dass sich die Ausstattungssituation an Grundschulen in Deutschland kontinuierlich verbessert. Die Ausstattungsquote reduzierte sich von 23 Schülerinnen und Schülern pro Computer im Jahr 2002 auf 12 Schülerinnen und Schüler im Jahr 2006 (BMBF, 2006) und erreichte zu dem Zeitpunkt das im Rahmen des Aktionsplans *E-learning* der Europäischen Kommission vereinbarte Ziel eines Schüler-Computer-Verhältnisses von 15:1 (Europäische Kommission, 2004). Trotz dieser positiven Entwicklung in Deutschland liegen die Ausstattungszahlen im internationalen Vergleich an Grundschulen in Deutschland unter dem internationalen Durchschnitt (vgl. Hornberg, Faust, Holtappels, Lankes & Schulz-Zander, 2007).

Aktuelle und ebenfalls repräsentative Daten zur Ausstattungssituation an Grundschulen in Deutschland sowie im internationalen Vergleich bieten die jüngsten Zyklen der *Trends in International Mathematics and Science Study* (TIMSS) sowie der *Internationalen Grundschul-Lese-Untersuchung* (IGLU) (vgl. u.a. Drossel, Wendt, Schmitz & Eickelmann, 2012; Tarelli, Lankes, Drossel & Gegenfurtner, 2012). Die Befunde aus dem Jahr 2011 zeigen, dass in Grundschulen durchschnittlich 15 Computer für Unterrichtszwecke zur Verfügung stehen. Damit teilen sich pro Schule etwa vier Kinder einen Computer (Drossel et al., 2012).

Doch nicht nur die Anzahl der zur Verfügung stehenden Computer für den Unterricht ist für eine vertiefende Beschreibung der Ausstattungssituation in Deutschland sowie im internationalen Vergleich relevant, sondern auch – wie oben bereits erwähnt – die Frage nach Ausstattungskonzepten. In der Empfehlung der KMK (2012) zur Medienbildung in der Schule wird auf die Bedeutsamkeit der Computerstandorte hingewiesen:

> Dabei kommt es insbesondere darauf an, dass die erforderliche Hard- und Software dort verfügbar ist, wo Unterricht tatsächlich stattfindet – also auch außerhalb der klassischen Computerräume. (KMK, 2012, S. 8)

Die Ergebnisse einer aktuellen Studie im Auftrag der Europäischen Kommission aus dem Jahr 2013 zeigen, dass sich in Grundschulen durchschnittlich 58 Prozent der PCs in einem Computerraum befinden. Hierbei lassen sich allerdings zwischen den teilnehmenden Bildungssystemen große Unterschiede beobachten: In

Bulgarien, Tschechien, Ungarn, Italien, Rumänien und der Slowakischen Republik befinden sich durchschnittlich mehr als 75 Prozent der PCs in einem Computerraum. In Österreich, Malta und Schweden dagegen stehen weniger als 20 Prozent der Rechner in Computerräumen, sondern vermehrt in den Klassenräumen (vgl. Europäische Kommission, 2013). Die im Rahmen der genannten Studie für Deutschland gesammelten Daten wurden aufgrund der zu geringen Teilnahmequoten nicht berichtet, sodass sich an dieser Stelle eine Forschungslücke auftut, die im vorliegenden Beitrag bearbeitet wird.

Die schulische Ausstattung stellt zwar nur einen Faktor der erfolgreichen und nachhaltigen Implementierung digitaler Medien in die Schule dar, doch ist sie ein hinderlicher Faktor für den kontinuierlichen Einsatz digitaler Medien, wenn der Schule keine adäquate Ausstattung zur Verfügung steht. Daher wird dieser Aspekt ebenfalls im Rahmen dieses Beitrags betrachtet.

Wenn es um schulische Computerausstattung geht, dann wird oftmals auf die Ausstattung für Schülerinnen und Schüler rekurriert. Die Verfügbarkeit von Computerarbeitsplätzen für Lehrpersonen wird dabei nur ausgesprochen selten thematisiert. Dabei bieten verfügbare Arbeitsplätze mit PCs sowie Internetzugang u.a. die Möglichkeit zur Unterrichtsvorbereitung in der Schule. Schulz-Zander, Eickelmann und Goy (2010) ermittelten anhand der IGLU-2006-Daten, dass an 86.1 Prozent der Grundschulen Computerarbeitsplätze mit Internetanschluss für die Lehrpersonen zur Verfügung stehen. Zudem konnte eine Diskrepanz zwischen der Schulleitungs- sowie der Lehrpersoneneinschätzung diesbezüglich identifiziert werden. Diesen Befund gilt es auf der Grundlage einer aktuellen Datenbasis zu prüfen. Im vorliegenden Beitrag wird den folgenden Forschungsfragen nachgegangen:

1. Wie stellt sich die aktuelle Ausstattungssituation in Deutschland im internationalen Vergleich dar und welche Entwicklungen lassen sich in den letzten zehn Jahren in Deutschland sowie international feststellen?
2. Welche IT-Standortkonzepte können an Grundschulen in Deutschland identifiziert werden?
3. Inwieweit wird die Ausstattung mit Computern für Unterrichtszwecke von Schulleitungen an Grundschulen in Deutschland als fehlend oder unzureichend eingeschätzt und wie stellt sich die Situation im internationalen Vergleich dar?
4. Wie beschreiben Schulleitungen und Lehrpersonen die Ausstattungssituation mit Computern für Lehrpersonen an Grundschulen in Deutschland?

Im Rahmen der ersten Forschungsfrage wird die Ausstattungssituation noch differenzierter als in den nationalen Berichtsbänden zu IGLU und TIMSS 2011 (vgl. Bos, Tarelli, Bremerich-Vos & Schwippert, 2012; Bos, Wendt, Köller & Selter, 2012) betrachtet. Zur Beantwortung der vierten Forschungsfrage wird wie bei Schulz-Zander et al. (2010) eine multiperspektivische Herangehensweise gewählt, bei der sowohl die Angabe der Schulleitung als auch die der Lehrpersonen berücksichtigt wird.

Als empirische Grundlage dieses Beitrags dienen der internationale Datensatz der IGLU-Studie 2011 (vgl. Bos, Tarelli et al., 2012) sowie die nationalen Ergänzungen für Deutschland, die eine breite Datenbasis für die in diesem Beitrag betrachteten Fragestellungen bieten. Mittels Sekundäranalysen werden die zuvor formulierten Forschungsfragen unter Bezugnahme der Angaben der Schulleitungen von Grundschulen in Deutschland sowie von Grundschullehrpersonen des Fachs Deutsch beantwortet. Für den internationalen Vergleich wurden die Bildungssysteme herangezogen, die der Europäischen Union (EU) und/oder der Organisation für wirtschaftliche Entwicklung und Zusammenarbeit (OECD) angehören. Für den Vergleich zwischen den drei Erhebungszyklen von IGLU (2001, 2006 und 2011) wurden nur die Bildungssysteme berücksichtigt, die sich an allen drei Wellen beteiligt haben. Die komplexe Datenstruktur wurde durch die Verwendung des IDB-Analyzers (vgl. Rutkowski, Gonzalez, Joncas & von Davier, 2010) berücksichtigt.

2. Ausstattung mit und Zugang zu digitalen Medien in der Grundschule

Im Folgenden werden, wie einleitend beschrieben, neben der Ausstattungssituation für Schülerinnen und Schüler an Grundschulen in Deutschland und im internationalen Vergleich auch schulische Ausstattungskonzepte sowie Probleme mit der Computerausstattung und die Ausstattungssituation für Lehrpersonen analysiert.

2.1 Computer-Ausstattung in Grundschulen

In diesem ersten Abschnitt wird nicht nur die absolute Anzahl an Computern pro Schule im internationalen Vergleich sowie in der Entwicklung von über zehn Jahren betrachtet, sondern auch die Schüler-Computer-Relation und wie sich diese in Deutschland und international über die drei Erhebungszyklen von IGLU entwickelt hat.

2.1.1 Anzahl an Computern für Unterrichtszwecke pro Schule

Der vorliegende Abschnitt stellt anhand der IGLU-Daten dar, wie sich innerhalb der letzten zehn Jahre die Ausstattung mit Computern in den Schulen der Teilnehmerländer entwickelt hat. Tabelle 1 zeigt die Anzahl der Computer für Unterrichtszwecke im Vergleich der Zyklen von 2001, 2006 sowie 2011. Die Angaben beziehen sich auf die durchschnittliche Anzahl an PCs für Unterrichtszwecke pro Schule innerhalb der Teilnehmerländer. Für Deutschland zeigt sich, dass Grundschulen im Jahr 2011 durchschnittlich 15.1 PCs für Unterrichtszwecke zur Verfügung stehen (vgl. Drossel et al., 2012).

Tabelle 1: Durchschnittliche Anzahl an PCs für Unterrichtszwecke pro Schule, IGLU 2001, 2006 und 2011 im Vergleich, Schulleitungsangaben

2001	2006	2011		2001 M	(SE)	2006 M	(SE)	2011 M	(SE)
	2		Bulgarien	3.2	(0.5)	12.5	(0.6)	18.1	(0.8)
			Deutschland	6.1	(0.5)	12.2	(0.6)	15.1	(0.7)
1 2 3	1	1 3	England	14.3	(0.8)	25.6	(1.2)	46.8	(4.6)
2		2	Frankreich	5.8	(0.5)	8.5	(0.5)	10.5	(0.5)
3		2	Hongkong	33.3	(2.4)	57.6	(2.9)	64.6	(3.4)
			Internat. Mittelwert	14.2	(0.3)	23.6	(0.3)	29.9	(0.5)
	2	3	Italien	11.2	(0.7)	20.0	(1.2)	21.4	(1.6)
2 3	2	2	Litauen	7.6	(0.7)	12.4	(0.9)	14.0	(1.2)
1	1 2	1	Neuseeland	10.9	(0.7)	22.7	(1.2)	26.6	(1.5)
3	3	3	Niederlande	8.6	(0.8)	12.6	(1.1)	13.5	(1.2)
3	3	3	Norwegen	9.7	(0.6)	18.3	(1.4)	20.9	(1.8)
			Rumänien	4.0	(0.5)	11.6	(0.8)	17.0	(1.0)
1 2	2		Russische Föd.	1.2	(0.4)	8.9	(0.7)	16.2	(1.1)
			Schweden	9.4	(0.7)	10.4	(0.8)	11.6	(0.8)
	2		Singapur	82.9	(3.0)	108.3	(3.8)	123.3	(4.2)
			Slowakische Rep.	2.2	(0.3)	15.5	(0.7)	26.8	(1.3)
1	1		Slowenien	10.3	(0.4)	14.2	(0.6)	21.0	(1.0)
			Ungarn	9.0	(0.7)	14.6	(1.0)	20.0	(1.5)
2 3	2 3	2 3	USA	26.6	(1.5)	39.7	(1.8)	51.1	(2.0)

Kursiv gesetzt sind Teilnehmer, für die von einer eingeschränkten Vergleichbarkeit der Ergebnisse ausgegangen werden muss.
In die Berechnung des internationalen Mittelwerts gehen die Werte der Länder ein, die an allen drei Erhebungswellen beteiligt waren.
1 Die nationale Zielpopulation entspricht nicht oder nicht ausschließlich der vierten Jahrgangsstufe.
2 Der Ausschöpfungsgrad und/oder die Ausschlüsse von der nationalen Zielpopulation erfüllen nicht die internationalen Vorgaben.
3 Die Teilnahmequoten auf Schul- und/oder Schülerebene erreichen nicht die internationalen Vorgaben.

Damit ist die Ausstattungssituation in Deutschland vergleichbar mit den Niederlanden (durchschnittlich 13.5 PCs pro Schule), Litauen (14.0 PCs) sowie der Russischen Föderation (16.2 PCs). Die geringste Computerausstattung für Unterrichtszwecke im Vergleich der IGLU-Teilnehmerstaaten, die in allen drei Erhebungszyklen beteiligt waren, weisen Frankreich (10.5 PCs) und Schweden (11.6 PCs) auf. Die höchste Anzahl an Computern für Unterrichtszwecke zeigt sich im Jahr 2011 in Singapur (durchschnittlich 123.3 PCs pro Schule), gefolgt von Hongkong (64.6 PCs), den USA (51.1 PCs) und England (46.8 PCs). Damit liegt die durchschnittliche IT-Ausstattung an Grundschulen in Deutschland im internationalen Vergleich weit unter dem internationalen Mittelwert von 29.9 PCs pro Schule.

In der Betrachtung des Zuwachses zwischen 2001 und 2011 wird für Deutschland ein erheblicher Anstieg um durchschnittlich neun Computer pro Schule deutlich. Eine ähnliche Entwicklung zeigt sich für Italien (durchschnittlich +10.2 PCs pro Schule), Slowenien (+10.7 PCs), Ungarn (+11 PCs) und Norwegen (+11.2 PCs). Der geringste Zuwachs kann für Schweden (durchschnittlich +2.2 PCs), Frankreich (+4.7 PCs) sowie für die Niederlande (+4.9 PCs) konstatiert werden.

Die Computerausstattung in Singapurs Grundschulen, die bereits seit 2001 auf einem sehr hohen Ausstattungsniveau liegt, wurde innerhalb von zehn Jahren durchschnittlich um 40.4 Computer pro Schule aufgestockt. Auch in England (durchschnittlich +32.5 PCs pro Schule) sowie in Hongkong (+31.3 PCs) – beides Länder, die wie Singapur bereits ein hohes Ausstattungsniveau aufweisen – ist dies der Fall. Zusammenfassend lässt sich für Deutschland konstatieren, dass die absolute Anzahl an Computern in Grundschulen in den vergangenen Jahren erwartungskonform deutlich gestiegen ist und sich in Deutschland sowie in anderen Staaten vor allem Anstiege zwischen den Jahren 2001 und 2006 erkennen lassen. Gleichwohl ist durch entsprechende Entwicklungen in einigen Ländern wie z.B. in England, Ungarn und Italien die IT-Ausstattung in Deutschland im internationalen Vergleich vergleichsweise gering geblieben.

2.1.2 Schüler-Computer-Verhältnis

Im Folgenden wird auf das Schüler-Computer-Verhältnis eingegangen, das nochmal deutlicher zeigt, wie viele Computer für die schulische bzw. unterrichtliche Nutzung für Schülerinnen und Schüler tatsächlich zur Verfügung stehen. Tabelle 2 zeigt, wie viele Schülerinnen und Schüler sich durchschnittlich einen Computer für Unterrichtszwecke in der Schule teilen. Die aktuellen Befunde werden wiederum im Vergleich zu 2001 und 2006 dargestellt und erlauben daher die Abbildung einer Entwicklung im Sinne eines Trends über drei Messzeitpunkte.

Besonders interessant ist hinsichtlich des Computer-Schüler-Verhältnisses die Entwicklung in der Kategorie *weniger als 3 Schülerinnen und Schüler pro Computer* zu beobachten: Der Anteil der Schülerinnen und Schüler, die im Jahr 2011 in Deutschland eine Schule besuchen, an der sich weniger als drei Schülerinnen und Schüler einen Computer teilen müssen, liegt bei etwa einem Drittel (31.5%). Damit ist die Lage in Deutschland vergleichbar mit der in Litauen (33.5%), Schweden (34.8%) oder der Russischen Föderation (35.6%). Nur Italien hat ein schlechteres Ausstattungsverhältnis (25.8%). Diese Zahl macht für Deutschland deutlich, dass etwa ein Drittel der Grundschülerinnen und Grundschüler Schulen besucht, die

Tabelle 2: Schülerinnen und Schüler in der 4. Jahrgangsstufe pro Computer (Angaben kategorisiert in Prozent) im Vergleich, IGLU 2001, 2006 und 2011, Schulleitungsangaben

2001	2006	2011	Teilnehmerland	Weniger als 3 Schülerinnen und Schüler pro PC (%)			3 bis 6 Schülerinnen und Schüler pro PC (%)			Über 6 bis 10 Schülerinnen und Schüler pro PC (%)			Mehr als 10 Schülerinnen und Schüler pro PC (%)			Kein PC verfügbar (%)		
				2001	2006	2011	2001	2006	2011	2001	2006	2011	2001	2006	2011	2001	2006	2011
	2		Bulgarien	0.6	35.3	45.1	9.1	41.4	32.5	7.0	14.0	19.3	22.3	5.7	2.2	61.0	3.5	1.0
			Deutschland	**6.3**	**20.5**	**31.5**	**16.6**	**36.1**	**42.8**	**11.6**	**21.5**	**13.9**	**46.1**	**21.2**	**10.4**	**19.4**	**0.7**	**1.4**
1		3	England	35.0	75.4	93.3	35.9	22.3	6.2	11.6	0.9	0.5	17.5	1.5	0.0	0.0	0.0	0.0
2		2	Frankreich	13.8	27.8	48.5	28.2	48.9	33.7	17.7	8.7	7.4	25.7	9.9	7.9	14.6	4.7	2.6
3		2	Hongkong	22.0	58.6	66.9	43.8	33.7	32.3	19.5	3.2	0.7	6.0	4.5	0.0	8.7	0.0	0.0
			Internat. Mittelw.	**17.5**	**42.7**	**56.5**	**24.4**	**31.5**	**25.5**	**14.7**	**12.1**	**9.2**	**20.9**	**8.9**	**6.9**	**22.4**	**4.8**	**1.8**
	2	3	Italien	4.6	17.3	25.8	15.2	40.7	32.9	21.4	26.3	23.2	51.0	14.6	17.4	7.8	1.1	0.8
2	2		Litauen	10.6	28.7	33.5	22.6	28.0	21.8	16.6	10.6	15.2	23.2	24.0	24.9	27.1	8.7	4.6
1	2	1	Neuseeland	26.7	60.8	73.4	22.4	25.3	21.3	25.9	8.5	2.7	25.1	5.4	2.6	0.0	0.0	0.0
3	3	3	Niederlande	25.7	48.7	44.5	27.2	23.3	25.0	23.0	16.9	18.9	24.1	10.2	11.2	0.0	0.9	0.4
3	3	3	Norwegen	36.0	61.7	63.1	28.4	24.0	24.4	14.0	10.8	6.9	18.5	2.2	5.0	3.0	1.3	0.7
			Rumänien	2.4	25.9	50.3	4.3	26.3	30.1	9.3	17.1	8.5	34.3	10.7	6.4	49.7	20.0	4.7
1	1		Russische Föd.	2.7	20.7	35.6	1.5	29.3	29.6	4.0	17.8	15.1	1.1	6.5	13.3	90.7	25.7	6.3
2			Schweden	15.1	32.4	34.8	29.9	28.2	34.2	20.8	24.1	19.2	34.1	13.7	11.8	0.0	1.6	0.0
		2	Singapur	39.0	51.0	72.6	41.1	38.7	25.1	12.8	6.6	2.3	7.2	3.7	0.0	0.0	0.0	0.0
			Slowakische Rep.	1.5	54.2	85.7	2.7	32.6	11.8	14.8	10.9	1.9	14.5	2.3	0.5	66.5	0.0	0.0
	1		Slowenien	13.0	44.3	79.8	46.5	34.0	15.1	20.0	7.1	3.4	6.6	13.9	1.7	13.9	0.8	0.0
			Ungarn	16.5	38.9	58.0	32.0	31.9	21.7	6.2	4.9	4.2	4.6	6.8	5.8	40.7	17.4	10.3
2	2	3	USA	44.3	66.8	74.8	32.0	21.7	19.4	9.0	6.9	2.9	14.7	4.1	2.9	0.0	0.5	0.0

Kursiv gesetzt sind Teilnehmer, für die von einer eingeschränkten Vergleichbarkeit der Ergebnisse ausgegangen werden muss.
1 Die nationale Zielpopulation entspricht nicht oder nicht ausschließlich der vierten Jahrgangsstufe.
2 Der Ausschöpfungsgrad und/oder die Ausschlüsse von der nationalen Zielpopulation erfüllen nicht die internationalen Vorgaben.
3 Die Teilnahmequoten auf Schul- und/oder Schülerebene erreichen nicht die internationalen Vorgaben.
Differenzen zu 100 Prozent resultieren aus Rundungsfehlern.

durchaus einen deutlichen Schwerpunkt auf eine umfangreiche Computerausstattung an ihrer Schule setzen. Ein ausgesprochen gutes Verhältnis liegt in England vor: Hier werden über 90 Prozent der Schülerinnen und Schüler an einer Schule unterrichtet, in der sich weniger als drei Schülerinnen und Schüler einen PC teilen (93.3%). Ein ähnlich gutes Verhältnis findet sich in der Slowakischen Republik (85.7%) sowie in Slowenien (79.8%).

Im zeitlichen Verlauf lässt sich für Deutschland konstatieren, dass 2001 lediglich 6.3 Prozent der Schülerinnen und Schüler an einer Schule unterrichtet wurden, an der sich weniger als drei Schülerinnen und Schüler einen Computer teilen mussten. Der Zuwachs innerhalb von zehn Jahren liegt bei 25.2 Prozentpunkten und unterstreicht nochmals deutlich, wie sich die IT-Ausstattung eines doch beachtlichen Teils der Grundschulen in Deutschland verbessert hat. Ein ähnlicher Zuwachs findet sich in Italien (+21.2 Prozentpunkte), Litauen (+22.9 Prozentpunkte) sowie in Norwegen (+27.1 Prozentpunkte). Das Ausstattungsverhältnis an Grundschulen in Deutschland hat sich insgesamt also in einem Zeitraum von zehn Jahren deutlich verbessert.

Es darf jedoch nicht außer Acht gelassen werden, dass der Zuwachs innerhalb dieser Kategorie in Deutschland nur um wenige Punkte über dem für die Niederlande (+18.8 Prozentpunkte) sowie für Schweden (+19.7 Prozentpunkte) liegt – die beiden Länder, in denen das Ausstattungsverhältnis in der Kategorie *weniger als 3 Schülerinnen und Schüler pro Computer* am geringsten angestiegen ist. Zum Vergleich: In der Slowakischen Republik hat sich beispielsweise der Anteil der Schülerinnen und Schüler, die eine Schule besuchen, an der sich weniger als drei Schülerinnen und Schüler einen Computer teilen, mit 84.2 Prozentpunkten am stärksten erhöht. Auch in Slowenien (+66.8 Prozentpunkte) sowie in England (+58.3 Prozentpunkte) ist ein sehr beachtlicher Anstieg des Ausstattungsverhältnisses über zehn Jahre zu beobachten, der die Veränderungen in Deutschland im internationalen Spiegel relativiert.

2.2 Standorte der Schulcomputer

Hinsichtlich der bereits in der nationalen Berichtlegung dargelegten Befunde zu den Standorten der durchschnittlich etwa 15 Computer, die in Deutschland pro Schule für Unterrichtszwecke zur Verfügung stehen (vgl. Drossel et al. 2012), lassen sich innerhalb der Schulen verschiedene Ausstattungskonzepte identifizieren. Für die flexible pädagogische Nutzung von Computern im Unterricht – vor allem in offenen Lernsettings und schülerzentrierten Lernumgebungen – ist der Standort der Computerarbeitsplätze von großer Bedeutung (Hornberg, Lankes, Potthoff & Schulz-Zander, 2008; Schulz-Zander et al., 2010). Mit Computern im Klassenraum (z.B. Medienecken, verbundene Nebenräume, portable Endgeräte) werden deutliche Vorteile gegenüber Computerarbeitsplätzen in Computerlaboren verbunden.

Für fast zwei Drittel der Grundschülerinnen und Grundschüler in Deutschland befinden sich nach Angaben der Lehrpersonen ein oder mehrere Computer im Klassenraum (60.0%). Im Vergleich zu IGLU 2006 zeigt sich damit eine sinkende Tendenz: Im Jahr 2006 lag der Anteil noch bei 82 Prozent (Schulz-Zander et al., 2010, S. 105). Leider lassen die Daten keine Rückschlüsse auf mögliche Begründungszusammenhänge zu.

Es zeigt sich aber, dass nach Angaben der Schulleitungen im Jahr 2011 fast vier Fünftel der Schülerinnen und Schüler in Deutschland (83.9%) eine Grundschule besuchen, in der es einen Computerraum gibt. Dieser befindet sich größtenteils auch in einem guten Zustand: 79.7% der Schülerinnen und Schüler besuchen eine Schule, an der diese Einschätzung durch den Schulleiter vorgenommen wird. Interessant wäre hier, weiter zu untersuchen, wie sich die Entwicklungen der Standorte von Computern in Computerräumen in der Praxis mit den vielfach festgehaltenen Notwendigkeiten der unterrichtsnahen und flexiblen Verfügbarkeit von Computern im Klassenraum darstellen. Dies ist auch vor dem Hintergrund zu sehen, dass sich digitale Medien durchaus unterstützend für die Individualisierung von Lernprozessen eignen (vgl. Eickelmann, 2010b) und in Ansätzen binnendifferenzierten Unterrichts nicht alle Schülerinnen und Schüler gleichzeitig mit dem gleichen Unterrichtsmaterial oder -medium (hier: Computer) arbeiten müssen. Eine Erklärung findet sich in der gleichzeitigen Betrachtung beider Ausstattungskonzepte: Etwa die Hälfte der Schülerinnen und Schüler (51.4%) wird an einer Schule unterrichtet, an der es sowohl im Klassenraum als auch an einem anderen Ort in der Schule (z.B. im Computerraum oder in Lernwerkstätten) Zugang zu Computern gibt. Dennoch bleibt die Frage offen, in welchen didaktischen Settings Computer in der Grundschule schließlich eingesetzt werden und ob die bereitgestellte Ausstattung tatsächlich die pädagogischen Ziele der Einzelschulen und einzelner Lehrpersonen unterstützen kann.

2.3 Ausstattungsprobleme

Nicht allein die Information über das Vorhandensein von Computern für Unterrichtszwecke sowie ihren Standort für das schulische Lernen sind in der Diskussion über die Nutzung digitaler Medien an Grundschulen relevant, sondern auch die Frage, ob die Nutzung von Computern im Unterricht durch knappe oder unzulängliche Ausstattung beeinträchtigt wird. Dafür wurde das ursprünglich vierstufige Antwortformat dichotomisiert und die beiden Antwortkategorien *sehr* und *ziemlich* als neue Kategorie *beeinträchtigt* zusammengefasst. Dies wird im Folgenden im internationalen Vergleich für das Jahr 2011 dargestellt.

Abbildung 1 zeigt, dass in Deutschland etwa ein Viertel der Schülerinnen und Schüler eine Grundschule besuchen, in der die Computernutzung durch Ausstattungsprobleme beeinträchtigt wird (26.3%). Damit liegt Deutschland unter dem internationalen Mittelwert (41.3%) sowie den Mittelwerten der beiden Vergleichs-

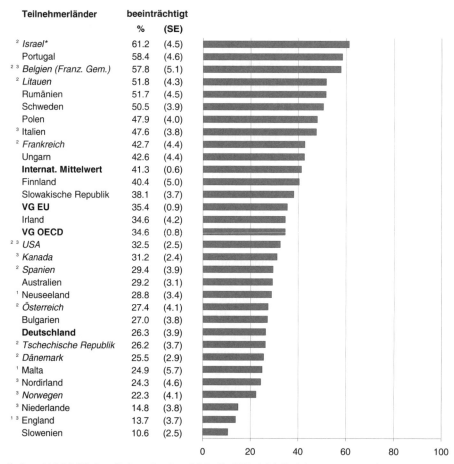

Abbildung 1: Beeinträchtigung durch knappe oder unzulängliche Computerausstattung (Angaben in Prozent), IGLU 2011, Schulleitungsangaben

gruppen EU (35.4%) und OECD (34.6%). Deutlich größere Probleme werden für sechs Länder berichtet, in denen mehr als die Hälfte der Schülerinnen und Schüler eine Schule besucht, in der die Nutzung von Computern für Unterrichtszwecke durch fehlende oder unzureichende Ausstattung beeinträchtigt ist. Dies sind Israel (61.2%), Portugal (58.4%), Belgien (Franz. Gem.) (57.8%), Litauen (51.8%) sowie Rumänien (51.7%) und Schweden (50.5%). Geringere, aber dennoch beachtenswerte Zahlen finden sich für Länder, in denen etwa jede achte Schülerin bzw. jeder achte Schüler eine Schule besucht, in denen die Schulleitungen von Ausstattungsproblemen berichten: In den Niederlanden (14.8%), England (13.7%) sowie in Slowenien (10.6%).

Festzustellen ist, dass also auch Schulleitungen in Ländern mit vergleichsweise hohen Ausstattungsquoten wie England knappe oder unzulängliche Ausstattung bemängeln. Dies ist eine Feststellung, die immer wieder in Studien zu Tage tritt und auch an Schulen in Deutschland zu beobachten ist: Schulen oder Länder mit guter Ausstattung haben in der Regel höhere Nutzerzahlen und für die Anzahl der Nutzer ist dann die im Vergleich gute Ausstattung immer noch unzureichend (vgl. u.a. Eickelmann, 2010a).

Für Deutschland lässt sich konstatieren, dass die unterrichtliche Computernutzung weniger durch fehlende oder unzureichende Ausstattung beeinträchtigt wird als noch vor zehn Jahren. Damit wird für Grundschulen aus der Sicht der beteiligten schulischen Akteure – zumindest im Mittel – ein zunächst positiver Trend erkennbar: Während im Jahr 2001 noch 43.8 Prozent der Schülerinnen und Schüler an einer Schule unterrichtet wurden, an der aus Schulleitungssicht Ausstattungsprobleme vorlagen, so hat sich dieser Anteil im Jahr 2006 bereits fast halbiert (22.1%). Im Vergleich zwischen 2006 und 2011 zeigt sich aber wieder ein leichter Anstieg von etwa vier Prozentpunkten. Die Ausstattungssituation an Grundschulen in Deutschland hat sich aus Sicht der Schulleitungen innerhalb dieser vier Jahre zuletzt wieder verschlechtert. Dies kann möglicherweise damit begründet werden, dass die Anschaffungen, die auch in dem Anstieg der Ausstattungszahlen von 2001 bis 2006 dokumentiert sind, zurückgegangen sind und möglicherweise die in den meisten Grundschulen angeschafften Computer in die Jahre gekommen sind. Dies ist jedoch lediglich eine Vermutung, die sich aus der Interpretation der beiden Eckdaten zur Entwicklung des Ausstattungsumfangs und der Ausstattungszufriedenheit über die Jahre ergibt und die auf der Grundlage der vorhandenen Daten nicht weiter vertieft werden kann. Letztlich bleibt auch hier die Frage offen, ob die vorhandenen Geräte in den Schulen pädagogisch sinnvoll (sinnvoll aus Sicht der Akteure vor Ort) genutzt werden. Wie oben bereits dargestellt, ergeben sich an Grundschulen, an denen etwa ein Viertel der Schülerinnen und Schüler unterrichtet werden, deutliche Handlungsbedarfe und damit Hinweise darauf, dass aus Sicht der Akteure die notwendige Bedingung, nämlich das Vorhandensein einer brauchbaren Computerausstattung, nicht erfüllt ist.

2.4 IT-Ausstattungssituation für die Lehrpersonen

Abschließend wird auf die IT-Ausstattungssituation für die Lehrpersonen eingegangen. Wie bereits einleitend dargestellt, wird die Verfügbarkeit von Arbeitsplätzen mit Computern und Internet in der Schule für Lehrpersonen immer bedeutsamer. Dies gilt gleichermaßen für die Unterrichtsvorbereitung und für Kooperationen innerhalb und zwischen Schulen (vgl. Schulz-Zander et al., 2010). Abbildung 2 veranschaulicht die Ausstattungssituation für die Lehrpersonen – sowohl aus Schulleitungssicht als auch aus Sicht der Lehrkräfte (als diejenigen Lehrpersonen, die im Rahmen von IGLU 2011 befragt wurden). Die Situation stellt sich

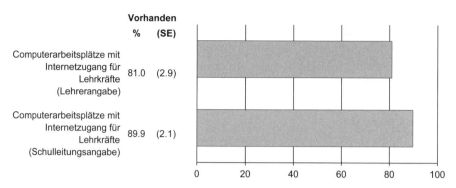

Abbildung 2: Ausstattungssituation für die Lehrpersonen (Angaben in Prozent), IGLU 2011, Lehrer- und Schulleitungsangaben

in Deutschland insgesamt durchaus zufriedenstellend dar: Knapp 90 Prozent der Schülerinnen und Schüler besuchen eine Schule, in der die Schulleitung angibt, dass für Lehrpersonen ein Computerarbeitsplatz mit Internetzugang verfügbar ist. Damit ist ein leichter Anstieg zum letzten IGLU-Erhebungszyklus ersichtlich (2006: 86%). Für die Lehrkräfte zeigt sich ein von der Einschätzung der Schulleitung leicht nach unten abweichendes Ergebnis. So werden vier Fünftel der Schülerinnen und Schüler in Deutschland von einer Lehrkraft unterrichtet, die angibt, dass PC-Arbeitsplätze mit Zugang zum Internet zur Verfügung stehen (81.0%). Diese leicht abweichende Einschätzung könnte damit erklärt werden, dass möglicherweise Lehrpersonen, die Computer nicht oder nur selten nutzen, nicht wissen, ob und inwiefern die Schule entsprechend ausgestattet ist.

Im Vergleich zum Jahr 2006 ist der Unterschied zwischen der Einschätzung der Schulleitung und der Lehrpersonen deutlich geringer (vgl. Schulz-Zander et al., 2010). Die Einschätzung der Lehrpersonen lag im Jahr 2006 mit 74 Prozent noch erheblich unter dem Ergebnis des aktuellen Zyklus. Zu ergänzen ist, dass zukünftig die Verfügbarkeit von Computerarbeitsplätzen mit Internetanschluss in der Schule durch stationäre Computerarbeitsplätze für Lehrpersonen auch in Grundschulen von rückläufiger Relevanz sein könnte, nämlich dann, wenn die Anzahl der Lehrpersonen, die eigene mobile Endgeräte wie Laptops und Tablet-Computer als persönliche Arbeitsgeräte mit in die Schule bringen, steigt.

3. Zusammenfassung und Diskussion

Hinsichtlich der Computerausstattung an Grundschulen in Deutschland lässt sich festhalten, dass sich diese im Laufe der letzten zehn Jahre spürbar und nachweislich verbessert hat. So hat sich allein die Ausstattung mit Computern zahlenmäßig zwischen 2001 und 2011 mehr als verdoppelt. Allerdings liegt Deutschland im Jahr 2011 mit durchschnittlich 15.1 PCs für Unterrichtszwecke pro Schule im internationalen Vergleich nur im unteren Mittelfeld und ist vergleichbar mit Litauen, den Niederlanden oder der Russischen Föderation. Besonders gut ausgestattet sind Grundschulen in Singapur, Hongkong, den USA und England, die hinsichtlich des Einsatzes von digitalen Medien in Grundschulen offensichtlich andere Wege beschreiten als die meisten Grundschulen in Deutschland. Bei der Betrachtung des Ausstattungsverhältnisses wird deutlich, dass ein Drittel der Viertklässlerinnen und Viertklässler in Deutschland eine Schule besucht, an der das Ausstattungsverhältnis bei weniger als drei Schülerinnen und Schüler pro Computer liegt (Computer-Schüler-Verhältnis von 1:3). Wenngleich sich abzeichnet, dass ein beachtlicher Teil der Grundschulen in Deutschland Schwerpunkte im Bereich neuer Technologien setzt, zeigt sich dennoch, dass Deutschland im internationalen Vergleich abgeschlagen im unteren Bereich liegt. Viel höher ist beispielsweise das Ausstattungsverhältnis in England. Erneut lässt sich festhalten, dass natürlich die Ausstattungsquantität weder Rückschlüsse über die Ausstattungsqualität noch über die Qualität computergestützter Lernprozesse in den betrachteten Ländern zulässt. Dennoch verdeutlicht die Bilanzierung der Ausstattung an Grundschulen in Deutschland auch im internationalen Vergleich, dass eine Betrachtung der IT-Ausstattung bei der Diskussion um den Einsatz digitaler Medien an Grundschulen nicht außer Acht gelassen werden darf. Hinweise darauf, dass hier die Diskussion um die Ausstattung in Deutschland in den letzten Jahren, die vielfach darauf hinwies, dass Ausstattung vorhanden sei, nur nicht genutzt werden würde, irreführend sein kann, wenn man berücksichtigt, dass sowohl die Anzahl der in Klassenräumen verfügbaren Computer als auch die Zufriedenheit mit der Computerausstattung aus Sicht der schulischen Akteure rückgängig ist. Dennoch konnte in Bezug auf die Standorte der Schulcomputer gezeigt werden, dass etwa zwei Drittel der Schülerinnen und Schüler in Deutschland eine Schule besuchen, in der ein oder mehrere Computer im Klassenraum zur Verfügung stehen. Auch das Konzept des Computerraums ist weiterhin verbreitet. Fast vier Fünftel der Schülerinnen und Schüler besuchen eine Schule, an der ein solcher Raum vorhanden ist.

Die Betrachtung von Problemen beim Einsatz von Computern im Unterricht konnte zeigen, dass in Deutschland etwa ein Viertel der Schülerinnen und Schüler eine Grundschule besucht, in der die Nutzung von Computern für Unterrichtszwecke durch Ausstattungsprobleme beeinträchtigt wird. Dieser Befund ist besser als in vielen anderen Ländern und liegt auch unter dem internationalen Mittelwert sowie unter den Ergebnissen für die beiden Vergleichsgruppen EU und OECD. In Deutschland haben sich die Ausstattungsprobleme innerhalb der letzten zehn Jahre stark reduziert.

Für die Ausstattungssituation mit Computern für Lehrpersonen kann zusammenfassend konstatiert werden, dass mehr als vier Fünftel der Schülerinnen und Schüler in Deutschland eine Schule besuchen, an der den Lehrpersonen ein Computerarbeitsplatz mit Internetzugang zur Verfügung steht. Die Einschätzungen der Schulleitung sowie der Lehrpersonen diesbezüglich unterscheiden sich nicht wesentlich voneinander und sind zudem im Vergleich zum Jahr 2006 noch einmal gestiegen. Durch die wachsende persönliche Ausstattung von Lehrpersonen mit eigenen mobilen Endgeräten (Laptops oder Tablet-Computer) spielt möglicherweise zukünftig die Bereitstellung von Computerarbeitsplätzen für Lehrpersonen in Schulen eine rückläufige Rolle.

Zusammenfassend lässt sich konstatieren, dass an dieser Stelle nur Vermutungen angestellt werden können, warum die Ausstattungssituation in manchen Ländern viel besser ist als in Deutschland oder warum sich diese in anderen Ländern in den letzten zehn Jahren wesentlich verbessert hat. Mögliche Hinweise auf die Bedeutsamkeit des Einsatzes digitaler Medien in den Teilnehmerländern kann der sogenannte Curriculum-Fragebogen geben, der im Rahmen der Datenerhebung von IGLU wie auch von TIMSS von den Verantwortlichen in den Teilnehmerländern ausgefüllt wird, um bei der späteren Interpretation der Ergebnisse von internationalen Vergleichen wertvolle Informationen über Spezifika des Teilnehmerlandes bereitzustellen. So finden sich beispielsweise im Curriculum-Fragebogen für TIMSS 2011 von England, einem Land mit einer exzellenten Ausstattungssituation, Hinweise auf konkrete Vorgaben und Aussagen im nationalen Curriculum über den Einsatz von Computern im Mathematik- sowie Naturwissenschaftsunterricht. Dort wird festgehalten:

> Students should be given opportunities to apply and develop their ICT capability through the use of ICT tools to support their learning in all subjects. Students should be given opportunities to support their work by being taught to: a) find things from a variety of sources, selecting and synthesizing the information to meet their needs and developing an ability to question its accuracy, bias and plausibility b) develop their ideas using ICT tools to amend and refine their work and enhance its quality and accuracy c) exchange and share information, both directly and through electronic media d) review, modify and evaluate their work, reflecting critically on its quality, as it progresses. (Curriculum-Fragebogen TIMSS 2011, Item MA407TA[1])

Auch Singapur und Hongkong, zwei weitere Länder mit einer sehr guten Ausstattungslage, weisen explizite Vorgaben zur Nutzung digitaler Medien im Fachunterricht auf. In Deutschland dagegen kann nicht von einer einheitlichen curricularen Verankerung von Vorgaben zum Einsatz digitaler Medien gesprochen werden. Allerdings finden sich in mehreren Bundesländern durchaus Aussagen dazu, wie Computer im Mathematik- oder Sachkundeunterricht eingesetzt werden könnten, beispielsweise in Form von Software oder Simulationsprogrammen. Die Niederlande, Litauen sowie die Russische Föderation – Länder mit einer vergleichbaren Computerausstattung wie in Deutschland – machen zu curricularen Vorgaben zur Nutzung digitaler Medien im Unterricht weder für Mathematik noch für Naturwissenschaften Angaben. Lediglich Litauen weist darauf hin, dass Lehrpersonen nach eigenem Ermessen den Computer in ihren Unterricht integrieren sollen. Zu prüfen wäre daher, ob eine explizite curriculare Verankerung digitaler Medien die

---

1 Curriculum-Fragebogen-Daten einsehbar unter http://timssandpirls.bc.edu

Ausstattungssituation mittelfristig verbessern würde und auch die zwei Drittel der Grundschulen mit eher niedrigerem Computer-Schüler-Verhältnis und damit verbunden die Schulträger angehalten wären, die IT-Ausstattungssituation zu verbessern.

Um für alle Schulen eine oben bereits genannte ‚anforderungsgerechte Ausstattung' zu ermöglichen, empfiehlt die KMK (2012) die Erstellung von Medienentwicklungsplänen. Dieser Aspekt gewinnt an Relevanz und wird im Rahmen dieses Bandes in dem Beitrag von Gerick, Drossel und Eickelmann näher betrachtet. Wichtig ist für Schülerinnen und Schüler sowie für Lehrpersonen aber letztlich nicht die Quantität der Ausstattung, sondern die Qualität der Lernprozesse und damit verbunden die Frage, wie digitale Medien in den Fachunterricht eingebunden werden. Hinweise darauf finden sich in den weiteren Beiträgen in diesem Band.

Literatur

Bundesministerium für Bildung und Forschung (BMBF). (2006). *IT-Ausstattung der allgemein bildenden und berufsbildenden Schulen in Deutschland. Bestandsaufnahme 2006 und Entwicklung 2001 bis 2006*. Zugriff am 30.10.2013 unter http://www.bmbf.de/pub/it-ausstattung_der_schulen _20 06.pdf

Bos, W., Tarelli, I., Bremerich-Vos, A. & Schwippert, K. (Hrsg.). (2012). *IGLU 2011. Lesekompetenzen von Grundschulkindern in Deutschland im internationalen Vergleich*. Münster: Waxmann.

Bos, W., Wendt, H., Köller, O. & Selter, C. (Hrsg.). (2012). *TIMSS 2011. Mathematische und naturwissenschaftliche Kompetenzen von Grundschulkindern in Deutschland im internationalen Vergleich*. Münster: Waxmann.

Davis, N., Eickelmann, B. & Zaka, P. (2013). Restructuring of educational systems in the digital age from a co-evolutionary perspective. *Journal of Computer-Assisted Learning, 29*(5), 438–450.

Drossel, K., Wendt, H., Schmitz, S. & Eickelmann, B. (2012). Merkmale der Lehr- und Lernbedingungen im Primarbereich. In W. Bos, H. Wendt, O. Köller & C. Selter (Hrsg.), *TIMSS 2011. Mathematische und naturwissenschaftliche Kompetenzen von Grundschulkindern in Deutschland im internationalen Vergleich* (S. 171–202). Münster: Waxmann.

Eickelmann, B. (2010a). *Digitale Medien erfolgreich in Schule und Unterricht implementieren*. Münster: Waxmann.

Eickelmann, B. (2010b). Unterricht individualisieren – mit Computer und Internet. In M. Bonsen, W. Homeier, K. Tschekan & L. Ubben (Hrsg.), *Unterrichtsqualität sichern – Grundschule* (S. 1–20). Stuttgart, Berlin: Raabe.

Europäische Kommission. (2004). *Aktionsplan e-learning*. Zugriff am 30.10.2013 unter http://europa.eu/legislation_summaries/other/c11050_de.htm

Europäische Kommission. (2013). *Survey of Schools. ICT in Education. Benchmarking Access, Use and Attitudes to Technology in Europe's Schools. Final Report*. Zugriff am 30.11.2013 unter http://ec.europa.eu/information_society/newsroom/cf/dae/document.cfm?doc_id=1800

Hornberg, S., Faust, G., Holtappels, H.-G., Lankes, E.-M. & Schulz-Zander, R. (2007). Lehr- und Lernbedingungen in den Teilnehmerstaaten. In W. Bos, S. Hornberg, K.-H. Arnold, G. Faust, L. Fried, E.-M. Lankes, K. Schwippert & R. Valtin (Hrsg.), *IGLU 2006. Lesekompetenzen von Grundschulkindern in Deutschland im internationalen Vergleich* (S. 47–79). Münster: Waxmann.

Hornberg, S., Lankes, E.-M., Potthoff, B. & Schulz-Zander, R. (2008). Lehr- und Lernbedingungen in den Ländern der Bundesrepublik Deutschland. In W. Bos, S. Hornberg, K.-H. Arnold, G. Faust, L. Fried, E.-M. Lankes, K. Schwippert & R. Valtin (Hrsg.). *IGLU-E 2006. Die Länder der Bundesrepublik Deutschland im nationalen und internationalen Vergleich* (S. 29–50). Münster: Waxmann.

KMK = Sekretariat der Ständigen Konferenz der Kultusminister der Länder in der Bundesrepublik Deutschland. (2008). *Dataset – IT-Ausstattung der Schulen. Schuljahr 2007/2008.* Zugriff am 30.10.2013 unter http://www.kmk.org/fileadmin/veroeffentlichungen_beschluesse/2008/2008_12_08-Dataset-IT- Ausstattung-07–08.pdf

KMK = Sekretariat der Ständigen Konferenz der Kultusminister der Länder in der Bundesrepublik Deutschland. (2012). *Medienbildung in der Schule.* Zugriff am 30.10.2013 unter http://www.kmk.org/fileadmin/veroeffentlichungen_beschluesse/2012/2012_03_08_Medienbildung.pdf

Pacher, S. & Kern, A. (2005). Medienpläne entwickeln. *Computer + Unterricht, 58,* 6–10.

Rutkowski, L., Gonzalez, E., Joncas, M. & von Davier, M. (2010). International Large-Scale Assessment Data: Issues in Secondary Analysis and Reporting, *Educational Researcher, 39*(2), 142–151.

Schulz-Zander, R., Dalmer, R., Petzel, T., Büchter, A., Beer, D. & Stadermann, M. (2003). *Innovative Praktiken mit Neuen Medien in Schulunterricht und -organisation. Nationale Ergebnisse der internationalen IEA-Studie SITES Modul 2.* Zugriff am 14.01.2014 unter http://www.eteachingplus.de/files/abschlussbericht.pdf

Schulz-Zander, R., Eickelmann, B. & Goy, M. (2010). Mediennutzung, Medieneinsatz und Lesekompetenz. In W. Bos, S. Hornberg, K.-H. Arnold, G. Faust, L. Fried, E.-M. Lankes et al. (Hrsg.), *IGLU 2006. Die Grundschule auf dem Prüfstand. Vertiefende Analysen zu Rahmenbedingungen schulischen Lernens* (S. 91–119). Münster: Waxmann.

Tarelli, I., Lankes, E.-M., Drossel, K. & Gegenfurtner, A. (2012). Lehr- und Lernbedingungen an Grundschulen im internationalen Vergleich. In W. Bos, I. Tarelli, A. Bremerich-Vos & K. Schwippert (Hrsg.), *IGLU 2011. Lesekompetenzen von Grundschulkindern in Deutschland im internationalen Vergleich* (S. 137–173). Münster: Waxmann.

Zur Rolle der Schulleitung bei der Integration digitaler Medien in Grundschulen

Julia Gerick, Kerstin Drossel & Birgit Eickelmann

Der Schulleitung kommt bei der Initiierung und Gestaltung von Veränderungs- und Schulentwicklungsprozessen eine zentrale Rolle zu (vgl. u.a. Bonsen, 2003; Pont, Nusche & Moorman, 2008; Gieske, 2013). Dies gilt nicht nur für Deutschland, sondern ist auch in der internationalen Literatur zur Schulentwicklung und Schuleffektivität ein Kernergebnis der empirischen Forschung: Schulleitungen gelten national sowie international als höchst bedeutsam für die Qualitätsentwicklung der Einzelschule.

Diese Beobachtung gilt ebenfalls uneingeschränkt sowohl für die Einführungsphase als auch für die nachhaltige Verankerung digitaler Medien in Schulen (vgl. u.a. Hunneshagen, 2005; Eickelmann, 2010a; Eickelmann, 2013): Die Schulleitung nimmt bei der Implementierung digitaler Medien in das schulische Arbeiten eine *Schlüsselrolle* ein. Im vorliegenden Beitrag wird daher auf die Rolle der Schulleitung bei der Integration digitaler Medien in der Grundschule fokussiert und betrachtet, wie sich die Unterstützungssituation bezüglich des Einsatzes digitaler Medien von Lehrpersonen durch die Schulleitung darstellt, ob digitale Medien von Schulleitungen an Grundschulen in Deutschland als relevante Entwicklungsschwerpunkte betrachtet werden und welche Bedeutung Medienkonzepte in der Diskussion um schulische Qualität in Grundschulen haben.

1. Schulleitung und digitale Medien – konzeptionelle Überlegungen und empirische Befunde

Die Unterstützung durch die Schulleitung konnte als förderlicher Bedingungsfaktor auf der Prozessebene der Schule für die dauerhafte Verankerung digitaler Medien identifiziert werden (vgl. Eickelmann, 2010a). Dabei nimmt die Schulleitung in der Organisation Schule die Rolle eines sogenannten *Machtpromotors* ein, da sie finanzielle sowie personelle Ressourcen zur Implementierung der Innovation bereitstellen kann (vgl. u.a. Hunneshagen, 2005). Ihre Unterstützung gilt als „Garant für die Akzeptanz neuer Medien innerhalb des Kollegiums" (ebd., S. 213). Schulen, denen es gelingt, erfolgreich und nachhaltig digitale Medien einzuführen, reagieren nicht nur auf den Wandel der Technik, sondern beziehen diesen Wandel systematisch in ihre Schul- und Unterrichtsentwicklung ein – hauptsächlich gesteuert durch die Schulleitung (vgl. Eickelmann, 2013). Dazu gehört, dass diese nicht nur engagiert ist, sondern neben der vorgenannten Machtpromotorfunktion auch auf der Ebene der *Fach- und Prozesspromotion* das IT-Management aktiv gestaltet, d.h., dass sie sowohl über die fachlichen Kenntnisse verfügt, die es braucht, um die Innovation voranzutreiben, als auch den Ablauf der Umsetzung koordiniert. Dahinter steckt letztlich die Erkenntnis, dass der gute Wille allein nicht zählt, sondern Kenntnisse der Schulleitung sowohl in der didaktischen Nutzung digitaler Medien als auch Kenntnisse über schulisches IT-Management wichtig sind (vgl. u.a. Breiter, 2007). Im Hinblick auf die Schulkultur trägt die Schulleitung vor allem zur Entwicklung von gemeinsamen, zukunftsweisenden Visionen zur Nutzung digitaler Medien in Schulen bei (vgl. Eickelmann, 2013). Eine erfolgreiche Personalentwicklung und Personalpolitik durch die Schulleitung wirkt sich zudem in zweierlei Hinsicht positiv auf den Umgang mit der Schnelllebigkeit der Technik aus: Sie kann einerseits durch Fort- und Weiterbildungen und andererseits durch konzeptionelle Verankerungen der Professionalisierung der Lehrpersonen (z.B. in Medienkonzepten) einen Beitrag leisten (vgl. ebd.).

Eickelmann, Schulz-Zander und Gerick (2009) konnten für Grundschulen zeigen, dass die kontinuierliche, über die Einführungsphase hinausgehende Unterstützung durch die Schulleitung zentral für die nachhaltige Einführung digitaler Medien, verbunden mit einer pädagogisch sinnvollen Nutzung von Computern und Internet im Unterricht, ist. Hatlevik und Arnseth (2012) fanden heraus, dass die Lehrerwahrnehmung von der Unterstützung durch die Schulleitung hinsichtlich Informations- und Kommunikationstechnologien (IKT) positiv mit dem wahrgenommenen Nutzen des Computereinsatzes im Unterricht sowie mit dem tatsächlichen Computereinsatz im Unterricht für Lesen und Schreiben zusammenhängt. Aufgrund der Bedeutsamkeit der Unterstützung durch die Schulleitung für die Implementation digitaler Medien in den Unterricht wird daher im ersten Teil dieses Beitrags auf die Unterstützungswahrnehmung der Lehrpersonen in Deutschland hinsichtlich des Einsatzes digitaler Medien fokussiert.

Ein weiterer relevanter Aspekt, der im Rahmen dieses Beitrags betrachtet wird, stellt die Medienkonzeptarbeit und ihre Bedeutung für schulische Qualität dar. Medienkonzepte nehmen als Instrumentarien der Schulentwicklungsplanung und Schulentwicklung stetig an Bedeutung zu und werden als Indikatoren der nachhaltigen Implementation digitaler Medien in der Schule betrachtet (vgl. Eickelmann, 2010a). Zielsetzungen schulischer Medienkonzeptarbeit liegen dabei nicht nur in der Beschreibung von Ausstattungs- oder Supportkonzepten, sondern auch in der Verknüpfung mit pädagogischen Zielsetzungen und didaktischen Konzepten zur Nutzung digitaler Medien im Unterricht (vgl. u.a. Pacher & Kern, 2005). Auf der Einzelschulebene schafft ein Medienkonzept Transparenz über die schulische Medienentwicklung, bietet Unterstützung bei der Initiierung von Schulentwicklungsprozessen sowie eine Grundlage für die Evaluation schulischer Arbeit (vgl. u.a. Eickelmann & Schulz-Zander, 2006).

Eine eigene aktuelle Analyse der Qualitätsrahmen der Bundesländer (vgl. zum Vorgehen u.a. auch Wagner, 2005) konnte zeigen, dass eine Verankerung digitaler Medien in den Qualitätsrahmen in über der Hälfte der Bundesländer bereits stattgefunden hat. In einigen Bundesländern finden sich explizite Hinweise auf die Erstellung von Medienkonzepten. So enthält z.B. der *Orientierungsrahmen Qualitätsentwicklung an Hamburger Schulen* sowohl hinsichtlich der Ausstattung mit Informations- und Kommunikationstechnologien und Medien für den Unterricht als auch hinsichtlich des schulischen Curriculums den Verweis auf ein Konzept zum Medieneinsatz (vgl. Behörde für Bildung und Sport Hamburg, 2008). Im *Qualitätstableau für die Qualitätsanalyse an Schulen in Nordrhein-Westfalen* findet sich unter dem Qualitätsaspekt ‚Schlüsselkompetenzen' das folgende Qualitätskriterium: „Die Schule vermittelt auf der Grundlage eines Medienkonzeptes kommunikative Kompetenzen (einschließlich Mediennutzung)." (MSW NRW, 2012, 1.4.4). Die Erstellung eines solchen schulischen Medienkonzepts stellt somit einen verbindlichen Teil der Schulprogrammarbeit dar. Es wird deutlich, dass die Medienkonzeptarbeit als ein Beitrag zur Schulentwicklung zu verstehen ist. Darüber hinaus lässt sich eine verstärkte Verknüpfung der Aspekte Medienkompetenz und Mediennutzung mit Schulqualität identifizieren, die, wie gezeigt werden konnte, in einigen Bundesländern als Kriterium externer Evaluation herangezogen wird. Im zweiten Teil dieses Beitrags liegt daher der Schwerpunkt auf der Medienkonzeptarbeit. Dem vorliegenden Beitrag liegen somit die folgenden Forschungsfragen zu Grunde:

1. Inwieweit fühlen sich Lehrpersonen durch ihre Schulleitung beim Einsatz digitaler Medien unterstützt und hängt die wahrgenommene Unterstützung mit der tatsächlichen Nutzung im Unterricht zusammen?
2. Werden Medienkonzepte durch die Schulleitungen als Element von Schulentwicklung betrachtet?
3. Welche Bedingungsfaktoren lassen sich für die Bedeutsamkeit schulischer Medienkonzeptarbeit für die Entwicklung und Sicherung schulischer Qualität identifizieren?

Zur Beantwortung der ersten Forschungsfrage werden auch weitere Bereiche der schulischen Arbeit zum Vergleich herangezogen. Im Rahmen der zweiten und dritten Forschungsfrage wird u.a. der Aspekt der sozialen Lage der Schule mit berücksichtigt, um mögliche Unterschiede in der Relevanz der Medienkonzeptarbeit für die Entwicklung schulischer Qualität zu identifizieren. Dabei wird die soziale Lage über die Einschätzung der Schulleitung zum Einkommensniveau in der Gegend der Schule operationalisiert und damit – anders als beispielsweise im Beitrag von Drossel, Gerick und Eickelmann in diesem Band – nicht auf individueller Ebene der Schülerinnen und Schüler, sondern auf schulischer Ebene erfasst.

Als empirische Grundlage dieses Beitrags dienen die Daten der nationalen Ergänzungen des Fragebogens für die Schulleitung sowie der Deutschlehrpersonen der *Internationalen Grundschul-Lese-Untersuchung* 2011 (IGLU; vgl. Bos,

Tarelli, Bremerich-Vos, Schwippert, 2012), die im Gegensatz zur internationalen Datenbasis detaillierte Informationen zur Relevanz der Schulleitung hinsichtlich digitaler Medien in der Schule enthalten. Aus diesem Grund sind keine internationalen Vergleiche möglich. Anhand von Sekundäranalysen werden die zuvor formulierten Forschungsfragen beantwortet. Dabei werden nicht nur deskriptive Statistiken, sondern auch Ergebnisse bivariater Korrelationen sowie eines linearen Regressionsmodells berichtet. Die komplexe Datenstruktur, wie sie in IGLU 2011 vorliegt, wurde berücksichtigt, indem die Analysen mit dem IDB-Analyzer (vgl. Rutkowski, Gonzalez, Joncas & von Davier, 2010) durchgeführt wurden.

2. Unterstützung durch die Schulleitung bei der Nutzung digitaler Medien

Es geht zunächst darum, inwieweit sich Lehrpersonen durch ihre Schulleitung bei der Nutzung von Computern unterstützt fühlen. Zur Beantwortung dieser Frage werden die Lehrerangaben herangezogen. Die beiden Antwortkategorien *stimme stark zu* und *stimme einigermaßen zu* wurden für die Analysen zusammengefasst. Abbildung 1 illustriert die Zustimmung der Lehrpersonen zum Unterstützungsbereich Computereinsatz im Vergleich zu anderen Bereichen. Es wird ersichtlich, dass rund zwei Drittel der Schülerinnen und Schüler in Deutschland von Lehrpersonen unterrichtet werden, die zustimmen, von ihrer Schulleitung ausreichend Unterstützung für den Computereinsatz zu erhalten (65.9%). Höhere Zustimmung erhalten hingegen generelle Aussagen zur Unterstützung im Unterricht. So werden mehr als vier Fünftel der Schülerinnen und Schüler von Lehrkräften unterrichtet, die sich in Fragen neuer Unterrichtsgestaltung unterstützt fühlen sowie ihre Schulleitung als kompetenten Ansprechpartner zu Fragen des Unterrichts wahrnehmen (89.0% bzw. 88.6%).

Für die Annahme, dass Lehrerinnen und Lehrer, die sich von ihrer Schulleitung bei der Nutzung von Computern unterstützt fühlen, digitale Medien auch häufiger in ihren Unterricht integrieren, lassen sich allerdings nur sehr schwache Hinweise finden. So zeigt sich im Rahmen von Korrelationsanalysen zum Zusammenhang zwischen der Unterstützungswahrnehmung und der Nutzung im Leseunterricht für verschiedene Aktivitäten, dass die Nutzung des Computers zum Schreiben von Geschichten oder anderen Texten im Leseunterricht keinen nennenswerten Zusammenhang aufweist ($r=.08$, $SE=.09$). Die Nutzung von Lernsoftware im Unterricht zur Entwicklung von Lesefähigkeiten und -strategien sowie die Recherche von Informationen am Computer korrelieren nur sehr schwach mit der Unterstützungswahrnehmung ($r=.17$, $SE=.08$ bzw. $r=.16$, $SE=.10$). Für das Lesen von Texten und Geschichten am Computer lässt sich ebenfalls ein geringer, allerdings leicht höherer Zusammenhang identifizieren ($r=.20$, $SE=.01$).

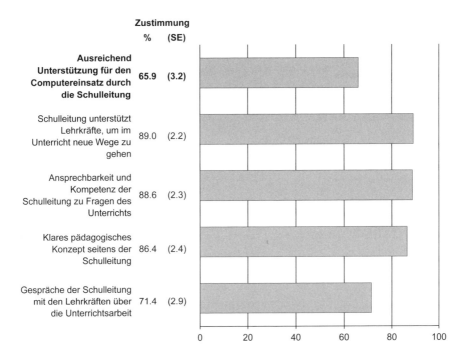

Abbildung 1: Wahrgenommene Unterstützung durch die Schulleitung in verschiedenen Bereichen (Angaben in Prozent), IGLU 2011, Lehrerangaben

3 Medienkonzepte als Maßnahmen von Qualitätsentwicklung und der Einsatz neuer Medien als schulischer Entwicklungsschwerpunkt

Im folgenden Abschnitt wird zunächst betrachtet, ob Medienkonzepte in Grundschulen in Deutschland als Element von schulischer Qualitätsentwicklung und -sicherung eine Rolle spielen, bevor digitale Medien als Entwicklungsschwerpunkt von Schulen beleuchtet und Bedingungsfaktoren für die Relevanz schulischer Medienkonzeptarbeit identifiziert werden.

3.1 Medienkonzepte als Element von Schulentwicklung

Im Folgenden wird auf die Bedeutsamkeit schulischer Medienkonzeptarbeit für die Schulentwicklung fokussiert. Dabei wird diese Maßnahme mit weiteren Maßnahmen zur Entwicklung und Sicherung schulischer Qualität in Relation gesetzt (vgl. Abbildung 2). Die beiden Antwortkategorien *sehr wichtig* und *wichtig* wurden dafür zusammengefasst. Etwa die Hälfte der Schülerinnen und Schüler in Deutschland besucht eine Schule, an der die Entwicklung eines Medienkonzeptes einen

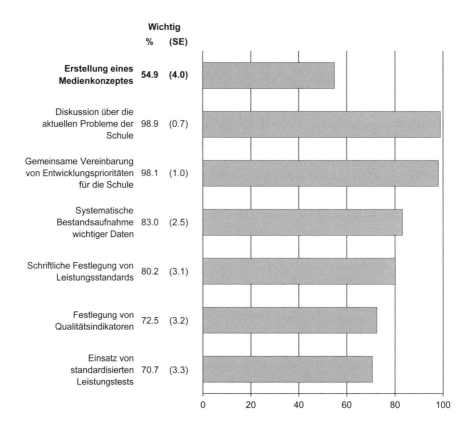

Abbildung 2: Erstellung eines Medienkonzeptes als Maßnahme schulischer Qualitätsentwicklung und -sicherung im Vergleich zu anderen Qualitätsmaßnahmen (Angaben in Prozent), IGLU 2011, Schulleitungsangaben

hohen Stellenwert für die Qualitätsentwicklung und -sicherung hat (54.9%). Die gemeinsame Vereinbarung von Entwicklungsprioritäten für die Schule (98.1%) oder die Diskussion über aktuelle Probleme der Schule (98.9%) stehen im Vergleich dazu fast an jeder Schule auf der Agenda. Vor dem Hintergrund der zahlreichen Entwicklungsaufgaben, die Schulen zu bewältigen haben, u.a. auch die datenbasierte Schulentwicklung (83.0%) oder die Bestimmung von Leistungsstandards (80.2%), ist die Bedeutsamkeit des Medienkonzeptes für die schulische Qualitätsentwicklung und -sicherung durchaus positiv zu bewerten, da es nicht in allen Bundesländern verpflichtend vorgeschrieben ist.

Differenziert nach der sozialen Lage der Schule hat die Erstellung eines Medienkonzepts als Maßnahme zur Qualitätsentwicklung und -sicherung eher Bedeutung in Schulen, die sich in Gegenden mit niedrigerem Einkommensniveau befinden. Mehr als drei Fünftel (62.6%) der Schülerinnen und Schüler an diesen Schulen werden von einer Schulleitung geführt, welche die Erstellung eines Medienkonzeptes als wichtig erachtet. An Schulen in Gegenden mit hohem Einkommensniveau dagegen ist die Bedeutung dieser Maßnahme zur Entwicklung schulischer Qualität deutlich geringer. Annähernd die Hälfte der Schülerinnen und Schüler (45.4%) besucht eine Schule, an der die Schulleitung dem Medienkonzept Wichtigkeit für die Qualitätsentwicklung oder -sicherung der Schule beimisst.

3.2 Digitale Medien als Entwicklungsschwerpunkt der Schule

Des Weiteren gilt es zu klären, inwieweit digitale Medien als Entwicklungsschwerpunkt an Grundschulen in Deutschland gelten. Auch zu dieser Fragestellung wurden die Angaben der Schulleitung herangezogen. Gefragt wurde in IGLU 2011 nach den drei bedeutsamsten Entwicklungsschwerpunkten der Schule, welche die Schulleitung aus 15 vorgegebenen Schwerpunkten auswählen konnte. Für den vorliegenden Beitrag wurden sechs Schwerpunkte für den Vergleich ausgewählt.

Etwa jeder zehnte Schüler bzw. jede zehnte Schülerin in Deutschland (11.2%) besucht eine Schule, an der der Einsatz neuer Medien einen Entwicklungsschwerpunkt der schulischen Arbeit darstellt (vgl. Tabelle 1). Damit ist die Bedeutsamkeit digitaler Medien als Entwicklungsschwerpunkt ähnlich einzuschätzen wie die Entwicklung von Lehrerkompetenzen (12.9%). Weniger bedeutsam wird die Arbeit an Zusatzangeboten (2.6%) eingeschätzt.

Tabelle 1: Auswahl schulischer Entwicklungsschwerpunkte und Verortung des Einsatzes neuer Medien (Angaben in Prozent), IGLU 2011, Schulleitungsangaben

	Ja	
	%[1]	(SE)
Einsatz neuer Medien	11.2	(2.1)
Bewegung/Gesundheit	39.1	(3.6)
Integration/Förderunterricht	29.8	(3.5)
Bereichs-/fachbezogene Kompetenz	20.5	(3.1)
Lehrerkompetenz	12.9	(2.4)
Zusatzangebote	2.6	(1.2)

1 Mehrfachantworten waren möglich. Die Schulleitung wurde gebeten, drei zutreffende Entwicklungsschwerpunkte auszuwählen.

Aspekte wie Gesundheitsförderung (39.1%) oder Integration (29.8%) nehmen in Grundschulen einen höheren Stellenwert ein als die Implementation neuer Medien. In diesen Befunden spiegeln sich auch aktuelle bildungspolitische Debatten um Inklusion oder Gesundheitsförderung in der Schule wider, die zudem Hinweise darauf geben, dass dadurch andere Themen – wie eben der Einsatz digitaler Medien in den Unterricht – in den Hintergrund rücken.

Die Betrachtung differenziert nach sozialer Lage der Schule verdeutlicht, dass in Schulen in Gegenden mit einem hohen Einkommensniveau der Einsatz neuer Medien keinen Entwicklungsschwerpunkt darstellt: Kein Kind, welches eine Schule in einer Gegend mit hohem Einkommensniveau besucht, hat eine Schulleitung, die dieser Aussage zugestimmt hat. Etwas höher fällt der Anteil für Schulen in Gegenden mit niedrigerem Einkommensniveau aus: Vier Prozent der Schülerinnen und Schüler besuchen eine Schule mit einem entsprechenden Entwicklungsschwerpunkt. Für Schulen in Gegenden mit mittlerem Einkommensniveau zeigt sich, dass etwa 15 Prozent der Schülerinnen und Schüler eine Schule besuchen, an denen die Schulleitung den Einsatz neuer Medien als Entwicklungsschwerpunkt bezeichnet hat.

3.3   Prädiktoren für die Bedeutung der schulischen Medienkonzeptarbeit

Es konnte gezeigt werden, dass etwa die Hälfte der Schülerinnen und Schüler in Deutschland eine Schule besucht, an der die Erstellung eines Medienkonzepts zum Zweck der Qualitätsentwicklung und -sicherung als wichtig erachtet wird. Daran anknüpfend stellt sich die Frage, von welchen Bedingungen es abhängt, ob digitale Medien in der schulischen Entwicklungsarbeit relevant sind oder nicht. Daher werden im Folgenden mittels linearer Regressionsmodelle relevante Prädiktoren identifiziert. Die Erstellung eines Medienkonzeptes stellt die abhängige Variable dar.

In *Modell I* wird der Einsatz digitaler Medien als Entwicklungsschwerpunkt der schulischen Arbeit als Prädiktor eingeführt, kontrolliert um die Hintergrundmerkmale Schulgröße, Standort der Schule, dem Anteil der Schülerinnen und Schüler mit Deutsch als Muttersprache sowie dem Einkommensniveau in der Gegend der Schule. In *Modell II* werden zusätzlich Merkmale der schulischen Arbeit herangezogen: die Leistungserwartung an die Schülerinnen und Schüler sowie der Leistungsehrgeiz der Schule. Beide Aspekte können als Indikatoren einer leistungsbezogenen Schulkultur verstanden werden. *Modell III* komplettiert letztlich durch die Berücksichtigung schulischer Führungsmerkmale, nämlich die Förderung von Visionen und Zielen der Schule sowie die Entwicklung schuleigener Lehrplan- und pädagogischer Ziele, die regressionsanalytische Betrachtungsweise zur Bedeutsamkeit schulischer Medienkonzeptarbeit.

Tabelle 2 zeigt die Ergebnisse der Regressionsanalyse, die auf Angaben der Schulleitung basieren. Die Befunde zeigen, dass der Entwicklungsschwerpunkt hinsichtlich des Einsatzes digitaler Medien in der Schule einen signifikanten Prädiktor darstellt. Unter der ausschließlichen Berücksichtigung der Hintergrundvariablen (*Modell I*) ist die Prädiktionskraft am stärksten, unter Hinzunahme weiterer Merkmale nimmt diese leicht ab. Bezüglich der ausgewählten Merkmale schulischer Arbeit lässt sich feststellen, dass die Leistungserwartung der Schule an die Schülerinnen und Schüler ebenfalls relevant für die Erklärung der Bedeutsamkeit von Medienkonzeptarbeit in der Schule ist, sogar in vergleichbarer Stärke. Unter Hinzunahme schulischer Führungsmerkmale, die sich als nicht statistisch bedeutsam herausstellen, bleiben die Effekte der Variablen *Entwicklungsschwerpunkt* sowie *Leistungserwartung* bestehen. Es sind also im Gegensatz zu Variablen,

Tabelle 2: Regressionsmodell zur Erklärung der Wichtigkeit eines Medienkonzeptes als Maßnahme der Qualitätsentwicklung und Qualitätssicherung in der Grundschule, IGLU 2011, Schulleitungsangaben

	Modell I		Modell II		Modell III	
	β	t-Wert	β	t-Wert	β	t-Wert
Entwicklungsschwerpunkt der Schule						
Einsatz neuer Medien als Entwicklungsschwerpunkt[1]	**.23**	**3.23**	**.19**	**2.58**	**.18**	**2.61**
Merkmale der schulischen Arbeit						
Leistungserwartungen an die Schüler[2]	-	-	**.23**	**2.68**	**.24**	**2.73**
Leistungsehrgeiz der Schule[3]	-	-	.01	0.09	-.02	-0.20
Merkmale des schulischen Leitungshandelns						
Förderung von Visionen und Zielen der Schule[4]	-	-	-	-	.05	0.64
Entwicklung schuleigener Lehrplan- und pädagogischer Ziele[4]	-	-	-	-	.13	1.55
Hintergrundvariablen						
Schulgröße[5]	-.08	-1.06	-.11	-1.65	-.11	-1.75
Schulstandort[6]	.08	1.00	.10	1.39	.10	1.25
Anteil der SuS mit Deutsch als Muttersprache[7]	.14	1.43	.12	1.16	.13	1.31
Einkommensniveau in der Gegend der Schule[8]	-.17	-1.88	**-.23**	**-2.66**	**-.22**	**-2.66**
R²		.08		.14		.17

β = Regressionsgewichte (standardisiert)
Abhängige Variable: Bedeutung des Medienkonzeptes als Maßnahme der Qualitätsentwicklung und Qualitätssicherung, 0 = unwichtig; 1 = eher wichtig; 2 = wichtig; 3 = sehr wichtig
Signifikante Koeffizienten (p < .05) sind fett gedruckt.
1 0 = nicht angekreuzt; 1 = angekreuzt
2 0 = (sehr) niedrig; 1 = mittel; 2 = hoch; 3 = sehr hoch
3 0 = keine Zustimmung; 1 = wenig Zustimmung; 2 = teilweise Zustimmung; 3 = starke Zustimmung
4 0 = keine oder einige Zeit; 1 = viel Zeit
5 Anzahl der Schülerinnen und Schüler
6 0 = bis 100.000 Einwohner; 1 = mehr als 100.000 Einwohner
7 0 = 50% oder weniger; 1 = mehr als 50%
8 0 = niedrig; 1 = mittel und hoch

die sich konkret auf das Schulleitungshandeln beziehen, vor allem Merkmale der Schulkultur bzw. der Art und Weise des gemeinsamen Arbeitens relevant.

Hinsichtlich der Hintergrundvariablen kann festgehalten werden, dass lediglich das Einkommensniveau in der Gegend der Schule signifikante Effekte zeigt, und zwar insofern als in Schulen in Gegenden mit niedrigerem Einkommensniveau die Bedeutung der Medienkonzeptarbeit höher eingeschätzt wird als in Schulen mit mittlerem oder höherem Einkommensniveau. Das *Modell III* klärt unter Berücksichtigung aller ausgewählten Prädiktoren 17 Prozent der Varianz der abhängigen

Variablen, der Bedeutung von Medienkonzepten als Maßnahme der schulischen Qualitätsentwicklung und -sicherung, auf.

4. Zusammenfassung und Diskussion

Die Unterstützungssituation durch Schulleitungen für den Computereinsatz an Grundschulen in Deutschland ist durchaus positiv zu bewerten. Vor allem vor dem Hintergrund, dass die stetige Unterstützung durch die Schulleitung in früherer Forschung als zentraler Bedingungsfaktor für die nachhaltige Implementation digitaler Medien in Schule und Unterricht identifiziert werden konnte. Allerdings besteht weiterhin Entwicklungsbedarf. So bedarf es einer verstärkten Sensibilisierung der Schulleitung in Bezug auf ihre bedeutsame Rolle im Prozess der Implementation digitaler Medien in Schule und Unterricht sowie der Vermittlung von Unterstützungsstrategien, die beispielsweise im Rahmen von Fort- und Weiterbildungen vermittelt werden könnten. Es ließe sich an dieser Stelle auch die Vermutung aufstellen, dass die eigene Affinität der Schulleitung zu digitalen Medien in Lehr-Lern-Prozessen im Zusammenhang zur Ausgestaltung der Unterstützungsrolle steht.

Die schwachen Korrelationen zwischen der Unterstützungswahrnehmung und dem tatsächlichen Einsatz digitaler Medien im Leseunterricht durch die Lehrkräfte geben erste Hinweise darauf, dass weniger ein direkter als ein indirekter Zusammenhang relevant sein könnte. So ließe sich vermuten, dass sich die Unterstützung durch die Schulleitung auch in der Gestaltung der schulischen Arbeitsbedingungen äußert, wie z.B. durch die Eröffnung von Kooperations- oder Fortbildungsmöglichkeiten, sodass es sich für zukünftige Forschung anbieten würde, auch indirekte Effekte bzw. das komplexe Zusammenspiel von Merkmalen zu untersuchen, um so mögliche förderliche, aber auch hinderliche Bedingungsfaktoren des Einsatzes digitaler Medien auf Schulebene zu identifizieren und die Rolle der Schulleitung in diesem Prozess noch stärker empirisch zu charakterisieren.

Hinsichtlich der Relevanz von Medienkonzepten für die schulische Qualitätsentwicklung und -sicherung ließ sich eine vor dem Hintergrund der Fülle an schulischen Entwicklungsaufgaben erstaunlich hohe Zustimmung zu dieser Maßnahme feststellen – auch vor dem Hintergrund, dass die Erstellung eines solchen Konzeptes in vielen Bundesländern nicht obligatorisch geregelt ist. Die Relevanz eines solchen Medienkonzeptes für die Schulentwicklung scheint somit an vielen Schulen bereits erkannt worden zu sein. Als Erklärung für den Befund, dass an Schulen in Gegenden mit mittlerem und geringem Einkommensniveau eine vergleichsweise hohe Bedeutsamkeit der Erstellung von Medienkonzepten festgestellt werden konnte, könnte angeführt werden, dass in solchen Schulen das kompensierende Potenzial des Einsatzes digitaler Medien für Schülerinnen und Schüler mit geringerem sozioökonomischem Status erkannt wurde und daher der Stellenwert der Entwicklung eines solchen Konzeptes höher ist.

In der Betrachtung von aktuellen Entwicklungsschwerpunkten an Grundschulen in Deutschland wurde deutlich, dass es eher aktuelle bildungspolitische Themen wie Gesundheitsförderung oder Inklusion (vgl. u.a. Paulus, 2010; Klemm, 2013) und weniger Möglichkeiten des Einsatzes digitaler Medien sind, die für Schulen zur Zeit zu bearbeiten und umzusetzen sind. Zukünftig gilt es zu betrachten, ob der Einsatz digitaler Medien nicht auch als Unterstützung zur Umsetzung anderer schulischer Entwicklungsziele dienen kann, beispielsweise in der individuellen Förderung im Rahmen von Inklusion.

Die Analyse zur Erklärung der Bedeutsamkeit der Medienkonzepterstellung zur schulischen Qualitätsentwicklung und -sicherung gibt Hinweise auf die Bedeutsamkeit des Schulleitungshandelns, allerdings nicht in Form direkten Leitungshandelns, sondern indirekt über die Gestaltung von Merkmalen der schulischen Arbeitssituation in Form der Schulkultur sowie gemeinsamer Werte, wie sie sich in der Leistungsorientierung der Schule widerspiegeln. Zukünftige Untersuchungen könnten neben den bislang betrachteten Prädiktoren auch Einstellungen und Haltungen von Schulleitungen sowie von Lehrpersonen zum Einsatz digitaler Medien in Schule und Unterricht berücksichtigen.

Die Ergebnisse zur Rolle der Schulleitung in Grundschulen in Deutschland in Bezug auf neue Technologien in Lehr-Lern-Prozessen geben Hinweise darauf, dass digitale Medien in Grundschulen nicht nur als Unterrichtsmedium zur Verbesserung fachlichen Lernens sowie der Unterrichtsqualität, wie z.B. zur Unterstützung von Individualisierung (vgl. Eickelmann, 2010b), eingesetzt werden, sondern auch der Aspekt der Medienbildung und Medienkompetenzentwicklung zunehmend in den Fokus rückt. Der Schulleitung kommt dabei eine besondere Rolle zu: Sie muss nicht nur die Einführungsphase, die für viele Schulen in Deutschland schon abgeschlossen ist, koordinieren, sondern auch die Nachhaltigkeit der Implementation digitaler Medien in der Schule sichern (vgl. Eickelmann, 2010a). Dazu gehört, dass sie die verschiedenen Dimensionen der Nutzung digitaler Medien erkennt und kommuniziert sowie Konzepte gemeinsam mit dem Kollegium und anderen schulischen Akteuren entwickelt, die sowohl den Aspekt der fachlichen Nutzung thematisieren als auch überfachliche Aspekte wie Medienbildung und Medienkompetenzentwicklung einbeziehen. Der Beschluss der Ständigen Konferenz der Kultusminister der Länder in der Bundesrepublik Deutschland (KMK) zur Medienbildung in der Schule aus dem Jahr 2012 betont die besondere Relevanz solcher schulischen Konzepte zur Moderation und Steuerung von Medienbildungsprozessen und konstatiert, dass es einer schriftlichen Fixierung konzeptioneller Überlegungen zur Umsetzung von Medienbildungsprozessen in der Schule bedarf:

> Um Medienbildung [als] komplexen Prozess sinnvoll moderieren und steuern zu können, bedarf es eines sorgfältigen Planungsrahmens. Das hierzu erforderliche Medienbildungskonzept muss an die konkreten pädagogischen, organisatorischen, technischen und

personellen Rahmenbedingungen der einzelnen Schule und ihres Umfeldes sowie an die vorhandenen Arbeits- und Nutzungsbedürfnisse angepasst werden. (KMK, 2012, S. 7)

Des Weiteren wird für die Schulleitung – im Sinne eines Verständnisses einer Bildung entlang von Bildungsketten – in Zukunft die Initiierung und Förderung von Kooperationen und Netzwerken stärker an Bedeutung gewinnen, die die verschiedenen Orte der Mediennutzung und Medienbildung miteinander verzahnen. Dazu gehört sowohl die Verkettung und Absprache von Vorläuferfähigkeiten mit Kindertagesstätten und Kindergärten sowie mit weiterführenden Schulen als auch die Kooperation mit Eltern und außerschulischen Institutionen, wie etwa medienpädagogische Einrichtungen, Institutionen der Kinder- und Jugendhilfe oder Familienzentren (Expertengruppe Medienbildung, in Vorbereitung).

Literatur

Behörde für Bildung und Sport Hamburg. (2008). *Orientierungsrahmen. Qualitätsentwicklung an Hamburger Schulen.* Zugriff am 05.09.2013 unter http://www.bildungsmonitoring.hamburg.de/index.php/file/download/1200

Bonsen, M. (2003). *Schule, Führung, Organisation. Eine empirische Studie zum Organisations- und Führungsverständnis von Schulleiterinnen und Schulleitern.* Münster: Waxmann.

Bos, W., Tarelli, I., Bremerich-Vos, A. & Schwippert, K. (Hrsg.). (2012). *IGLU 2011. Lesekompetenzen von Grundschulkindern in Deutschland im internationalen Vergleich.* Münster: Waxmann.

Breiter, A. (2007). Management digitaler Medien als Teil der Schulentwicklung. Neue Herausforderungen für die Schulleitung. In R. Pfundtner (Hrsg.), *Leiten und Verwalten einer Schule* (S. 349–355). Neuwied: Kluwer.

Eickelmann, B. (2010a). *Digitale Medien in Schule und Unterricht erfolgreich implementieren.* Münster: Waxmann.

Eickelmann, B. (2010b). Individualisieren mit digitalen Medien – ein zeitgemäßer Beitrag zur Verbesserung von Unterrichtsqualität. In M. Bonsen, W. Homeier, K. Tschekan & L. Ubben (Hrsg.), *Unterrichtsqualität sichern – Sekundarstufe* (S. 1–20). Stuttgart, Berlin: Raabe.

Eickelmann, B. (2013). Nachhaltigkeit statt Eintagsfliege. Erfolgreiche Implementation digitaler Medien in Schulen. *Schulmanagement*, 1, 15–19.

Eickelmann, B. & Schulz-Zander, R. (2006). Schulentwicklung mit digitalen Medien – Nationale Entwicklungen und Perspektiven. In W. Bos, H. G. Holtappels, H. Pfeiffer, H.-G. Rolff und R. Schulz-Zander, *Jahrbuch der Schulentwicklung 14* (S. 277–309). Weinheim: Juventa.

Eickelmann, B., Schulz-Zander, R. & Gerick, J. (2009). Erfolgreich Computer und Internet in Grundschulen integrieren – eine empirische Analyse aus Sicht der Schulentwicklungsforschung. In C. Röhner, M. Hopf, C. Henrichwark, (Hrsg.), *Europäisierung der Bildung – Konsequenzen und Herausforderungen für die Grundschulpädagogik*, Jahrbuch Grundschulforschung (Bd. 13). (S. 236–240). Wiesbaden: VS Verlag für Sozialwissenschaften.

Expertengruppe Medienbildung. (in Vorbereitung). *Medienbildung entlang der Bildungskette. Rahmenkonzept für eine subjektorientierte Förderung von Medienkompetenz im Bildungsverlauf von Kindern und Jugendlichen.* Bonn: Deutsche Telekom Stiftung.

Gieske, M. (2013). *Mikropolitik und schulische Führung. Einflussstrategien von Schulleitern bei der Gestaltung organisationalen Wandels.* Bad Heilbrunn: Klinkhardt.

Hatlevik, O.E. & Arnseth, H.C. (2012). ICT, Teaching and Leadership: How do Teachers Experience the Importance of ICT-Supportive School Leaders? *Nordic Journal of Digital Literacy, 7*(1), 55–69.

Hunneshagen, H. (2005). *Innovationen in Schulen: Identifizierung implementationsfördernder und -hemmender Bedingungen des Einsatzes neuer Medien.* Münster: Waxmann.

Klemm, K. (2013). *Inklusion in Deutschland. Eine bildungsstatistische Analyse.* Zugriff am 29.10.2013 unter http://www.bertelsmann-stiftung.de /cps/rde/xbcr/SID-B338DE81–0EF-2CA6B/bst/xcms_bst_dms_37485_374 86_2.pdf

KMK = Sekretariat der Ständigen Konferenz der Kultusminister der Länder in der Bundesrepublik Deutschland. (2012). *Medienbildung in der Schule. Beschluss der Kultusministerkonferenz vom 8. März 2012.* Zugriff unter 05.09.2013 unter http://www.kmk.org/fileadmin/veroeffentlichungen_beschluesse /2012/ 2012_03_08_Medienbildung.pdf

Ministerium für Schule und Weiterbildung des Landes Nordrhein-Westfalen. (2012). *Qualitätstableau für die Qualitätsanalyse an Schulen in Nordrhein-Westfalen.* Zugriff am 05.09.2013 unter http://www.schulministerium.nrw. de/QA/Tableau/index.html

Pacher, S. & Kern, A. (2005). Medienpläne entwickeln. Von der Medienarbeit der einzelnen Lehrkraft zum Medienentwicklungsplan für eine Schule. *Computer + Unterricht, 58*(15), 6–10.

Paulus, P. (2010). *Bildungsförderung durch Gesundheit. Bestandsaufnahme und Perspektiven für eine gute gesunde Schule.* Weinheim: Juventa.

Pont, B., Nusche, D. & Moorman, H. (2008). *Improving school leadership. Policy and practice.* Paris: OECD Publishing.

Rutkowski, L., Gonzalez, E., Joncas, M. & von Davier, M. (2010). International Large-Scale Assessment Data: Issues in Secondary Analysis and Reporting, in: *Educational Researcher, 39*(2), 142–151.

Wagner, W.-R. (2005). Medienentwicklungsplan. Ein Plan unter vielen? Zum Zusammenhang von Mediennutzung und Schulqualität. *Computer + Unterricht, 58*(15), 50–51.

Wie schätzen Grundschullehrerinnen und -lehrer den Stellenwert digitaler Medien ein?

Birgit Eickelmann & Ramona Lorenz

Schon seit Jahren zeigen Studien, dass die Einstellung der Lehrpersonen zum Einsatz digitaler Medien im Unterricht sowie zum Lernen die Nutzung von Computern und Internet in der Schule maßgeblich beeinflusst (vgl. Cox, 2008; Knezek & Christensen, 2008; Hermans, Tondeur, van Braak & Valcke, 2008; Petko, 2012). Insbesondere für Grundschullehrerinnen und -lehrer spielt die Verbindung des Einsatzes digitaler Medien mit übergeordneten pädagogischen Zielen wie etwa der individuellen Förderung, dem Umgang mit Kindern verschiedener sprachlicher Hintergründe und anderen für die pädagogische Praxis unmittelbar relevanten Querschnittsthemen eine besondere Rolle (vgl. Eickelmann, 2010). Daher werden im Rahmen des vorliegenden Beitrags auf die Lehrerperspektive fokussiert und verschiedene Facetten wie die technische Unterstützungssituation, die Einschätzung zur Nutzung digitaler Medien, aber auch das Kooperationsverhalten beleuchtet.

1. Die Relevanz von Lehrereinstellungen für den Einsatz digitaler Medien im Unterricht

Immer dann, wenn Lehrpersonen erkennen, dass der Einsatz digitaler Medien die für sie und ihre Klasse oder auch für ihre gesamte Schule ausgemachten pädagogischen Schwerpunkte unterstützt und der Einsatz digitaler Medien aus ihrer Sicht einen didaktischen Mehrwert aufzeigt, steigt ihre Bereitschaft sowie Motivation, Computer und Internet im Unterricht zu verwenden (vgl. Eickelmann, 2010). Wichtig ist für Lehrpersonen weiterhin, dass sich digitale Medien als Unterrichtsmedien in die eigenen Unterrichtsroutinen integrieren lassen (vgl. Venezky & Davis, 2002; Teo, 2009). Die vorgenannten Aspekte sowie Kenntnisse im Umgang mit digitalen Medien fördern die Einstellungen und Nutzungsabsichten der Lehrpersonen positiv (vgl. Teo, 2009). Dabei ist allerdings elementar wichtig, dass sich die Anwendungskenntnisse nicht nur auf die technischen Aspekte – wenngleich dies für viele Grundschullehrpersonen durchaus als eine zentrale Hürde eingeschätzt werden kann – beschränken. Vielmehr sind vor allem Kenntnisse über den didaktisch sinnvollen Einsatz digitaler Medien besonders relevant (vgl. Eickelmann, 2010), die in den letzten Jahren international auch unter dem Begriff *technological pedagogical content knowledge* (TPCK) diskutiert werden (vgl. Koehler & Mishra, 2008).

Vorgenannte Befunde zeigen in der Zusammenschau, dass die Einstellungen und Einschätzungen von Lehrpersonen sowie ihre Kenntnisse über den fachdidaktischen Einsatz digitaler Medien wichtige Bedingungsfaktoren für die Nutzung digitaler Medien in der Grundschule sind. Der folgende Beitrag geht dieser Erkenntnis vertiefend nach und hinterfragt, wie Lehrpersonen an Grundschulen in Deutschland digitale Medien nutzen, welche Unterstützung sie an ihren Schulen dabei erfahren, wie sie die Nutzung neuer Technologien für sich selbst einschätzen und wie Lehrpersonen diesbezüglich in didaktischen Kontexten zusammenarbeiten.

Zwei grundlegende Fragen, denen im Folgenden nachgegangen wird, beziehen sich auf die Einstellungen von Lehrpersonen zur Nutzung digitaler Medien:

1. Wie lässt sich der affektive Bezug von Grundschullehrkräften zum Computer als Unterrichtsmedium beschreiben?
2. Wie nehmen Lehrpersonen die technische Unterstützungssituation durch die Schule beim unterrichtlichen Einsatz von Computern wahr?

Zur Analyse der Lehrerperspektive auf die Nutzung digitaler Medien in Grundschulen werden sowohl die internationale Datenbasis der *Internationalen Grundschul-Lese-Untersuchung* 2011 (IGLU; vgl. Bos, Tarelli, Bremerich-Vos & Schwippert, 2012) als auch nationale Ergänzungen für Deutschland ausgewertet. Die Befunde werden zudem, wo möglich, im Kontext der Ergebnisse für die anderen 56 weltweit an der Studie beteiligten Bildungssysteme diskutiert. Die nachfolgend dargestellten Befunde zur Lehrerperspektive spiegeln die Ergebnisse von Analysen des Datensatzes von IGLU 2011 und damit der Deutschlehrkräfte an Grundschulen wider. Dieser Ansatz zielt darauf ab, durch Sekundäranalysen die breite Daten- und Wissensbasis dieser großen Grundschulleistungsstudie zu nutzen, um empirisch fundierte Einblicke bezüglich der Lehrerperspektive auf die Nutzung digitaler Medien in Grundschulen zu gewinnen und diese als Ausgangspunkt für zukünftige Entwicklungen im Bildungssystem zu diskutieren.

2. Einstellungen und Rahmenbedingungen des Einsatzes von digitalen Medien aus Lehrerperspektive

Auf der Grundlage der Daten der IGLU-Studie 2011 (vgl. Bos et al., 2012) ergibt sich, dass drei Viertel (75.7%) der Grundschülerinnen und -schüler in Deutschland von Lehrpersonen unterrichtet werden, die angeben, Computer im Unterricht zu nutzen (vgl. Abbildung 1).

Dieser Nutzungsanteil entspricht einem vergleichsweise über die Jahre für Deutschland konstanten Wert, der bereits schon in anderen Studien ermittelt wurde (vgl. Eickelmann & Schulz-Zander, 2010). Im Vergleich zeigt sich, dass Deutschland nicht signifikant vom internationalen Mittelwert oder den Vergleichsgruppen

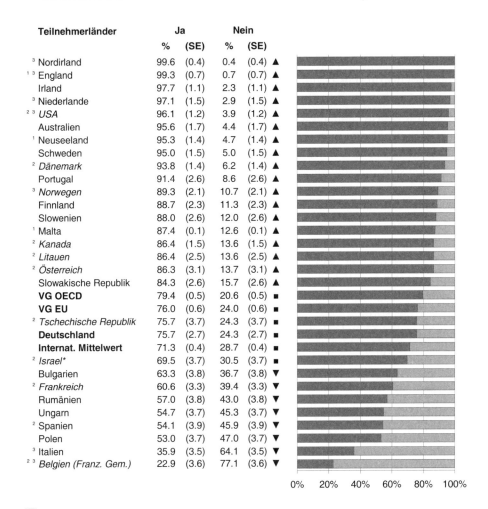

Abbildung 1: Anteil der Schülerinnen und Schüler, die von Lehrpersonen unterrichtet werden, die Computer im Unterricht nutzen, im internationalen Vergleich, IGLU 2011, Lehrerangaben

OECD und EU abweicht (vgl. Abbildung 1). Allerdings wird in einer Vielzahl von Bildungssystemen der Computer signifikant häufiger im Unterricht eingesetzt als in Deutschland. Verglichen mit anderen Staaten, wie z.B. Nordirland, England, Irland, den Niederlanden und den USA, zeigt sich hier also weiterhin ein Entwicklungspotenzial, da in einer größeren Anzahl an Ländern der Computer für viele

Lehrpersonen anscheinend ein fester Unterrichtsbestandteil ist. Auffällig ist aber gleichzeitig, dass es auch anderen Ländern nicht gelingt, die Lehrpersonen zum Einsatz von Computern im Unterricht zu motivieren: Belgien (Franz. Gemeinschaft) etwa weicht statistisch signifikant negativ vom Mittelwert für Deutschland ab. Es ist das Teilnehmerland, in dem die wenigsten Schülerinnen und Schüler (22.9%) von Lehrpersonen unterrichtet werden, die den Computer im Unterricht einsetzen, obwohl gerade im Primarbereich in Belgien in den letzten Jahren zahlreiche Initiativen und curriculare Veränderungen auf den Weg gebracht wurden, um den Einsatz von digitalen Medien an Grundschulen substantiell zu fördern und in der Breite zu implementieren (vgl. Vanderlinde & van Braak, 2011).

Wenn Computer im Unterricht in Deutschland eingesetzt werden, werden die meisten Grundschülerinnen und -schüler (87.4%) von Lehrpersonen unterrichtet, die sich nach eigenen Angaben bei der Nutzung von Computern im Unterricht wohlfühlen. Betrachtet man die Lehrerinnen und Lehrer unter 40 Jahren (bis 39 Jahre), so liegt der Anteil mit 96.4 Prozent besonders hoch und gibt Hinweise darauf, dass die Schülerinnen und Schüler, die von jüngeren Lehrpersonen unterrichtet werden, erwartungskonform Lehrkräfte haben, die sich wohler im Umgang mit neuen Technologien fühlen.

Wichtig ist für viele Lehrpersonen – so zeigen es auch die Ergebnisse vorangegangener Studien (u.a. Venezky & Davis, 2002) –, Unterstützung bei technischen Problemen zu erhalten. Danach gefragt, wird nach eigenen Angaben der Computernutzer unter den in der Studie befragten Lehrpersonen in Deutschland mehr als die Hälfte (56.9%) der Schülerinnen und Schüler von Lehrpersonen unterrichtet, die bei technischen Problemen personell unterstützt werden (*stimme völlig zu/ stimme eher zu*). Dieser auf den ersten Blick erfreulich hohe Anteil offenbart aber auch, dass ein beachtlicher Anteil an Lehrpersonen diesbezüglich in Grundschulen nicht auf Unterstützungssysteme zurückgreifen kann und für sie dieses zentrale Kriterium für einen Einsatz digitaler Medien nicht erfüllt ist. Für diese Lehrpersonen hängt gleichsam also der Computereinsatz von ihren eigenen technischen Kompetenzen und ihrem Zeiteinsatz zum Lösen technischer Probleme ab, von dem sie zugunsten pädagogischer Fragestellungen entlastet werden könnten. Der Anteil der Schülerinnen und Schüler, die von Lehrpersonen unterrichtet werden, die angeben, dass sie gar keine Unterstützung erhalten (*stimme überhaupt nicht zu*), liegt mit fast einem Fünftel (17.3%) vergleichsweise hoch und gibt Hinweise darauf, warum möglicherweise die Nutzungsrate der Lehrpersonen in Deutschland, die Computer im Unterricht einsetzen, im internationalen Vergleich verhältnismäßig gering ist. Insgesamt wird darüber hinaus beim Einsatz des Computers im Unterricht etwa die Hälfte der Schülerinnen und Schüler von Lehrpersonen unterrichtet, die angeben, dass sie bei der Nutzung von Computern im Unterricht über technische Probleme hinausgehend angemessen unterstützt werden (54.2%). Der Anteil ist, normativ betrachtet, mit Blick auf die Arbeitsbedingungen von Lehrpersonen ebenfalls noch nicht zufriedenstellend und der Anteil der Schülerinnen und

Schüler, der von Lehrpersonen unterrichtet wird, die fehlende Unterstützung (*Ich erhalte keine Unterstützung*) bemängeln, ist mit 10.1 Prozent bemerkenswert hoch und zeigt trotz vieler technischer Entwicklungen und Fortschritte beim Einsatz digitaler Medien in Schulen ganz konkrete Handlungsbedarfe für Deutschland in den nächsten Jahren auf.

Es zeigt sich weiterhin, dass Lehrpersonen die Rahmenbedingungen an ihren Schulen, die bekanntermaßen für Lehrpersonen ebenfalls wichtig sind (vgl. Eickelmann, 2010), ambivalent einschätzen. Immerhin drei Fünftel (59.2%) der Schülerinnen und Schüler werden von Lehrpersonen unterrichtet, die berichten, dass ihnen ihre Schule ausreichende Möglichkeiten zum Erwerb von Medienkompetenz bietet. Die Entwicklung entsprechender Kompetenzen erscheint nicht zuletzt vor dem Hintergrund der Standards der Ständigen Konferenz der Kultusminister der Länder in der Bundesrepublik Deutschland (KMK) für die Lehrerbildung (KMK, 2004) und dem Beschluss der KMK (2012) zur Medienbildung in der Schule zukünftig besonders wichtig; zudem wird deutlich, dass es nicht reicht, professionelle Medienkompetenzentwicklung nur in die Ausbildung zu integrieren, sondern dass diese auch im Weiter- und Fortbildungssystem berücksichtigt werden muss.

3. Nutzung von digitalen Medien für schulische und unterrichtsbezogene Tätigkeiten

Im Gegensatz zur unterrichtlichen Nutzung von digitalen Medien hat sich die Nutzung von Computern und Internet für die Unterrichtsvorbereitung fast flächendeckend für die allermeisten Lehrpersonen etabliert: In Deutschland werden 97.1 Prozent der Viertklässlerinnen und Viertklässler von Lehrpersonen unterrichtet, die angeben, den Computer zur Unterrichtsvorbereitung zu nutzen. Altersunterschiede zeigen sich hier nur kaum: Unter den Lehrkräften, die 39 Jahre oder jünger sind, werden 98.5 Prozent der Schülerinnen und Schüler von Lehrpersonen unterrichtet, die den Computer zur Unterrichtsvorbereitung nutzen; in der Gruppe der Lehrkräfte, die 40 Jahre oder älter sind, sind es mit 96.4 Prozent kaum weniger. Im Bereich der Unterrichtsvorbereitung lässt sich daher auch statistisch kein bedeutsamer Unterschied in der Nutzung des Computers zwischen jüngeren und älteren Lehrkräften erkennen.

Ein ähnliches Bild zeigt sich für Verwaltungstätigkeiten von Lehrpersonen: Durchschnittlich 84.5 Prozent der Schülerinnen und Schüler werden von Lehrkräften unterrichtet, die den Computer für Verwaltungszwecke einsetzen. Allerdings lässt sich diesbezüglich durchaus ein Unterschied bei der Nutzung in Abhängigkeit des Alters der Lehrkraft erkennen: Unter den Lehrkräften, die 39 Jahre oder jünger sind, werden 94.1 Prozent der Schülerinnen und Schüler von Lehrpersonen unterrichtet, die einen Computer für Verwaltungszwecke nutzen; in der Gruppe der Lehrpersonen, die 40 Jahre oder älter sind, sind es nur 79.4 Prozent. Abbildung 2

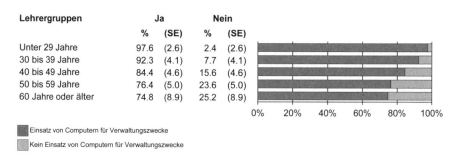

Abbildung 2: Verwendung von Computern für Verwaltungszwecke nach Alter der Lehrperson (Angaben in Prozent), IGLU 2011, Lehrerangaben

verdeutlicht, dass mit zunehmendem Alter der Anteil der Lehrkräfte, die angeben, den Computer für Verwaltungszwecke zu nutzen, sinkt.

Insgesamt wird deutlich, dass die Nutzung des Computers für Verwaltungszwecke zurzeit für ältere Lehrpersonen eine geringere Rolle spielt. Langfristig ist jedoch zu erwarten, dass das Alter der Lehrperson keine Rolle mehr spielen wird, da jüngere Lehrkräfte auch in den nächsten Jahren aufgrund ihrer Vertrautheit mit digitalen Medien und der Informationsgesellschaft den Computer nutzen werden und die nachkommende Lehrergeneration mit hoher Wahrscheinlichkeit auch die Potenziale digitaler Medien für Verwaltungstätigkeiten zu schätzen und zu nutzen weiß.

4. Lehrerkooperationen zu computerbezogenen Themen

Es finden sich zahlreiche Hinweise in der Literatur, dass vor allem in Bezug zur Nutzung digitaler Medien die Kooperation von Lehrkräften untereinander sowie die gemeinsame Entwicklung didaktischer Materialien von besonderer Relevanz sind (vgl. Dexter, Seashore & Anderson, 2002; Schulz-Zander, Eickelmann & Goy, 2010). Für Grundschullehrkräfte in Deutschland zeigt sich in den vorliegenden Analysen, dass der Austausch computerbezogener Kenntnisse unter Lehrpersonen bisher nur einen vergleichsweise geringen Stellenwert hat (vgl. Abbildung 3), obwohl sich gerade für Deutschland bereits mit IGLU 2006 gezeigt hat, dass die Kooperation der Lehrkräfte positiv mit dem Lernerfolg der Schülerinnen und Schüler zusammenhängt (vgl. Schulz-Zander et al., 2010). Die fehlende Kooperation in diesem Bereich wird auch deutlich, wenn man die Themen der Sitzungen der Fachgruppen berücksichtigt: 59.1 Prozent der Schülerinnen und Schüler werden von Lehrkräften unterrichtet, die angeben, dass die Erstellung von Unterrichtsmaterialien für den Einsatz des Computers nie (hier: in der Fachgruppe Deutsch) thematisiert wird. Ein verschwindend geringer Anteil von Schülerinnen und Schülern in Deutschland (nämlich 0.9%) wird von Lehrpersonen unterrichtet, die mit einer gewissen Regelmäßigkeit (nahezu jeden Monat oder öfter) den Einsatz digitaler

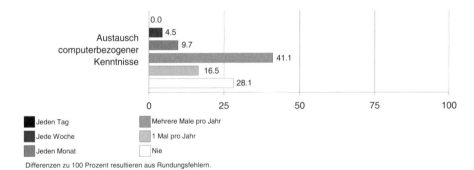

Abbildung 3: Austausch computerbezogener Kenntnisse unter Lehrpersonen (Angaben in Prozent), IGLU 2011, Lehrerangaben

Medien im Unterricht gemeinsam in der Fachgruppe bearbeiten. Hier liegen aus der Wissenschaft bekannte Potenziale in der Ko-Konstruktion von didaktischen Materialien, in der gemeinsamen Entwicklung von Konzepten, dem Austausch von Materialien sowie in schulspezifischen Erfahrungen vor, die für Deutschland bisher fast ungenutzt geblieben sind.

5. Zusammenfassung und Diskussion

Insgesamt zeigt sich, dass ein Großteil der Grundschülerinnen und Grundschüler in Deutschland von Lehrpersonen unterrichtet wird, die Computer und neue Medien in ihr pädagogisches Handeln und ihre außerunterrichtlichen schulbezogenen Aktivitäten integrieren. Im internationalen Vergleich liegt Deutschland bei der Betrachtung der Computernutzung im Unterricht nahe dem internationalen Mittelwert: Etwa drei Viertel der Schülerinnen und Schüler der vierten Klasse profitieren bereits vom Einsatz dieses Mediums im Unterricht.

Gleichwohl wird deutlich, dass ein Blick auf die Nutzung digitaler Medien in der Grundschule Handlungsbedarfe aufzeigt: Diese liegen einerseits in den Unterstützungsstrukturen für Lehrpersonen im Bereich der Technik und andererseits im Bereich der Nutzung des Gestaltungsspielraumes von Schule und Unterricht auf der Prozessebene der Schule. Dazu gehört das vielfach ungenutzte Potenzial des Austausches über die Nutzung digitaler Medien unter Lehrpersonen und die Zusammenarbeit auf Schulebene. Die Chance, gemeinsam im Kollegium didaktisches Wissen zu konstruieren und den Computereinsatz mit pädagogischen Herausforderungen und Zielen der Einzelschulen zu verknüpfen, wird möglicherweise noch zu selten genutzt.

Offen bleibt an dieser Stelle die wichtige Frage nach der Art und dem Ertrag des Computereinsatzes, insbesondere für die Entwicklung von Unterrichtsqualität und den Erwerb von Kompetenzen. Allein die Betrachtung der Quantität der Computernutzung ersetzt nicht die Frage nach pädagogischer Qualität. Ergebnisse zum

Zusammenhang des Computereinsatzes und dem Kompetenzerwerb in den Bereichen Lesen, Mathematik und Naturwissenschaften finden sich im vorliegenden Band (vgl. die Beiträge von Lorenz & Kahnert; Kahnert & Endberg; Eickelmann & Vennemann in diesem Band). Weiterhin stellt sich die Frage nach Kompetenzunterschieden der Lehrkräfte beim Einsatz digitaler Medien: Die fachlichen und pädagogischen Kompetenzen der Lehrpersonen finden Unterstützung durch den Einsatz digitaler Medien, jedoch ist weiterhin von einer Heterogenität im Kenntnisstand um digitale Medien und insbesondere um deren didaktische Einsatzmöglichkeiten auszugehen. Dies zeigt sich u.a. bereits im vorliegenden Befund der unterschiedlichen Verwendung des Computers in verschiedenen Altersgruppen.

In der Zusammenschau der Analysen wird aber deutlich, dass mittlerweile der überwiegende Teil der Viertklässlerinnen und Viertklässler in Deutschland von Lehrkräften unterrichtet wird, die eine positive Haltung gegenüber digitalen Medien einnehmen. Dies ist ein wichtiger Ansatzpunkt für die kommenden Jahre und für die weitere pädagogische und gesellschaftliche Entwicklung, der in diesem Sinne bereits in der Grundschule eine gute Grundlage für den Erwerb von Schlüsselkompetenzen im 21. Jahrhundert darstellt. Diese Ressource besser zu nutzen, muss ein Hauptanliegen der Lehrerausbildung und Lehrerfortbildung in den nächsten Jahren sein.

Literatur

Bos, W., Tarelli, I., Bremerich-Vos, A. & Schwippert, K. (Hrsg.). (2012). *IGLU 2011. Lesekompetenzen von Grundschulkindern in Deutschland im internationalen Vergleich*. Münster: Waxmann.

Cox, M. (2008). Researching IT in education. In J. Voogt & G. Knezek (Hrsg.), *International handbook of information technology in primary and secondary education* (S. 965–982). New York: Springer.

Dexter, S., Seashore, K. R. & Anderson, R. E. (2002). Contributions of professional community to exemplary use of ICT. *Journal of Computer Assisted Learning, 18*(4), 489–497.

Eickelmann, B. (2010). *Digitale Medien in Schule und Unterricht erfolgreich implementieren*. Münster: Waxmann.

Eickelmann, B. & Schulz-Zander, R. (2010). Qualitätsentwicklung im Unterricht – zur Rolle digitaler Medien. In N. Berkemeyer, W. Bos, H. G. Holtappels, N. McElvany & R. Schulz-Zander (Hrsg.), *Jahrbuch der Schulentwicklung 16* (S. 235–259). Weinheim: Juventa.

Hermans, R., Tondeur, J. van Braak, J. & Valcke, M. (2008). The impact of primary school teachers' educational beliefs on the classroom use of computers. *Computers & Education, 51*(4), 1499–1509.

KMK = Sekretariat der Ständigen Konferenz der Kultusminister der Länder in der Bundesrepublik Deutschland. (2004). *Standards für die Lehrerbildung: Bildungswissenschaften*. Zugriff am 03. September 2013 unter http://www.kmk.org/fileadmin/veroeffentlichungen_beschluesse/2004/2004 _12_16-Standards-Lehrerbildung.pdf

KMK = Sekretariat der Ständigen Konferenz der Kultusminister der Länder in der Bundesrepublik Deutschland. (2012). *Medienbildung in der Schule*. Zugriff am 03. September 2013 unter http://www.kmk.org/fileadmin/veroeffentlichungen_beschluesse/2012/2012_03_08_Medienbildung.pdf

Knezek, G. & Christensen, R. (2008). The importance of information technology attitudes and competencies in primary and secondary education. In J. Voogt & G. Knezek (Hrsg.), *International Handbook of information technology in primary and secondary education* (S. 319–332). New York: Springer.

Koehler, M. & Mishra, P. (2008). Introducing TPCK. In AACTE Committee on innovation and technology (Hrsg.). *Handbook of technological pedagogical content knowledge (TPCK) for educators* (S. 3–29). New York: Routledge.

Petko, D. (2012). Hemmende und förderliche Faktoren des Einsatzes digitaler Medien im Unterricht: Empirische Befunde und forschungsmethodische Probleme. In R. Schulz-Zander, B. Eickelmann, H. Moser, H. Niesyto & P. Grell (Hrsg.). *Jahrbuch Medienpädagogik 9* (S. 29–50). Wiesbaden: VS Verlag für Sozialwissenschaften.

Schulz-Zander, R., Eickelmann, B. & Goy, M. (2010). Mediennutzung, Medieneinsatz und Lesekompetenz. In W. Bos, S. Hornberg, K.-H. Arnold, G. Faust, L. Fried & E.-M. Lankes (Hrsg.), *IGLU 2006. Die Grundschule auf dem Prüfstand. Vertiefende Analysen zu Rahmenbedingungen schulischen Lernens* (S. 91–119). Münster: Waxmann.

Teo, T. (2009). Modelling technology acceptance in education: A study of pre-service teachers. *Computers & Education, 52*(2), 302–312.

Vanderlinde, R. & van Braak, J. (2011). A New ICT Curriculum for Primary Education in Flanders: Defining and Predicting Teachers' Perceptions of Innovation Attributes. *Educational Technology & Society, 14*(2), 124–135.

Venezky, R. & Davis, C. (2002). *Quo vademus? The transformation of schooling in a networked world*. Paris: OECD/CERI.

Neue Technologien und die Leseleistung von Grundschulkindern

Zur Bedeutung der schulischen und außerschulischen Nutzung digitaler Medien

Ramona Lorenz & Julia Gerick

Im Zeitalter digitaler Medien ist die Kompetenz im Umgang mit Computer- und Informationstechnologien eine grundlegende Voraussetzung für die erfolgreiche Teilhabe an der Gesellschaft (vgl. European Commission, 2006). Für den Deutschunterricht in der Grundschule ergeben sich daraus zwei übergeordnete Perspektiven: Einerseits resultieren aus den Veränderungen in der Lebens- und Arbeitswelt neue Lese- und Schreibanlässe, die computerbasierte Textrezeptionen, -produktionen und schriftliche Kommunikationsvorgänge umfassen. Der Computer und das Internet bieten seit Jahren immer neue Gelegenheiten für Lese- und Schreibprozesse, die weit über schulisches Lernen hinausgehen. Andererseits bieten sich digitale Medien als Unterrichtsmedien im Deutschunterricht – nicht zuletzt auch vor dem Hintergrund der vorgenannten Argumentationslinie – in besonderer Weise an. Als Beispiele für den Deutschunterricht in der Grundschule seien hier exemplarisch der Einsatz von Wiki-Technologien und kooperative computerbasierte Schreibmöglichkeiten genannt (vgl. Anskeit & Eickelmann, 2011). Der Einsatz digitaler Medien im Unterricht ist daher einerseits aus gesellschaftlicher Perspektive zur Vorbereitung für den persönlichen und beruflichen Werdegang und andererseits aus pädagogischer Sicht zur Unterstützung von Lehr- und Lernprozessen sowie zur individuellen Förderung wertvoll. Im vorliegenden Beitrag wird daher die Nutzung digitaler Medien im Deutschunterricht in der Grundschule betrachtet. Um ein umfassendes Bild der aktuellen Situation der Schülerinnen und Schüler in Deutschland nachzuzeichnen, werden zudem außerschulische Rahmenbedingungen der Nutzung digitaler Medien beleuchtet, um anschließend Zusammenhänge mit der Leseleistung von Grundschülerinnen und Grundschülern zu analysieren.

1. Aktuelle Befunde zur Nutzung digitaler Medien und dem Zusammenhang mit der Leseleistung von Grundschulkindern

Im Deutschunterricht ist die Rolle der digitalen Medien eng mit der Semiotik (durch neue Zeichenformen in der Kommunikation) und der Lese- und Schreibdidaktik (Unterstützung des Lesenlernens und des Schreibprozesses) verknüpft (vgl. Kesper, 2006). Da der Umgang mit Computer und Internet im Wesentlichen schriftbasiert ist, wird ein breites Spektrum an Möglichkeiten zur Förderung des Leseinteresses geboten (vgl. Frederking, 2004). Das Internet hat zu neuen Textformen und zu innovativen Anwendungen geführt, die die Schlüsselqualifikation ‚Lesen' auf ein informatorisches, kommunikatives, kooperatives sowie auch ästhetisches Verständnis von Lesen im Sinne einer multimedialen Literaturrezeption und -produktion erweitert (vgl. u.a. Schulz-Zander, Eickelmann & Goy, 2010). Somit steht die Leseleistung in engem Zusammenhang mit den Kompetenzen im Umgang mit digitalen Medien (vgl. ebd.).

Bisher sind viele Anregungen für die Unterrichtsgestaltung mit digitalen Medien, Internet und Lernsoftware entstanden. Schulpraktisch ausgerichtete Zeitschriften (z.B. Computer + Unterricht) beschäftigen sich seit Jahren ausführlich mit didaktischen computerbezogenen Lerngelegenheiten und greifen dabei sowohl den rasanten technischen Fortschritt als auch die Entwicklung von Lehr-Lern-Szenarien mit digitalen Medien auf. Allerdings wurde erst mit der *Internationalen Grundschul-Lese-Untersuchung* (IGLU) in den Jahren 2001 und 2006 eine für Deutschland repräsentative Datengrundlage zur Computernutzung am Ende der Grundschulzeit geschaffen, die die Medienausstattung und Mediennutzung der Schulen in Deutschland als Aspekt der Lehr- und Lernbedingungen sowie die häusliche Computernutzung der Mädchen und Jungen betrachtet (vgl. Lankes, Bos, Mohr, Plaßmeier & Schwippert, 2003; Hornberg, Faust, Holtappels, Lankes & Schulz-Zander, 2007; Schulz-Zander et al., 2010). Mit der Studie *Lesen am Computer* (LaC), einer Ergänzungsstudie zu IGLU 2001, konnte gezeigt werden, dass die Leseleistungen von Print- und Hypertexten zusammenhängen: Kinder, die eine hohe Leseleistung bei Printtexten aufweisen, verstehen auch am Computer gelesene Texte gut (vgl. Voss, 2006), wenngleich die Analysen dafür sprechen, dass sich das Lesen von linearen Texten und das Lesen von Hypertexten dimensional unterscheidet.

Neben der schulischen Nutzung digitaler Medien stellt die häusliche Nutzung einen wichtigen Lernanlass hinsichtlich der Leseleistung dar. Beispielsweise konnte Mayer (1997) einen positiven Zusammenhang zwischen der Vertrautheit mit Computern und der Leseleistung zeigen. Fuchs und Wößmann (2005) stellten darüber hinaus fest, dass die häusliche Internetnutzung, die Nutzung von Lernsoftware und das Schreiben von E-Mails positiv mit der Leseleistung korrelieren. Hinsichtlich der Nutzungsintensität in der Schule konnte auf Grundlage der Daten des *Programme for International Student Assessment* (PISA) gezeigt werden, dass kein linearer Zusammenhang zwischen der Nutzungshäufigkeit von Computer und Internet und der Schülerleistung besteht, sondern eine umgekehrte U-Verteilung zu finden ist: Bei einer seltenen sowie auch bei einer sehr häufigen Computernutzung im Unterricht sind die Schülerleistungen geringer als bei einer moderaten Nutzungshäufigkeit (vgl. ebd.). Des Weiteren konnten vertiefende Sekundäranalysen auf Grundlage der Datenbasis von IGLU 2006 Hinweise liefern, dass Variablen zur schulischen und außerschulischen Mediennutzung zumindest in geringem Umfang

Erklärungskraft hinsichtlich der Leseleistung von Schülerinnen und Schülern haben (vgl. Schulz-Zander et al., 2010). Mithilfe einer Mehrebenenregressionsanalyse konnten drei signifikante Zusammenhänge gezeigt werden: (1) Häufige schulische Computer- und Internetnutzung hängt negativ mit der Leseleistung zusammen. (2) Zusätzlich zum Sozialindex kann die häusliche IT-Ausstattung einen kleinen Beitrag der Varianzaufklärung in der Leseleistung beitragen. (3) Der Austausch unter den Lehrpersonen zum Computereinsatz in Fachgruppengesprächen hängt positiv mit der Leseleistung zusammen. Zu beachten ist bei diesen Ergebnissen, dass die beobachteten Zusammenhänge nicht kausal zu interpretieren sind. So ist zu (1) etwa zu vermuten, dass in Deutschland im Jahr 2006 vor allem eher leseschwache Schülerinnen und Schüler mithilfe von Lernprogrammen am Computer Übungen durchgeführt haben und dass sich hieraus vermutlich der beobachtete positive Zusammenhang ableiten lässt (vgl. ebd.).

Im Bereich der Sekundarstufe haben Untersuchungen von Senkbeil und Drechsel (2004) mit Daten aus PISA 2003 für 15-jährige Schülerinnen und Schüler ergeben, dass diese stark an computerbezogenen Aktivitäten interessiert sind. Dieser Befund deutet auch auf die Möglichkeit zur Förderung des Leseinteresses von Grundschulkindern hin. Zudem konnte für Kindergartenkinder gezeigt werden, dass der Einsatz von E-Books die Leseleistung signifikant verbessert (vgl. Shamir, Korat & Barbi, 2008). Einige Studien weisen auch auf einen positiven Zusammenhang zwischen der Nutzung digitaler Medien und der Lese- bzw. Rechtschreibleistung hin (vgl. u.a. Macaruso, Hook & McCabe, 2006; O'Dwyer, Russel, Bebell & Tucker-Seely, 2005). Erste Untersuchungen zum Zusammenhang von fachlichen Kompetenzen und Informationstechnologien auf Basis der Daten von PISA 2006 zeigen bezüglich der naturwissenschaftlichen Kompetenz, dass die Art der Computernutzung im Unterricht einen stärkeren Effekt auf die Kompetenzentwicklung hat als die Häufigkeit des Computereinsatzes (vgl. Luu & Freeman, 2011). Dies gilt es auch für den Deutschunterricht in der Grundschule zu untersuchen.

Mit dem aktuellen Studienzyklus von IGLU 2011 (vgl. Bos, Tarelli, Bremerich-Vos & Schwippert, 2012) liegen repräsentative Daten zur schulischen und außerschulischen Nutzung von digitalen Medien durch Grundschulkinder sowie Lehrerdaten zum Einsatz digitaler Medien im Deutschunterricht der vierten Klasse vor. Darüber hinaus bietet die Datengrundlage der Studie, die umfassend über Hintergrundfragebögen Rahmendaten erfasst, die Möglichkeit, vielfältige Informationen hinsichtlich der Qualität und Nutzung digitaler Medien in der Primarstufe über Sekundäranalysen der Daten zu gewinnen. Diesem Ansatz folgt der vorliegende Beitrag, indem auf der Grundlage der nationalen und internationalen Daten der IGLU-Studie die Nutzung digitaler Medien im Deutschunterricht der Grundschule dokumentiert und analysiert wird. Dazu wird im Folgenden anhand der für Deutschland repräsentativen Daten aus IGLU 2011 der Frage nachgegangen, ob und in welcher Weise ein Zusammenhang zwischen der Häufigkeit und Art der Nutzung digitaler Medien und der Lesekompetenz von Viertklässlerinnen und Viertklässlern besteht. Es wird untersucht, inwiefern der Einsatz digitaler Medien zur Förderung der Lesekompetenz beitragen kann. Dazu wird zunächst mithilfe der IGLU-Daten die häusliche und schulische Nutzung digitaler Medien vor allem im Hinblick auf den Deutschunterricht beschrieben. Es liegen bisher nur sehr wenige Forschungsbefunde zum Zusammenhang des schulischen und außerschulischen Einsatzes digitaler Medien mit der Leseleistung von Grundschulkindern vor. Daher widmet sich der vorliegende Beitrag folgenden Forschungsfragen:

1. Welche schulischen und häuslichen Rahmenbedingungen für die Nutzung digitaler Medien bilden sich in Deutschland für Schülerinnen und Schüler der vierten Klasse ab?
2. Wie werden digitale Medien im Deutschunterricht der vierten Klasse genutzt?
3. Besteht ein Zusammenhang zwischen der schulischen und außerschulischen Häufigkeit und Form der Nutzung digitaler Medien mit der Leseleistung von Viertklässlerinnen und Viertklässlern?

In Deutschland nahmen insgesamt 4000 Schülerinnen und Schüler der vierten Klasse an 197 Schulen an IGLU 2011 teil. Aus 96 Prozent der Klassen liegt ein Lehrerfragebogen vor. Die teilnehmenden Schulen, deren Schülerinnen und Schüler der vierten Klasse sowie ihre Lehrpersonen bilden die für Deutschland repräsentative Datengrundlage der folgenden Analysen. Mit der IGLU-Studie liegen aus den eingesetzten Hintergrundfragebögen, die sich u.a. an Schülerinnen und Schüler sowie an Lehrpersonen richteten, Daten vor, mit denen der Status quo im Jahr 2011 zur Nutzung digitaler Medien im Deutschunterricht beschrieben werden kann.

Neben deskriptiven Häufigkeitsanalysen wird eine Regressionsanalyse durchgeführt, die den Zusammenhang manifester Variablen der Computernutzung und der Lesekompetenz der Schülerinnen und Schüler der vierten Klasse betrachtet. Sämtliche der folgenden Analysen berücksichtigen die komplexe Datenstruktur der IGLU-Studie und wurden mit der Analysesoftware IDB-Analyzer (vgl. Rutkowski, Gonzalez, Joncas & von Davier, 2010) durchgeführt.

2. Schulische und außerschulische Nutzung digitaler Medien

Digitale Medien bieten wichtige Lerngelegenheiten und dienen als didaktische Unterstützungsinstrumente. So kann die Förderung der Lesekompetenz bereits in der Grundschule durch Computer- und Informationstechnologien unterstützt werden. Um die Rahmenbedingungen der Nutzung digitaler Medien und den Stellenwert der Computernutzung für Viertklässlerinnen und Viertklässler näher beschreiben zu können, wird zunächst auf die schulische und außerschulische Nutzungshäufigkeit des Computers Bezug genommen. Daraufhin werden die Aktivitäten, die die Kinder in der Schule und zu Hause am Computer ausüben, betrachtet.

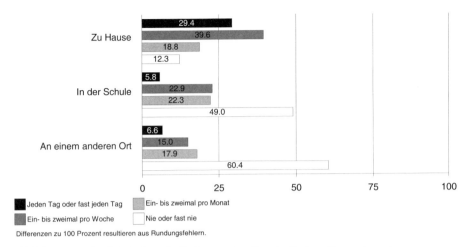

Abbildung 1: Häufigkeit der schulischen und außerschulischen Computernutzung, IGLU 2011, Schülerangaben

2.1 Nutzungshäufigkeit digitaler Medien durch Grundschulkinder

Der Ort, an dem Viertklässlerinnen und Viertklässler den Computer am häufigsten nutzen, ist zu Hause (vgl. Abbildung 1). Von 69.0 Prozent der Schülerinnen und Schüler wird der Computer mindestens ein- bis zweimal pro Woche zu Hause genutzt. In der Schule nutzen lediglich 5.8 Prozent der Schülerinnen und Schüler den Computer (fast) täglich und knapp ein Viertel ein- bis zweimal pro Woche (22.9%). Bemerkenswert ist, dass fast die Hälfte der Schülerinnen und Schüler den Computer nie oder fast nie in der Schule nutzt. Ein anderer Ort als die Schule oder zu Hause, z.B. bei Freunden oder öffentliche Internetzugänge, dient Viertklässlerinnen und Viertklässlern eher selten für die Computernutzung.

2.2 Nutzung digitaler Medien im Deutschunterricht der Grundschule

Zur Unterstützung der Kompetenzentwicklung und als didaktisches Mittel hat der Computer Einzug in den Unterricht der Grundschule gefunden. Speziell auf den Deutschunterricht bezogen, geben 12.1 Prozent der Viertklässlerinnen und Viertklässler in Deutschland an, dass sie den Computer mehrmals pro Woche in ihrem Deutschunterricht nutzen. Etwa einmal pro Woche nutzen ihn 12.6 Prozent und 10.3 Prozent nutzen ihn etwa einmal im Monat im Deutschunterricht der Grundschule. Dahingegen gibt rund ein Viertel an, den Computer seltener zu benutzen und 39.3 Prozent nutzen ihn gar nicht im Deutschunterricht.

Für den Leseunterricht – ein in IGLU differenziert betrachteter Teil des Deutschunterrichts – steht nach Angaben der Lehrpersonen für 72.8 Prozent der Schülerinnen und Schüler ein Computer zur Verfügung, der für unterschiedliche

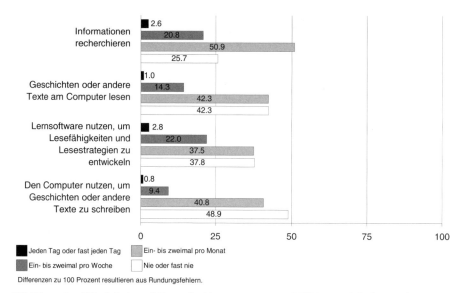

Abbildung 2: Häufigkeit und Form der Internetnutzung, IGLU 2011, Schülerangaben

Tätigkeiten eingesetzt wird. Die folgenden Angaben beziehen sich nur auf diese Gruppe der Viertklässlerinnen und Viertklässler. Es wird nur ein sehr geringer Anteil der Schülerinnen und Schüler in Deutschland, die einen Computer für den Leseunterricht zur Verfügung haben, von Lehrkräften unterrichtet, die den Computer täglich oder fast täglich im Unterricht einsetzen, um Informationen recherchieren zu lassen, Geschichten oder andere Informationen am Computer zu lesen, Lernsoftware zu nutzen oder Texte zu schreiben (vgl. Abbildung 2). Im Deutschunterricht wird der Computer am häufigsten eingesetzt, um Informationen zu recherchieren oder um Lernsoftware zur Entwicklung der Lesefähigkeit und der Lernstrategien zu nutzen. Etwa ein Fünftel der Schülerinnen und Schüler wird von Lehrkräften unterrichtet, die diese beiden Aktivitäten mindestens ein- bis zweimal pro Woche einsetzen (20.8% bzw. 22.0%). Knapp die Hälfte der Schülerinnen und Schüler, die einen Computer im Unterricht nutzen, wird von Lehrpersonen unterrichtet, die den Computer nie oder fast nie einsetzen, um Geschichten oder andere Texte am Computer schreiben zu lassen (48.9%). Diese Aktivität wird insgesamt am seltensten im Unterricht durchgeführt. Auch das Lesen von Geschichten oder anderen Texten am Computer kommt tendenziell eher selten im Unterricht vor.

Im Bereich der Leseförderung im Deutschunterricht können nicht nur Computer und Internet sondern auch spezielle Computerprogramme unterstützend eingesetzt werden. Nach Angaben der Lehrkräfte werden 52.2 Prozent der Schülerinnen und Schüler von Lehrkräften unterrichtet, die Computerprogramme als Ergänzung für den Leseunterricht einsetzen, und 5.6 Prozent, die Computerprogramme sogar als Grundlage für den Leseunterricht nutzen. Insgesamt 42.2 Prozent der Schülerinnen und Schüler werden von Lehrpersonen unterrichtet, die keine Computerprogramme im Leseunterricht verwenden.

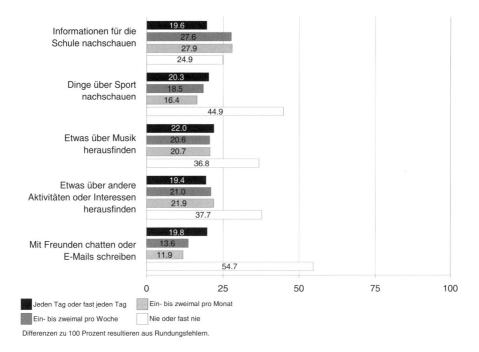

Abbildung 3: Nutzungsform digitaler Medien im Deutschunterricht, IGLU 2011, Lehrerangaben

Ausgehend von der Annahme, dass sowohl die schulische Computernutzung der Kinder als auch die außerschulische Computernutzung einen Zusammenhang mit der Leseleistung aufweisen, wird zusätzlich die häusliche Computernutzung der Kinder in den Blick genommen.

2.3 Nutzung digitaler Medien im außerschulischen Bereich

Danach gefragt, wie viel Zeit sie an einem normalen Schultag außerhalb der Schule damit verbringen, Geschichten oder Texte im Internet zu lesen, gibt etwa die Hälfte (49.2%) der Schülerinnen und Schüler an, dass sie keine Zeit damit verbringt. Fast ein Drittel (29.9%) gibt an, eine Stunde für das Lesen im Internet aufzuwenden. 13.8 Prozent verbringen eine bis fünf Stunden und 7.2 Prozent sogar fünf Stunden oder länger damit, im Internet zu lesen.

Wird genauer nach der Art der Nutzung des Internets gefragt, wird zunächst deutlich, dass je etwa ein Fünftel der Schülerinnen und Schüler das Internet täglich oder fast jeden Tag für private Aktivitäten nutzt (vgl. Abbildung 3). Die Aktivität, die von den meisten Viertklässlerinnen und Viertklässlern (54.7%) nach eigenen Angaben nie oder fast nie betrieben wird, ist das Chatten mit Freunden oder das Schreiben von E-Mails. Auch mit dem Nachschauen von Dingen über Sport beschäftigt sich fast die Hälfte (44.9%) der Kinder nie oder fast nie. Informationen für die Schule schaut fast die Hälfte der Viertklässlerinnen und Viertklässler mindestens ein- bis zweimal pro Woche im Internet nach (47.2%). Ein- bis zweimal pro Monat nutzt noch etwas mehr als ein Viertel (27.9%) das Internet für diesen Zweck. Knapp ein Viertel der Schülerinnen und Schüler nutzt diese Ressource dafür nie oder fast nie (24.9%).

Zusammenfassend lässt sich hinsichtlich der Nutzungshäufigkeit digitaler Medien festhalten, dass der Computer im Unterricht von ca. drei Viertel der Schülerinnen und Schüler genutzt wird, jedoch bei etwa 70 Prozent dieser Gruppe eher selten Unterrichtsbestandteil ist. Darüber hinaus wird im häuslichen Bereich deutlich, dass etwa die Hälfte der Viertklässlerinnen und Viertklässler kaum (höchstens ein- bis zweimal pro Monat) das Medium Computer verwendet.

3. Zusammenhang zwischen der Nutzung digitaler Medien und der Leseleistung

Im Folgenden wird der Frage nachgegangen, ob ein Zusammenhang zwischen der Häufigkeit sowie der Form der Nutzung digitaler Medien im schulischen und häuslichen Umfeld und der Leseleistung von Viertklässlerinnen und Viertklässlern besteht. Zunächst wird überprüft, ob von einem linearen Zusammenhang zwischen der Leseleistung von Viertklässlerinnen und Viertklässlern und der Form der schulischen Mediennutzung im Unterricht ausgegangen werden kann. Wie schon bei Fuchs und Wößmann (2005) ist dies für die schulische Computernutzung für bestimmte Aktivitäten im Zusammenhang mit der Leseleistung nicht der Fall (vgl. Tabelle 1). Stattdessen lässt sich für die Nutzung von Lernsoftware eine U-Verteilung erkennen: Die Leseleistung ist bei einer sehr geringen und auch bei einer sehr häufigen Nutzung von Lernsoftware im Unterricht höher als bei einer moderaten Nutzungshäufigkeit.

Für das Recherchieren von Informationen, das Lesen von Geschichten oder Texten am Computer sowie auch das Schreiben von Texten und Geschichten zeigt sich: Werden diese Aktivitäten ein- bis zweimal pro Monat ausgeübt, ist die Leseleistung höher, als wenn sie nie oder ein- bis zweimal pro Woche ausgeübt werden; am höchsten ist sie jedoch bei einer täglichen oder fast täglichen Nutzung.

Tabelle 1: Leseleistung und Computernutzung in der Schule, IGLU 2011, Lehrerangaben

	Nie oder fast nie		Einmal bis zweimal pro Monat		Einmal bis zweimal pro Woche		Jeden Tag oder fast jeden Tag	
	M	(SE)	M	(SE)	M	(SE)	M	(SE)
Informationen recherchieren	544	(4.7)	547	(3.7)	533	(5.6)	585	(5.3)
Geschichten oder andere Texte am Computer lesen	545	(4.0)	547	(3.5)	530	(5.5)	582	(7.5)
Lernsoftware nutzen, um Lesefähigkeiten und Lesestrategien zu entwickeln	551	(3.9)	541	(4.2)	534	(5.1)	567	(8.3)
Den Computer nutzen, um Geschichten oder andere Texte zu schreiben	543	(3.6)	547	(3.3)	539	(9.8)	570	(20.6)

Auch die häusliche Computernutzung wird entsprechend in Bezug auf die Leseleistung in den Blick genommen, da angenommen werden muss, dass sich hier eine ähnliche Verteilung zeigt. Es wird deutlich, dass bezüglich der Häufigkeit der Computernutzung zu Hause und dem Nachschauen von Informationen über die Schule eine umgekehrte U-Verteilung vorliegt: Die Leseleistung steigt an, wenn der Computer ein- bis zweimal pro Monat genutzt wird (vgl. Tabelle 2). Wird der Computer häufiger genutzt, wird die Leseleistung jedoch geringer.

Tabelle 2: Leseleistung und häusliche Computernutzung, IGLU 2011, Schülerangaben

	Nie oder fast nie		Einmal bis zweimal pro Monat		Einmal bis zweimal pro Woche		Jeden Tag oder fast jeden Tag	
	M	(SE)	M	(SE)	M	(SE)	M	(SE)
Häufigkeit der häuslichen Nutzung	553	(5.1)	560	(3.3)	548	(2.3)	527	(4.4)
Informationen über die Schule nachschauen	554	(4.6)	565	(2.5)	546	(2.6)	511	(4.5)
Dinge über Sport nachschauen	563	(3.0)	555	(4.0)	533	(3.7)	516	(3.6)
Etwas über Musik herausfinden	564	(3.2)	557	(3.2)	538	(3.6)	515	(3.6)
Etwas über andere Aktivitäten oder Interessen herausfinden	560	(2.9)	558	(4.0)	540	(3.7)	516	(3.4)
Mit Freunden chatten oder E-Mails schreiben	563	(2.6)	548	(4.2)	531	(2.8)	512	(5.1)

Für die anderen computerbezogenen Aktivitäten zu Hause zeigt sich über die vier Antwortkategorien ein systematischer Anstieg in der Leseleistung: So weisen Schülerinnen und Schüler, die beispielsweise (fast) jeden Tag den Computer für das Chatten mit Freunden nutzen, die schlechteste Leseleistung auf; Kinder, die (fast) nie den Computer für diese Aktivität nutzen, die beste Leseleistung. Dies zeigt sich ebenfalls für das Nachschauen von Dingen über Sport und das Herausfinden von Informationen über Musik oder andere Aktivitäten oder Interessen.

Aufgrund dieser Linearität werden die letztgenannten vier häuslichen Nutzungsvariablen in einem Regressionsmodell zur Erklärung der Leseleistung berücksichtigt. Im Rahmen dieses Modells wird unter Kontrolle der Hintergrundvariablen Geschlecht, kognitive Fähigkeiten (gemessen über den KFT-Subtest verbale Analogien), soziale Lage (gemessen über die höchste EGP-Klasse der Eltern, vgl. Drossel, Gerick & Eickelmann in diesem Band) und Migrationshintergrund (operationalisiert als gesprochene Sprache zu Hause) der Zusammenhang zwischen der Nutzung digitaler Medien und der Leseleistung analysiert (vgl. Tabelle 3). Das Modell umfasst einerseits Angaben zur häuslichen Medienausstattung mit Computern sowie das Vorhandensein eines Internetzugangs und andererseits Formen der häuslichen Mediennutzung.

Tabelle 3: Regressionsmodell zur Erklärung von Unterschieden in der Leseleistung von Viertklässlerinnen und Viertklässlern durch Variablen der häuslichen Medienausstattung und -nutzung, IGLU 2011, Schülerangaben

	β	t-Wert
Häusliche Medienausstattung		
Computer[1]	.02	0.87
Internet[1]	**.08**	**3.27**
Mediennutzung		
Dinge über Sport nachschauen[2]	**-.09**	**-3.68**
Etwas über Musik herausfinden[2]	-.05	-1.84
Etwas über andere Aktivitäten oder Interessen herausfinden[2]	.01	0.33
Mit Freunden chatten oder E-Mails schreiben[2]	**-.15**	**-6.54**
Hintergrundvariablen		
Geschlecht[3]	-.02	-0.85
Kognitive Grundfertigkeiten	**.42**	**20.17**
Soziale Herkunft[4]	**.12**	**5.78**
Migration/gesprochene Sprache zu Hause[5]	**.07**	**3.58**
R^2	.36	

β = Regressionsgewichte (standardisiert)
Abhängige Variable: Leseleistung (Gesamtskala Lesen)
Signifikante Koeffizienten (p < .05) sind fett gedruckt.
1 0 = Nein; 1 = Ja
2 0 = Nie oder fast nie; 1 = Ein- bis zweimal pro Monat; 2 = Ein bis zweimal pro Woche; 3 = Jeden oder fast jeden Tag
3 0 = Mädchen; 1 = Junge
4 0 = Alle anderen EGP-Klassen; 1 = Obere Dienstklasse
5 0 = Nie oder manchmal Deutsch; 1 = Immer Deutsch

Hinsichtlich der Medienausstattung wird zunächst deutlich, dass ein Internetzugang zu Hause einen schwachen, aber signifikant positiven Effekt auf die Lesekompetenz aufweist. Hinsichtlich der Internetnutzung zeigen sich besonders für das Nachschauen von Dingen über Sport und für das Chatten mit Freunden signifikant negative Effekte auf die Leseleistung von Viertklässlerinnen und Viertklässlern. Das dargestellte Regressionsmodell klärt 36.0 Prozent der Varianz der Leseleistung auf. Dabei wird deutlich, dass die Varianzaufklärung zentral auf die kognitiven Fähigkeiten zurückgeht, die als Hintergrundvariable kontrolliert wurden. Auch die soziale Lage der Schülerinnen und Schüler stellt sich erwartungsgemäß als relevanter Prädiktor für die Leistung heraus, allerdings weitaus weniger stark als die kognitiven Fähigkeiten. Es zeigt sich ebenfalls ein signifikant positiver Effekt des Deutschen als gesprochener Sprache im Elternhaus, der allerdings gering ausfällt.

4. Zusammenfassung und Diskussion

Zusammenfassend zeigt sich, dass der Computer im Deutschunterricht der Grundschule noch selten Anwendung findet – auch Lehrkräfte, die den Computer für Unterrichtszwecke einsetzen, machen eher selten von diesem Medium Gebrauch. Hier zeigt sich in einem ersten Zugang Potenzial, das weiter ausgeschöpft werden könnte, wenn Computer entsprechend den Befunden von Senkbeil und Drechsel (2004) als motivationaler Aspekt dienen und als didaktisches Mittel zur Leseförderung eingesetzt werden. Weiterführend muss der Frage nachgegangen werden, ob das Leseinteresse bereits bei Grundschulkindern durch den Einsatz digitaler Medien gefördert wird, was im Rahmen des vorliegenden Beitrags nicht geleistet werden kann.

Für die schulische Computernutzung generell sowie die Suche nach Informationen konnte hinsichtlich der Leseleistung eine U-Verteilung festgestellt werden: Schülerinnen und Schüler, die (fast) nie oder (fast) täglich Computer nutzen, weisen eine bessere Leseleistung auf als Kinder, die mittelmäßige bis häufige Nutzer sind. Dieser Befund gibt Hinweise auf die Komplexität der Thematik, da nicht per se von einem linearen Zusammenhang zwischen Mediennutzung und fachlicher Leistung ausgegangen werden kann. Die detaillierte deskriptive Betrachtung hat an dieser Stelle zu einem Erkenntnisgewinn beigetragen.

Für die häusliche Computerausstattung und -nutzung konnte unter Kontrolle von Hintergrundvariablen mittels linearer Regressionsanalyse festgestellt werden, dass die Formen der außerschulischen Internetnutzung besonders in Bezug auf das Nachschauen von Dingen über Sport und das Chatten mit Freunden für die Leseleistung von Viertklässlerinnen und Viertklässlern relevant ist und negativ ausfällt. Dahingegen hat sich gezeigt, dass das Vorhandensein eines Internetzugangs im Elternhaus wiederum einen positiven Prädiktor darstellt. Die Form der Nutzung und eventuell eine Anleitung oder Aufsicht der Eltern scheinen für die

Kompetenzentwicklung relevant zu sein. Interessant sind nun für weiterführende Analysen die gemeinsame Betrachtung der schulischen Computernutzung im Deutschunterricht (Schulebene) sowie der häuslichen Computernutzung (Individualebene) und ihre Bedeutung für die Leseleistung von Grundschulkindern. Mittels eines Mehrebenenmodells wären nun Variablen auf Schul- und Individualebene in ein gemeinsames Regressionsmodell einzubeziehen, um ein umfassenderes Bild computerbezogener Prädiktoren für die Erklärung der Leseleistung zu erhalten, die sowohl das häusliche als auch das schulische Umfeld der Schülerinnen und Schüler simultan einbezieht.

Diesem zentralen Ansatzpunkt der Prädiktion der Leseleistung durch die Computernutzung der Schülerinnen und Schüler müssen weitere vertiefende Fragestellungen angeschlossen werden: Zum einen stellt sich die Frage nach den Kompetenzen der Lehrpersonen im Umgang mit dem Computer und dessen Einfluss auf ihr pädagogisches Handeln. Auch die Ausstattung und die Unterstützungssysteme in der Schule sind dabei zu beachten. Zum anderen stellt sich die Frage nach den Kompetenzen der Schülerinnen und Schüler im Umgang mit digitalen Medien. Da etwa die Hälfte der Viertklässlerinnen und Viertklässler nach eigenen Angaben sowohl im schulischen als auch im außerschulischen Kontext eher selten den Computer nutzt, ist der Frage nachzugehen, ob eventuell eher geringe Kompetenzen im Umgang mit digitalen Medien die Entwicklung der Leseleistung negativ beeinträchtigen. Möglicherweise sind Herausforderungen im Umgang mit dem Medium Computer und dem Internet hemmende oder sogar hinderliche Faktoren im Hinblick auf die Entwicklung der Leseleistung von Grundschülerinnen und Grundschülern. Aufschluss hierüber könnte die Ende 2014 zu erwartende Berichtlegung der *International Computer and Information Literacy Study 2013* (ICILS 2013) geben, die die computerbezogenen Kompetenzen von Achtklässlerinnen und Achtklässlern erfasst.

Gleichwohl wird deutlich, dass dieser wichtige Blick auf die Nutzung digitaler Medien in der Grundschule in einem zweiten Zugang einer geschärften Perspektive bedarf: Neben den oben aufgeworfenen Fragen nach der medialen Kompetenz der Lehrpersonen und der Schülerinnen und Schüler ist die zentrale Frage nach der Qualität der am Computer verbrachten Lernzeit maßgebend. Auch diesen Aspekten muss in zukünftigen Studien nachgegangen werden.

Literatur

Anskeit, N. & Eickelmann, B. (2011). Wiki-Einsatz im Deutschunterricht – Mit neuen Technologien kooperatives Lernen unterstützen. In M. Bonsen, W. Homeier, K. Tschekan & L. Ubben (Hrsg.), *Unterrichtsqualität sichern – Grundschule* (S. 1–20). Berlin: Raabe.

Bos, W., Tarelli, I., Bremerich-Vos, A. & Schwippert, K. (Hrsg.). (2012). *IGLU 2011. Lesekompetenzen von Grundschulkindern in Deutschland im internationalen Vergleich*. Münster: Waxmann.

European Commission. (2006). *Key Competences for Lifelong Learning. Official Journal of the European Union*. Brussels: European Commission.

Frederking, V. (2004). Lesen und Leseförderung im medialen Wandel. Symmedialer Deutschunterricht nach PISA. In V. Frederking, H. Jonas, P. Josting & J. Wermke (Hrsg.), *Lesen und Symbolverstehen. Jahrbuch Medien im Deutschunterricht 2003* (S. 37–66). München: Kopaed.

Fuchs, T. & Wößmann, L. (2005). Computer können das Lernen behindern. *Ifo Schnelldienst, 58*(18), 16–23.

Hornberg, S., Faust, G., Holtappels, H.G., Lankes, E.-M. & Schulz-Zander, R. (2007): Lehr- und Lernbedingungen in den Teilnehmerstaaten. In W. Bos, S. Hornberg, K.-H Arnold, G. Faust, L. Fried, E.-M. Lankes, K. Schwippert & R. Valtin (Hrsg.), *IGLU 2006. Lesekompetenzen von Grundschulkindern in Deutschland im internationalen Vergleich* (S. 47–79). Münster: Waxmann.

Kesper, M. (2006). Sprachunterricht und neue Medien. In U. Bredel, H. Günther, P. Klotz, J. Ossner & G. Sebbert-Ott (Hrsg.), *Didaktik der deutschen Sprache. 2. Teilband* (S. 854–866). Paderborn: Ferdinand Schöningh.

Lankes, E.-M., Bos, W., Mohr, I., Plaßmeier, N. & Schwippert, K. (2003). Lehr- und Lernbedingungen in den Teilnehmerländern. In W. Bos, E.-M. Lankes, M. Prenzel, K. Schwippert, G. Walther & R. Valtin (Hrsg.), *Erste Ergebnisse aus IGLU. Schülerleistungen am Ende der vierten Jahrgangsstufe im internationalen Vergleich* (S. 29–67). Münster: Waxmann.

Luu, K. & Freeman, J. (2011). An analysis of the relationship between information and communication technology (ICT) and scientific literacy in Canada and Australia. *Computers & Education, 56*, 1072–1082.

Macaruso, P., Hook, P.E. & McCabe, R. (2006). The efficacy of computer-based supplementary phonic programs for advancing reading skills in at-risk elementary students. *Journal of Research in Reading, 29*(2), 162–172.

Mayer, R.E. (1997). Out-Of-School Learning: The Case of an After-School Computer Club. *Journal of Educational Computing Research, 16*(4), 333–336.

O'Dwyer, L.M., Russel, M., Bebell, D. & Tucker-Seely, K.R. (2005). Examining the relationship between home and school computer use and student's english/language arts test scores. *Journal of Technology, Learning, and Assessment, 3*(3), 1–46.

Rutkowski, L., Gonzalez, E., Joncas, M. & von Davier, M. (2010). International Large-Scale Assessment Data: Issues in Secondary Analysis and Reporting. *Educational Researcher, 39*(2), 142–151.

Schulz-Zander, R., Eickelmann, B. & Goy, M. (2010). Mediennutzung, Medieneinsatz und Lesekompetenz. In W. Bos, S. Hornberg, K.-H. Arnold, G. Faust, L. Fried, E.-M. Lankes, K. Schwippert, I. Tarelli & R. Valtin (Hrsg.), *IGLU 2006. Die Grundschule auf dem Prüfstand. Vertiefende Analysen zu Rahmenbedingungen schulischen Lernens* (S. 91–119). Münster: Waxmann.

Senkbeil, M. & Drechsel, B. (2004). Vertrautheit mit dem Computer. In M. Prenzel, J. Baumert, W. Blum, R. Lehmann, D. Leutner, M. Neubrand, R. Pekrun, H.-G. Rolff, J. Rost & U. Schiefele (Hrsg.), *PISA 2003. Der Bildungsstand der Jugendlichen in Deutschland – Ergebnisse des zweiten internationalen Vergleichs* (S. 177–190). Münster: Waxmann.

Shamir, A., Korat, O. & Barbi, N. (2008). The effects of CD-ROM storybook reading on low SES kindergarteners' emergent literacy as a function of learning context. *Computers & Education, 51*, 354–367.

Voss, A. (2006). *Print- und Hypertextlesekompetenz im Vergleich. Eine Untersuchung von Leistungsdaten aus der Internationalen Grundschul-Lese-Untersuchung (IGLU) und der Ergänzungsstudie Lesen am Computer (LaC)*. Münster: Waxmann.

Nutzung digitaler Medien im naturwissenschaftlichen Unterricht der Grundschule

Birgit Eickelmann & Mario Vennemann

Traditionell ist der naturwissenschaftliche Sachunterricht an Grundschulen in Deutschland eines der Fächer, in denen der Einsatz von Computern und Internet vielfache Anwendungsmöglichkeiten erfährt. Die Nutzung digitaler Medien ist daher schon seit Beginn der Etablierung digitaler Medien als Unterrichtsbestandteil auf große Akzeptanz gestoßen. Im vorliegenden Beitrag wird die aktuelle Ausstattungssituation mit digitalen Lernmitteln für den Sachkundeunterricht in Grundschulen in Deutschland sowie im internationalen Vergleich betrachtet und die Nutzung digitaler Medien im Sachkundeunterricht analysiert.

1. Entwicklungsperspektiven und Forschungsbefunde zum Einsatz digitaler Medien im naturwissenschaftlichen Unterricht

Ende der 1990er Jahre wurde vor allem aufgrund der fehlenden Internetanschlüsse in Schulen bzw. der fehlenden Computerarbeitsplätze mit Internetanbindung für die unterrichtliche Nutzung zunächst offline gearbeitet (vgl. Mitzlaff, 2007). Arbeitsberichte, Materialien und Dokumentationen zum Einsatz des Computers im naturwissenschaftlichen Sachunterricht bezogen sich vornehmlich auf projektbezogenes Arbeiten und Unterrichtsprojekte mit digitalen Medien, wie etwa die Erstellung von Klassenzeitungen über Klassenfahrten sowie die in fachspezifische Themen eingebettete Einführung in die Textverarbeitung (vgl. Heyden & Lorenz, 2003) oder das Arbeiten mit Multimedia und Software im Sachunterricht (vgl. Grevé, 2001). Durch breitflächig verfügbare Internetzugänge sowie durch die Ausweitung webbasierter Angebote für den Grundschulunterricht und für Kinder im Grundschulalter hat sich die Nutzungsbreite zugunsten webbasierter Angebote geändert; zunehmend finden sowohl für Schule und Unterricht didaktisch aufbereitete als auch kindgerechte Angebote Einzug in den Unterricht und bilden eine nahezu unüberschaubare Vielfalt an Ressourcen und Informationen.

Aus der internationalen Perspektive verlief die Verwendung digitaler Medien im naturwissenschaftlichen Sachunterricht im Vergleich zu anderen westlichen Ländern an Grundschulen in Deutschland dennoch zeitlich etwas verzögert. Dies war teilweise auch darauf zurückzuführen, dass die Nutzung digitaler Medien im Unterricht der Grundschule in Deutschland besonders skeptisch beobachtet wurde und in einigen Bundesländern am Ende der 1990er Jahre explizit von den Schulaufsichtsbehörden in Einzelfällen genehmigungspflichtig war (vgl. Eickelmann, 2010). Gleichwohl finden sich in den Richtlinien und Lehrplänen für den Primarbereich bereits seit einigen Jahren Unterrichtsbeispiele sowie Ziele, die mit dem fachspezifischen Einsatz digitaler Medien verbunden sind. Der Computereinsatz an Grundschulen und die Einsatzmöglichkeiten im naturwissenschaftlichen Sachunterricht werden daher vielfach nicht mehr diskutiert. Umso verwunderlicher ist, dass die Anzahl an Studien und Forschungsprojekten zum Computereinsatz im naturwissenschaftlichen Sachunterricht trotz der Zunahme an Anwendungsmöglichkeiten eher rückläufig ist und die Thematisierung digitaler Medien im naturwissenschaftlichen Sachunterricht nach einer anfänglichen Aufbruchstimmung Ende der 1990er Jahre in den letzten Jahren ein wenig aus dem Blick geraten ist (vgl. Peschel, 2010). Nicht zuletzt aus diesem Grund stellt der folgende Beitrag mit seiner breiten Datenbasis zum Einsatz digitaler Medien im naturwissenschaftlichen Sachunterricht eine gute Diskussionsgrundlage dar, die sowohl Einblicke in den Umgang mit digitalen Medien in der Grundschule insgesamt eröffnet als auch auf die Generierung fachspezifischer und fachdidaktischer Impulse abzielt.

Auf der Grundlage der Daten der *Trends in International Mathematics and Science Study* (TIMSS; vgl. Bos, Wendt, Köller & Selter, 2012; Martin, Mullis, Foy & Stanco, 2012; Mullis, Martin, Foy & Arora, 2012) stellt der hier vorliegende Beitrag die Nutzung digitaler Medien im naturwissenschaftlichen Sachunterricht der Grundschule dar und fokussiert im Sinne der Anlage der TIMS-Studie auf den Bereich der naturwissenschaftlichen Kompetenzen von Schülerinnen und Schülern der vierten Jahrgangsstufe. Durch die Nutzung der internationalen TIMSS-Daten für diesen Beitrag eröffnet sich darüber hinaus an verschiedenen Stellen die Möglichkeit, die für Deutschland gewonnenen Erkenntnisse durch den Vergleich mit anderen Ländern einzuordnen (vgl. auch Drossel, Wendt, Schmitz & Eickelmann, 2012). Darüber hinaus kann – da Deutschland ebenfalls an TIMSS 2007 teilgenommen hat – ein Vergleich zwischen den Erhebungszyklen 2007 und 2011 vorgenommen werden. Da sowohl TIMSS 2007 als auch TIMSS 2011 als Querschnittsstudien mit unterschiedlichen Schülerkohorten im vierten Jahrgang angelegt sind und auch nicht die gleichen Lehrpersonen befragt wurden, geben Vergleiche zwischen den Jahren 2007 und 2011 lediglich Gesamteindrücke wieder. Da aber beiden Studien für Deutschland eine repräsentative Datenbasis zugrunde liegt, lassen sich dennoch Tendenzen nachzeichnen. Zusammenfassend können also die forschungsleitenden Fragestellungen des vorliegenden Beitrags wie folgt formuliert werden:

1. Welche Lehrmaterialien stehen Sachkundelehrkräften in Deutschland zur Verfügung? Wie stellt sich der Zugang zu digitalen Medien im naturwissenschaftlichen Sachunterricht – auch im Vergleich zu TIMSS 2007 – dar?
2. Welche fachspezifischen Aktivitäten werden mit digitalen Medien im naturwissenschaftlichen Sachunterricht durchgeführt?

2. Schulische Ausstattung mit digitalen Medien für den naturwissenschaftlichen Sachunterricht

Im folgenden Abschnitt wird anhand der Einschätzungen der Lehrpersonen betrachtet, welche Materialien in den Grundschulen in Deutschland für den naturwissenschaftlichen Sachunterricht zur Verfügung stehen und wie sich die Ausstattung mit digitalen Medien im internationalen Vergleich darstellt. In einem ersten Schritt soll in diesem Zusammenhang auf die Materialien fokussiert werden, die von den Lehrerinnen und Lehrern im naturwissenschaftlichen Sachunterricht verwendet werden. In TIMSS 2011 wurden die befragten Sachkundelehrerinnen und Sachkundelehrer zudem danach gefragt, ob sie die betreffenden Materialien als Grundlage für den Unterricht oder als Ergänzungsmaterial nutzen. Abbildung 1 fasst die Antworten der Sachkundelehrerinnen und Sachkundelehrer in Deutschland zusammen: Demnach werden 58.4 Prozent der Schülerinnen und Schüler von Sachkundelehrkräften unterrichtet, die als Basismaterial Arbeitsbücher bzw. Arbeitsblätter verwenden. Für 41.5 Prozent der Schülerinnen und Schüler sind diese Medien als ergänzendes naturwissenschaftliches Lehrmaterial vorgesehen. Dass diese klassischen Medien in der Bundesrepublik Deutschland im naturwissenschaftlichen Sachkundeunterricht weit verbreitet sind, wird darüber hinaus deutlich, wenn man sich vergegenwärtigt, dass nur der verschwindend geringe Anteil von 0.1 Prozent der Schülerinnen und Schüler von Sachkundelehrkräften unterrichtet wird, die keine Arbeitsbücher bzw. -blätter verwenden. Insgesamt lässt sich in Abbildung 1 erkennen, dass die Printmedien im naturwissenschaftlichen Sachunterricht sowohl als Basismaterial als auch als ergänzende Materialien in der pädagogischen Praxis eine große Rolle spielen. Dies zeigt sich auch in der Nutzung von Fachbüchern: 28.0 Prozent der Schülerinnen und Schüler werden von Lehrkräften unterrichtet, die Schulbücher als Grundlage für ihren Unterricht verwenden. Schulbücher werden insgesamt jedoch häufiger als ergänzendes Medium eingesetzt (48.2%). Dies ist möglicherweise eine Bestätigung dafür, dass Sachkundelehrkräfte Materialien didaktisch flexibel einsetzen. Demgegenüber kommen naturwissenschaftlichen Geräten und Materialien sowie den Nachschlagewerken eindeutig ergänzende Eigenschaften zu: 75.0 Prozent (Geräte und Materialien) bzw. 92.0 Prozent (Nachschlagewerke) der Schülerinnen und Schüler haben Sachkundelehrkräfte, die diese Medien in ihrem Unterricht nur ergänzend nutzen. Mehr als ein Fünftel (23.5%) der Schülerinnen und Schüler wird mit naturwissenschaftlichen Materialien jedoch als Hauptmedium konfrontiert. Dies lässt insgesamt Rückschlüsse auf den Stellenwert von experimentellem Sachkundeunterricht im Bereich der Naturwissenschaften zu, der in den verschiedenen Schulen bzw. Klassen in Deutschland durchaus variiert. Zu ergänzen ist, dass Nachschlagewerke für 5.8 Prozent der Schülerinnen und Schüler in TIMSS 2011 den Stellenwert eines Hauptmediums im naturwissenschaftlichen Sachunterricht einnehmen.

Teilnehmerländer	als Grundlage %	(SE)	als Ergänzung %	(SE)	wird nicht verwendet %	(SE)
Arbeitsbücher bzw. -blätter	58.4	(3.5)	41.5	(3.5)	0.1	(0.1)
Schulbücher	28.0	(2.9)	48.2	(3.5)	23.8	(2.7)
naturw. Geräte/Materialien	23.5	(2.9)	75.0	(2.9)	1.5	(0.9)
Nachschlagewerke	5.8	(1.7)	92.0	(2.0)	2.2	(1.1)
Computerprogramme	0.5	(0.5)	39.8	(3.2)	59.7	(3.3)

■ Als Grundlage
▨ Als Ergänzung
▢ Wird nicht verwendet

Abbildung 1: Computerprogramme im Vergleich zu anderen Materialien im naturwissenschaftlichen Unterricht (Angaben in Prozent), TIMSS 2011, Lehrerangaben

In der Diskussion über digitale Medien in der Grundschule ist in diesem Zusammenhang besonders interessant, wie sich deren Benutzung im Verhältnis zu den papierbasierten Medien darstellt. Es zeigt sich, dass 59.7 Prozent der Schülerinnen und Schüler im naturwissenschaftlichen Sachkundeunterricht nicht mit *Computerprogrammen* unterrichtet werden. Ein sehr geringer Anteil der Schülerinnen und Schüler (0.5%) wird von Sachkundelehrerinnen bzw. Sachkundelehrern unterrichtet, die Computerprogramme als Basismaterial nutzen. Hier wird deutlich, dass digitale Medien in der Grundschule noch nicht weitgehend in die alltägliche pädagogische Praxis implementiert sind. Demgegenüber stehen jedoch immerhin 39.8 Prozent der Kinder, die von Lehrkräften unterrichtet werden, die angeben, Computerprogramme als ergänzende Materialien zu verwenden. Um einzuordnen, wie sich die Nutzung von Computerprogrammen im naturwissenschaftlichen Unterricht in Deutschland im internationalen Vergleich darstellt, zeigt Abbildung 2, wie diese Frage von Sachkundelehrkräften in anderen Teilnehmerländern von TIMSS 2011 beantwortet wurde.

Es zeigt sich, dass Computerprogramme im naturwissenschaftlichen Unterricht nicht nur in Deutschland einen eher ergänzenden Charakter haben. In keinem der zum Vergleich herangezogenen TIMSS-Teilnehmerländer übersteigt der Anteil an Schülerinnen und Schülern, die von Sachkundelehrkräften unterrichtet werden, die angeben, Computerprogramme als Basismaterial anzuwenden, den der Schülerinnen und Schüler, denen im naturwissenschaftlichen Unterricht vornehmlich Computerprogramme als ergänzendes mediales Element beggenen.

Jedoch stellen sich insbesondere bei der Verwendung von Computerprogrammen als Basismaterial zum Teil substantielle Unterschiede ein. Für Deutschland zeichnet sich der Befund ab, dass unter den betrachteten Ländern der Europäischen Union bzw. den Ländern der OECD der Anteil an Schülerinnen und Schülern in Deutschland, deren Sachkundelehrkräfte Computerprogramme als Basismedien nutzen, am geringsten ausgeprägt ist (0.5%). Auf der Ebene aller an TIMSS 2011 teilnehmenden Länder beträgt dieser Anteil 11.2 Prozent, in den Ländern der

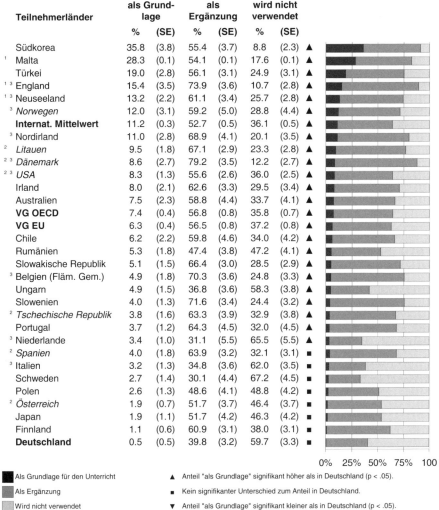

Abbildung 2: Computerprogramme als Medium im naturwissenschaftlichen Unterricht im internationalen Vergleich (Angaben in Prozent), TIMSS 2011, Lehrerangaben

OECD 7.4 Prozent und in der Vergleichsgruppe EU 6.3 Prozent. Damit weisen bis auf Finnland (1.1%), Japan (1.9%), Österreich (1.9%), Polen (2.6%), Schweden (2.7%), Italien (3.2%) und Spanien (4.0%) alle Teilnehmer signifikant höhere Anteile auf.

Betrachtet man die Anteile der Schülerinnen und Schüler, deren Sachkundelehrpersonen Computer als Ergänzung betrachten, fällt auf, dass sich Deutschland mit 39.8 Prozent im Mittelfeld verortet. Beispielsweise ist in Dänemark (79.2%)

und England (73.9%) der Anteil etwa doppelt so hoch. Lediglich in vier Ländern werden kleinere Anteile als in Deutschland erzielt: Ungarn (36.8%), Italien (34.8%), die Niederlande (31.1%) und Schweden (30.1%). Zusammenfassend lässt sich also festhalten, dass Computerprogramme weltweit tendenziell ergänzende Materialien im naturwissenschaftlichen Sachunterricht darstellen, in Deutschland allerdings die Nutzung weniger verbreitet ist als im internationalen Vergleich.

Um ergänzend dazu einen Überblick darüber zu bekommen, ob für naturwissenschaftliche Zwecke überhaupt Computer zur Verfügung stehen, greift Tabelle 1 die Angaben der Lehrerinnen und Lehrer auf die Fragen auf, ob für den naturwissenschaftlichen Sachunterricht Computer bzw. ein Internetzugang für die Schülerinnen und Schüler verfügbar sind. Im Jahre 2007 wurden 64.2 Prozent der Schülerinnen und Schüler von Sachkundelehrkräften unterrichtet, die die Frage, ob in ihrem naturwissenschaftlichen Unterricht ein Computer zur Verfügung steht, positiv beantworten konnten. Dieser Anteil beträgt im Studienzyklus 2011 60.9 Prozent. Dieser Unterschied ist allerdings nicht statistisch bedeutsam. In TIMSS 2011 werden 55.1 Prozent der Schülerinnen und Schüler von Sachkundelehrkräften unterrichtet, die angeben, dass den Kindern im Sachunterricht ein Internetanschluss zur Verfügung steht. Im Jahre 2007 betrug der Anteil dieser Schülerinnen und Schüler noch 48.7 Prozent. Auch hier kann die nominelle Veränderung der Anteile über die Erhebungszyklen nicht zufallskritisch abgesichert werden. In diesem Kontext kann also weder von einer Verbesserung noch von einer Verschlechterung der Ausgangssituation gesprochen werden.

Tabelle 1: Verfügbarkeit von Computern und Internet für den naturwissenschaftlichen Sachunterricht (Angaben in Prozent), TIMSS 2007 und TIMSS 2011, Lehrerangaben

	TIMSS 2007				TIMSS 2011				
	Ja		Nein		Ja		Nein		
	%	(SE)	%	(SE)	%	(SE)	%	(SE)	
Computer für Sachunterricht vorhanden	64.2	(3.6)	35.8	(3.6)	60.9	(3.5)	39.1	(3.5)	▪
Internet für Sachunterricht vorhanden°	48.7	(3.3)	14.7	(2.6)	55.1	(3.5)	5.8	(1.6)	▪

▪ Anteil „Ja" in TIMSS 2011 ist nicht signifikant höher als in TIMSS 2007.
° Differenzen zu 100 Prozent ergeben sich durch Schülerinnen und Schüler, auf deren Sachkundelehrkraft die Frage logisch nicht anwendbar ist (kein Gebrauch des Computers für unterrichtliche Zwecke).

3. Nutzung digitaler Medien im naturwissenschaftlichen Sachunterricht

Während der vorstehende Abschnitt auf die generelle Situation der Computernutzung im naturwissenschaftlichen Unterricht abzielte, werden im Folgenden nun die in TIMSS 2011 erhobenen fachdidaktischen Nutzungsformen analysiert.

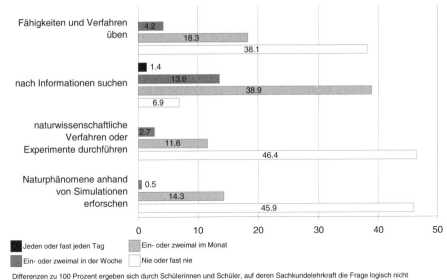

Abbildung 3: Häufigkeit des Computereinsatzes für bestimmte Zwecke im naturwissenschaftlichen Unterricht (Angaben in Prozent), TIMSS 2011, Angaben der Sachkundelehrkräfte

So können Schülerinnen und Schüler im naturwissenschaftlichen Sachunterricht beispielsweise am Computer bestimmte Fächerinhalte einüben (z.B. Teile einer Pflanze benennen) oder selbstständig auf die Suche nach Informationen zu einem Themengebiet gehen. In dem Lehrerfragebogen von TIMSS 2011 wurden die Sachkundelehrkräfte in diesem Zusammenhang danach gefragt, wie oft sie den Computer nutzen, um die Schülerinnen und Schüler am Computer Fähigkeiten und Verfahren für den Sachunterricht üben zu lassen. Abbildung 3 fasst die Antworten der Sachkundelehrkräfte in Deutschland zusammen. Da diese computerspezifischen Fragen nicht für alle Sachkundelehrkräfte logisch anzuwenden waren, geben die Differenzen zu 100 Prozent denjenigen Teil der Schülerinnen und Schüler an, bei deren Lehrerinnen oder Lehrern dies der Fall ist und die inhaltlich gesehen den Computer im naturwissenschaftlichen Sachkundeunterricht nicht benutzen. Insgesamt ist dies bei zwei Fünfteln der Schülerinnen und Schüler der Fall.

Generell kann festgestellt werden, dass in Deutschland keine Schülerinnen und Schüler – mit Ausnahme der Kategorie *Nach Informationen suchen* (hier sind es 1.4%) – von Sachkundelehrkräften unterrichtet werden, die den Computer jeden oder fast jeden Tag für die in TIMSS 2011 erhobenen fachdidaktischen Einsatzzwecke nutzen. Gleichzeitig wird in den einzelnen Kategorien die Mehrheit der Viertklässlerinnen und Viertklässler von Sachkundelehrkräften unterrichtet, die den Computer nie oder fast nie im Unterricht für die angeführten Einsatzmöglichkeiten nutzen: Beim Üben von Fähigkeiten und Verfahren im naturwissenschaftlichen Sachunterricht sind dies 38.1 Prozent, beim Informationensuchen lediglich

6.9 Prozent, beim Durchführen von Verfahren oder Experimenten 46.4 Prozent und beim Erforschen von Naturphänomenen durch Simulationen 45.9 Prozent der Schülerinnen und Schüler.

Damit wird der Befund aus Abbildung 2 unterstützt: Auch wenn spezifische Zwecke eines Gebrauchs des Computers für den naturwissenschaftlichen Unterricht zugrunde gelegt werden, zeigt sich das Bild, dass Computernutzung im naturwissenschaftlichen Unterricht der Grundschule noch nicht hinreichend implementiert ist: Der Anteil an Kindern, die ein- oder zweimal in der Woche den Computer nutzen, beträgt für das Üben von Fähigkeiten und Verfahren etwa vier Prozent, für das Suchen nach Informationen 13.6 Prozent, für das Durchführen von Verfahren oder Experimenten 2.7 Prozent und für das Erforschen naturwissenschaftlicher Phänomene 0.5 Prozent. Betrachtet man die Verhaltensweisen, auf die Sachkundelehrkräfte ein- oder zweimal im Monat bei ihren Schülerinnen und Schülern abzielen, fällt auf, dass der Computer im naturwissenschaftlichen Unterricht der Grundschule den Charakter eines Nachschlagewerks aufweist: Während 18.3 Prozent der Schülerinnen und Schüler von Sachkundelehrkräften unterrichtet werden, die ihre Schülerinnen und Schüler ein- oder zweimal im Monat Fähigkeiten und Verfahren am Computer üben lassen, sind dies beim Suchen nach Informationen 38.9 Prozent. Verglichen mit den Anteilen der Kinder, deren Sachkundelehrerin oder Sachkundelehrer die Kinder ein- oder zweimal im Monat naturwissenschaftliche Verfahren oder Experimente am Computer durchführen lassen (11.6%) bzw. sich Naturphänomenen mit Simulationen nähern (14.3%), scheint dem Suchen nach Informationen am Computer im Rahmen des naturwissenschaftlichen Sachunterrichts die größere Bedeutung zuzukommen.

4. Schulische Computernutzung und naturwissenschaftliche Kompetenzen von Grundschulkindern

In einem abschließenden Vergleich sollen die Leistungsstände in Naturwissenschaft der Schülerinnen und Schüler, die angeben, den Computer oft in der Schule zu nutzen, mit denen der Kinder verglichen werden, die dies nur selten tun. Zu diesem Zweck bildet Abbildung 4 jeweils die prozentuale Verteilung dieser Schülerinnen und Schüler und die dazugehörigen Gruppenmittelwerte in Naturwissenschaft ab.

Demnach geben 28.1 Prozent der Viertklässlerinnen und Viertklässler in Deutschland an, häufig den Computer in der Schule zu benutzen. Damit positioniert sich Deutschland, verglichen mit den übrigen Ländern der EU und/oder OECD, relativ abgeschlagen im unteren Bereich der Abbildung. Insgesamt gibt es nur zwei Länder, in denen statistisch bedeutsam weniger Schülerinnen und Schüler die Frage nach der häufigen Computernutzung bejahen: Litauen (20.1%) und Japan (16.2%). Während der internationale Mittelwert sowie die Prozentwerte

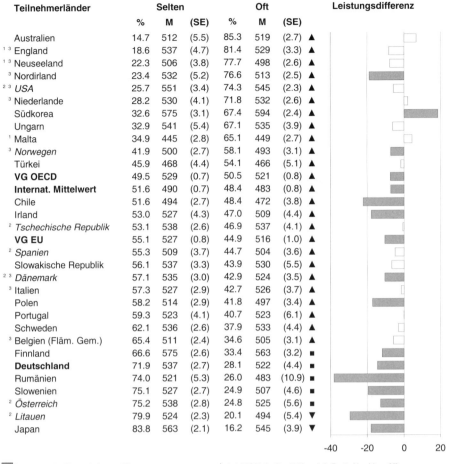

Abbildung 4   Prozentuale Verteilung und Leistungsvorsprung der Schülerinnen und Schüler, die angeben, in der Schule häufig den Computer zu nutzen, gegenüber denen, die dies nicht tun (Gesamtskala Naturwissenschaft), TIMSS 2011, Schülerangaben

aller Vergleichsgruppen signifikant über dem deutschen Anteil liegen, unterscheidet sich der Anteil in Deutschland nicht signifikant von den Werten in Finnland (33.4%), Rumänien (26.0%), Slowenien (24.9%) und Österreich (24.8%). Zu den fünf „Spitzenreitern" der schulischen Computernutzung gehören ausschließlich englischsprachige Teilnehmer, namentlich Australien (85.3%), England (81.4%), Neuseeland (77.7%), Nordirland (76.6%) sowie die Vereinigten Staaten (74.3%).

Dass der Computer in verschiedenen Ländern durch verschieden große Anteile der Schülerschaft in häufiger Art und Weise gebraucht wird, wird von dem Befund in Abbildung 4 ergänzt. Diese zeigt, dass mit der schulischen Nutzung mehr oder minder stark ausgeprägte Leistungsunterschiede in den Naturwissenschaften verbunden sind und diese in allen teilnehmenden Bildungssystemen (bis auf Südkorea) in einer negativen Relation mit den Schülerleistungen zu stehen scheinen. Diese Disparitäten sind beispielsweise in Rumänien (-38 Punkte), Litauen (-30 Punkte) und Chile (-22 Punkte) vergleichsweise stark ausgeprägt. In Deutschland schneiden Schülerinnen und Schüler bei häufiger schulischer Computernutzung um etwa 15 Punkte schlechter im naturwissenschaftlichen Test von TIMSS 2011 ab als ihre Peers, die in der Schule nur selten den Computer nutzen.

5. Zusammenfassung und Diskussion

Verglichen mit traditionellen Medien spielen digitale Medien, z.B. Computerprogramme, im naturwissenschaftlichen Unterricht der Grundschule in Deutschland nur eine untergeordnete Rolle: Nur ein geringer Anteil der Schülerinnen und Schüler wird von Sachkundelehrkräften unterrichtet, die Computerprogramme als Basismedium nutzen. Einem wesentlich größeren Anteil jedoch (etwa 40 Prozent) begegnen z.B. Computerprogramme als ergänzendes Material im Unterricht. In den übrigen Teilnehmerländern von TIMSS 2011 werden hier günstigere Ausgangslagen erreicht. Dies und die anderen betrachteten Beispiele des fachdidaktischen Einsatzes digitaler Medien zeigen, dass digitale Medien noch immer als ergänzendes Medium und nicht als Leitmedium anzusehen sind. Dieser Befund wird durch die Betrachtungen verstärkt, die in den hier vorliegenden Analysen für konkrete Einsatzmöglichkeiten wie Informationssuche oder naturwissenschaftliche Simulationen im naturwissenschaftlichen Unterricht ausführlich aufgeführt wurden. Hier fällt für Deutschland einerseits der geringe Anteil von Schülerinnen und Schülern auf, die jeden oder fast jeden Tag den Computer für bestimmte Zwecke nutzen. Andererseits ist der relativ hohe Anteil an Viertklässlerinnen und Viertklässlern, deren Sachkundelehrerinnen und Sachkundelehrer den Computer eben nicht beispielsweise zum Durchführen naturwissenschaftlicher Verfahren oder Experimente einsetzen, zu erwähnen.

Insgesamt zeigt sich, dass der Suche nach Informationen am Computer im Kontext des naturwissenschaftlichen Sachkundeunterrichts eine bedeutsame Rolle zukommt, obwohl sich zahlreiche Nutzungsmöglichkeiten für den naturwissenschaftlichen Unterricht ergeben, die durch die Entwicklung der Technologien und der webbasierten Angebote in den letzten Jahren gerade für den naturwissenschaftlichen Sachunterricht augenscheinlich sind. Auch der internationale Vergleich macht deutlich, dass sich hieraus sowohl Handlungsbedarfe für die Lehreraus- und -fortbildung als auch praktikable und aus Sicht der Lehrpersonen didaktisch hilfreiche Anwendungsszenarien ergeben. Eine Hürde ist sicherlich nach wie vor die vergleichsweise geringe Computerausstattung an Grundschulen in Deutschland im Allgemeinen (vgl. Gerick, Vennemann, Lorenz & Eickelmann in diesem Band) sowie die Ausstattung mit Computern und Internet für den naturwissenschaftlichen Unterricht im Speziellen, die sich seit dem letzten Erhebungszyklus von TIMSS im Jahr 2007 nicht signifikant verbessert hat.

Eine Gegenüberstellung der naturwissenschaftlichen Leistungen der Schülerinnen und Schüler, die häufig in der Schule den Computer nutzen, mit denen, die den Computer selten nutzen, zeigt, dass in allen Ländern – außer in Südkorea – eine häufige Computernutzung mit weniger guten Leistungen in Naturwissenschaften einhergeht. In Deutschland beträgt dieser Leistungsunterschied etwa ein halbes Lernjahr. Ein Vergleich Deutschlands mit den Ländern der EU und OECD zeigt, dass der Anteil von Viertklässlerinnen und Viertklässlern, die Computer oft in der Schule nutzen, nur in zwei Ländern bedeutsam kleiner ist, was ein weiterer Hinweis auf die Entwicklungspotenziale ist, die in Deutschland ausstattungsspezifisch auch an anderen Stellen evident werden.

Literatur

Bos, W., Wendt, H., Köller, O. & Selter, C. (Hrsg.). (2012). *TIMSS 2011. Mathematische und naturwissenschaftliche Kompetenzen von Grundschulkindern in Deutschland im internationalen Vergleich.* Münster: Waxmann.

Drossel, K., Wendt, H., Schmitz, S. & Eickelmann, B. (2012). Merkmale der Lehr- und Lernbedingungen im Primarbereich. In W. Bos, H. Wendt, O. Köller & C. Selter (Hrsg.), *TIMSS 2011. Mathematische und naturwissenschaftliche Kompetenzen von Grundschulkindern in Deutschland im internationalen Vergleich* (S. 171–202). Münster: Waxmann.

Eickelmann, B. (2010). *Digitale Medien in Schule und Unterricht erfolgreich implementieren.* Münster: Waxmann.

Grevé, F. (2001). Mit dem Computer lernen im Sachunterricht. Konzeption und Einsatz themenorientierter Multimedia-Software. *Computer + Unterricht, 11*(43), 44–49.

Heyden, K.-H. & Lorenz, W. (Hrsg.). (2003) *Erste Schritte im Internet. Lernen mit neuen Medien. Lehrer-Bücherei: Grundschule.* Berlin: Cornelsen Scriptor.

Martin, M. O., Mullis, I. V. S., Foy, P., & Stanco, G. M. (2012). *TIMSS 2011. International Results in Science.* Chestnut Hill, MA: TIMSS & PIRLS International Study Center, Boston College.

Mitzlaff, H. (2007). 20 Jahre Computer in deutschen Grundschulen – Versuch einer Zwischenbilanz. In H. Mitzlaff (Hrsg.), *Internationales Handbuch Computer (ICT), Grundschule, Kindergarten und Neue Lernkultur* (S. 97–117). Baltmannsweiler: Schneider Verlag Hohengehren.

Mullis, I. V. S., Martin, M. O., Foy, P., & Arora, A. (2012). *TIMSS 2011. International Results in Mathematics.* Chestnut Hill, MA: TIMSS & PIRLS International Study Center, Boston College.

Peschel, M. (Hrsg.). (2010). *Neue Medien im Sachunterricht. Gestern – Heute – Morgen.* Baltmannsweiler: Schneider Verlag Hohengehren.

Fachliche Nutzung digitaler Medien im Mathematikunterricht der Grundschule

Julia Kahnert & Manuela Endberg

Für den Grundschulbereich gibt es zahlreiche Konzepte, um Computer sinnvoll in den Mathematikunterricht zu integrieren. Im Jahr 2011 hat die Ständige Konferenz der Kultusminister der Länder in der Bundesrepublik Deutschland (KMK) dazu beispielsweise im Rahmen der Bildungsstandards Handreichungen veröffentlicht, in denen festgehalten wird, wie das Mathematiklernen (im Sinne der Bildungsstandards) durch den Einsatz von Computern unterstützt werden kann (vgl. Krauthausen & Lorenz, 2011). Bisher fehlen jedoch Informationen darüber, wie digitale Medien im Unterricht der Grundschule derzeit eingesetzt werden und in welcher Weise der Einsatz von Computern Lernprozesse im Mathematikunterricht unterstützt und mit den Mathematikkompetenzen der Schülerinnen und Schüler zusammenhängt. Des Weiteren gibt es bisher in Deutschland insgesamt nur wenig aktuelle Forschung, die sich konkret mit dem Einsatz digitaler Medien im Mathematikunterricht in der Grundschule beschäftigt. Der vorliegende Beitrag fokussiert auf diese Forschungs- und Informationslücke und untersucht die fachliche Nutzung digitaler Medien im Mathematikunterricht der Grundschule auf Grundlage der Daten und Instrumente der aktuellen Schulleistungsstudie *Trends in International Mathematics and Science Study* 2011 (TIMSS; vgl. Bos, Wendt, Köller & Selter, 2012).

Mit TIMSS 2011 liegen für die 4. Jahrgangsstufe der Grundschule zum einen Daten zur Häufigkeit der Nutzung digitaler Medien im Mathematikunterricht aus Sicht der Schülerinnen und Schüler vor. Zum anderen enthält der TIMSS-Datensatz Informationen von Mathematiklehrkräften zum Einsatz digitaler Medien im Mathematikunterricht. Durch die Erhebung von Leistungsdaten im Fach Mathematik ist es zusätzlich möglich, einen Zusammenhang zwischen Mediennutzung im Mathematikunterricht und Schülerleistungen herzustellen. Dieser Beitrag nutzt diese Daten und berichtet über die Nutzung von digitalen Medien im Mathematikunterricht der Grundschule aus Schüler- und Lehrersicht. Zusätzlich fokussieren die Analysen auf den Zusammenhang zwischen Art und Häufigkeit digitaler Mediennutzung im Mathematikunterricht und der Mathematikleistung der Schülerinnen und Schüler. Da TIMSS 2011 als international vergleichende Schulleistungsstudie angelegt ist, können die Ergebnisse und Befunde für Deutschland im internationalen Vergleich eingeordnet werden.

1. Aktuelle Forschungsbefunde zu digitalen Medien im Mathematikunterricht

Der Einsatz digitaler Medien als Bedingungsfaktor für schulische Leistungen hat in den letzten Jahren vermehrt an Aufmerksamkeit gewonnen, da die häusliche Computernutzung einen erhöhten Stellenwert in der heutigen Gesellschaft aufweist (vgl. Senkbeil & Wittwer, 2006). Es wurden schon einige Forschungen durchgeführt, die den Zusammenhang zwischen häuslicher Computernutzung und mathematischer Kompetenz untersucht haben (vgl. Fuchs & Wößmann, 2004; O'Dwyer, Russel, Bebell & Tucker-Seeley, 2008; Wittwer & Senkbeil, 2008). Die Ergebnisse fallen durchaus ambivalent aus, was teilweise auch auf methodische und theoretische Mängel zurückzuführen ist (vgl. Senkbeil & Wittwer, 2006). Als Ergebnis aus der methodisch sehr überzeugenden Untersuchung von Senkbeil und Wittwer (2006) kann festgehalten werden, dass die häusliche Computernutzung bei der Mehrheit der Schülerinnen und Schüler in der Sekundarstufe I keinen signifikanten Einfluss auf die mathematischen Kompetenzen hat (vgl. ebd.). Die vorliegenden Ergebnisse beziehen sich jedoch in der Regel auf Schülerinnen und Schüler der Sekundarstufe I. Zuverlässige Erkenntnisse darüber, wie digitale Medien im Mathematikunterricht der Grundschule genutzt werden bzw. wie die schulische und auch die außerschulische Nutzung mit dem fachlichen Kompetenzerwerb im Fach Mathematik zusammenhängen, fehlen jedoch bisher.

In Deutschland zeigt sich, dass eine regelmäßige schulische Computernutzung im Mathematikunterricht bisher noch nicht verbreitet ist (vgl. Krauthausen, 2012; Medienpädagogischer Forschungsverbund Südwest, 2013; MMB-Institut für Medien- und Kompetenzforschung, 2008; Wedekind, 2010). Die aktuelle Studie *Kinder + Medien, Computer + Internet* (KIM-Studie) 2012 kommt allerdings zu dem Ergebnis, dass in Deutschland die Häufigkeit der PC-Nutzung in der Grundschule im Mathematikunterricht mit steigendem Alter zunimmt (vgl. Medienpädagogischer Forschungsverbund Südwest, 2013). Im Alter von acht bis neun Jahren sind es 32.0 Prozent der Schülerinnen und Schüler (N=389), die angeben, mindestens einmal pro Woche am Computer zu rechnen bzw. Berechnungen durchzuführen. Die Zehn- bis Elfjährigen nutzen demnach zu 43.0 Prozent mindestens einmal pro Woche Computer zu diesen Zwecken. Aktuelle Ergebnisse der TIMS-Studie 2011 zeigen weiterhin auf, dass mehr als die Hälfte (57.5%) der Schülerinnen und Schüler eine Klasse besuchen, in denen nach Angaben der Fachlehrkräfte für den Mathematikunterricht mindestens ein Computer zur Verfügung steht (vgl. Drossel, Wendt, Schmitz & Eickelmann, 2012). Der Großteil dieser Schülerinnen und Schüler besucht Schulen, in denen nach Angaben der Lehrpersonen diese Computer auch mit einem Internetanschluss ausgestattet sind (vgl. ebd.). Ebenfalls gibt die TIMS-Studie Hinweise darauf, für welche Tätigkeiten Computer im Mathematikunterricht eingesetzt werden (vgl. Drossel et al., 2012; Eickelmann, Vennemann & Aßmann, 2013). So werden 5.8 Prozent der Schülerinnen und Schüler von

Lehrkräften unterrichtet, die mindestens einmal pro Woche die Schülerinnen und Schüler anweisen, sich mit Hilfe des Computers mit mathematischen Grundsätzen und Konzepten im Mathematikunterricht zu befassen. Ein weitaus höherer Anteil von Schülerinnen und Schülern (17.0%) wird von Lehrkräften unterrichtet, die den Computer im Mathematikunterricht mindestens einmal in der Woche zum Üben von mathematischen Fertigkeiten und Prozeduren nutzen. Etwa sechs Prozent der Schülerinnen und Schüler werden von Lehrkräften unterrichtet, die sie im Mathematikunterricht mindestens einmal pro Woche eine Recherche am Computer durchführen lassen. Insgesamt wird aber deutlich, dass eine regelmäßige, d.h. eine mindestens einmal wöchentliche Nutzung digitaler Medien im Mathematikunterricht in Deutschland noch nicht besonders verbreitet ist.

Neben der allgemeinen Nutzung digitaler Medien im Mathematikunterricht ist es weiterhin interessant, ob ein Zusammenhang zwischen Mediennutzung im Unterricht und der Mathematikleistung der Schülerinnen und Schüler besteht. Dieser Zusammenhang wurde schon in einigen Forschungen untersucht. So analysierten Eickelmann, Drossel, Wendt & Bos (in Druck) die TIMSS-2007-Daten der 4. Jahrgangsstufe dahingehend, inwieweit die Computernutzung in Australien, Singapur und Deutschland zu Hause und in der Schule als Prädiktor der mathematischen Kompetenzen von Grundschülerinnen und Grundschülern gelten kann. Für Australien ließ sich ein signifikant positiver Zusammenhang zwischen der generellen Computernutzung und der mathematischen Leistung feststellen, wohingegen in Deutschland ein signifikant negativer Effekt zu verzeichnen war (vgl. ebd). In Bezug auf die Computernutzung zu Hause konnte sowohl für Deutschland als auch für Singapur ein positiver Zusammenhang mit den mathematischen Fachleistungen der Schülerinnen und Schüler nachgewiesen werden. Für Australien war kein nennenswerter Effekt erkennbar. Auf der anderen Seite besteht ein positiver Effekt der Computernutzung in der Schule nur für Australien und Singapur. In Deutschland konnte kein statistischer Zusammenhang des Einsatzes von Computern im Schulunterricht mit den Mathematikleistungen für das Jahr 2007 berichtet werden (vgl. ebd.). Aktuellere Befunde liegen – abgesehen von dem hier vorliegenden Beitrag – aus anderen Studien für den Grundschulbereich bisher nicht vor.

Basierend auf Datenanalysen der internationalen Studie *Programme for International Student Assessment* 2003 (PISA) kommen Fuchs und Wößmann (2005) für die Kohorte der Neuntklässlerinnen und -klässler zu dem Ergebnis, dass die Verfügbarkeit von Computern zu Hause sowie eine intensive Computernutzung in der Schule tendenziell mit eher schlechteren Schülerleistungen in den PISA-Basiskompetenzen, also auch in der Mathematikleistung, einhergehen. Jedoch fanden sie auch heraus, dass „eine häufige Nutzung des Computers für Internetrecherche und E-Mail-Kommunikation, die Nutzung von Lernsoftware und ein zu Hause vorhandener Internetzugang einen signifikant positiven Zusammenhang mit den PISA-Leistungen aufweisen" (ebd., S. 7). Hingegen kommen Wittwer und Senkbeil (2008) in ihrer Analyse der PISA-2003-Daten speziell für die Schülerstichprobe in

Deutschland zu dem Ergebnis, dass für die Mehrheit der Schülerinnen und Schüler weder die bloße Verfügbarkeit noch die Nutzung eines Computers zu Hause in nennenswerter Weise mit den schulischen Mathematikleistungen in Verbindung steht.

Zu ergänzen ist, dass hinsichtlich der Auswirkungen der Computernutzung im Unterricht auf die PISA-Leistungen der Schülerinnen und Schüler Fuchs und Wößmann (2005) in ihren Analysen zu dem Ergebnis gelangen, dass eine moderate Nutzungsintensität, von einigen Malen pro Jahr bis zu mehrmals im Monat, das optimale Niveau für den Computereinsatz im Unterricht darstellt, in dessen Zuge eine signifikante Verbesserung der Schülerleistungen im PISA-Test gezeigt werden konnte. Einer viel selteneren sowie weit intensiveren Einsatzhäufigkeit von Computern im Unterricht konnte wiederum ein signifikant negativer Effekt auf die Schülerleistungen nachgewiesen werden (vgl. ebd).

In der Zusammenschau liegen bisher nur wenige Forschungsbefunde zur Häufigkeit und Art der Nutzung von digitalen Medien im Mathematikunterricht und deren Zusammenhang mit Mathematikkompetenz von Grundschulkindern vor. Der Großteil der Forschungsbefunde für den Mathematikunterricht stützt sich auf PISA-Ergebnisse und somit auf eine Schülerpopulation der Sekundarstufe I. Lediglich im Kontext von TIMSS 2007 liegen bisher Ergebnisse vor (siehe oben). Vor dem Hintergrund der rasanten technischen Entwicklung sowie der verbesserten IT-Ausstattung von Grundschulen (vgl. Gerick, Vennemann, Lorenz & Eickelmann in diesem Band) wird deutlich, dass aktuelle Analysen auch im Hinblick auf verlässliche Informationen für ein umfassendes Bildungsmonitoring in der Grundschule, welches neben Informationen für die Entwicklung von Bildungssystemen auch relevante Informationen für die Praxis umfasst, fehlen.

Daher ist es von besonderem Interesse, wie sich der Einsatz von digitalen Medien im Mathematikunterricht auf die Mathematikkompetenzen der Schülerinnen und Schüler auswirkt. Dazu muss jedoch zuvor betrachtet werden, wie häufig und inwiefern digitale Medien im Mathematikunterricht eingesetzt werden.

Der vorliegende Beitrag fokussiert in diesem Sinne auf die fachliche Nutzung digitaler Medien im Mathematikunterricht in der 4. Jahrgangsstufe der Grundschule. Folgende Fragestellungen werden bearbeitet:

1. Wie häufig werden digitale Medien im Mathematikunterricht genutzt?
2. Inwieweit werden speziell Computerprogramme im Mathematikunterricht eingesetzt?
3. Welche Bedeutung haben die Häufigkeit der Nutzung von digitalen Medien und besonders die fachdidaktische Nutzung von Computern im Mathematikunterricht für den Erwerb mathematischer Kompetenzen von Schülerinnen und Schülern in Deutschland?
4. Wie lassen sich die Ergebnisse für Deutschland im internationalen Vergleich einordnen?

In den nachfolgenden Analysen werden Häufigkeiten sowie internationale Vergleiche mit den Mitgliedsstaaten der Europäischen Union (EU) und der Organisation für wirtschaftliche Zusammenarbeit und Entwicklung (OECD) berichtet. Hinsichtlich des Zusammenhangs der Nutzung digitaler Medien mit dem Kompetenzerwerb werden Korrelationsanalysen durchgeführt. Die Häufigkeitsanalysen fokussieren auf das Ausmaß und die Art der Nutzung digitaler Medien im Mathematikunterricht. Die Korrelationsanalyse zielt auf den Zusammenhang zwischen dem Vorhandensein von Computern im Mathematikunterricht und dem Einsatz digitaler Medien in Form von Computersoftware ab. Der internationale Vergleich nimmt schließlich den Zusammenhang zwischen der Verfügbarkeit digitaler Medien im Mathematikunterricht und den Mathematikleistungen der Schülerinnen und Schüler in den Fokus.

2. Analysen und Ergebnisse der fachlichen Nutzung digitaler Medien im Mathematikunterricht

Der erste Blick richtet sich auf die Verbreitung der Nutzung digitaler Medien im Mathematikunterricht der Grundschule in Deutschland. Es zeigt sich, dass ein erheblicher Teil der Grundschülerinnen und Grundschüler nie im Mathematikunterricht mit digitalen Medien lernt: Fast die Hälfte der Schülerinnen und Schüler (46.3%) gibt an, dass sie nie digitale Medien im Mathematikunterricht verwendet. Weitere 2.4 Prozent der Schülerinnen und Schüler teilen mit, dass selten digitale Medien im Mathematikunterricht genutzt werden. Nur 8.1 Prozent verweisen auf eine Nutzung des Computers im Unterricht von etwa einmal im Monat. Immerhin 10.3 Prozent der Schülerinnen und Schüler geben an, dass etwa einmal pro Woche digitale Medien für ihren Mathematikunterricht genutzt werden. Weitere 11.9 Prozent berichten einen Computereinsatz an mehreren Tagen pro Woche. Damit nutzt nur etwas mehr als jedes fünfte Grundschulkind regelmäßig (mindestens einmal pro Woche) Computer im Mathematikunterricht der Grundschule. Der Anteil an Kindern, die angeben, nie oder fast nie digitale Medien dort zu nutzen, ist mit insgesamt fast 70 Prozent vergleichsweise hoch und unterstreicht die Notwendigkeit der oben berichteten aktuellen Bemühungen der KMK zur Unterstützung des Einsatzes digitaler Medien im Mathematikunterricht.

Das aus Schülersicht gezeichnete Bild zum Computereinsatz im Mathematikunterricht wird durch die Lehrerangaben bestätigt. Der Anteil der Mathematiklehrkräfte, die digitale Medien gar nicht nutzen, ist in Deutschland hoch. Nur ein verschwindend geringer Anteil von 1.6 Prozent der Schülerinnen und Schüler wird von Lehrkräften unterrichtet, die angeben, Computerprogramme als Grundlage für den Mathematikunterricht zu nutzen. Immerhin mehr als die Hälfte (58.2%) der Schülerinnen und Schüler wird von Lehrkräften unterrichtet, die angeben, dass sie Computerprogramme lediglich als Ergänzung für den Mathematikunterricht nutzen. Jedoch werden zwei Fünftel (40.1%) der Schülerinnen und Schüler von Lehrkräften unterrichtet, die nach eigenen Angaben nie Computerprogramme als Ergänzung zum Mathematikunterricht einsetzen. Diese für Deutschland insgesamt nicht erbauliche Bilanz kann zumindest teilweise durch die Zugänglichkeit und Verfügbarkeit von entsprechender IT-Ausstattung in Grundschulen begründet werden: Beispielsweise gilt die Verfügbarkeit von Computern für den Mathematikunterricht als Indikator für eine erhöhte Nutzungshäufigkeit von Computerprogrammen im Mathematikunterricht ($r=.65$; $SE=0.05$).

In den folgenden Analysen werden die Schülerinnen und Schüler, die von Lehrkräften unterrichtet werden, die mindestens einmal pro Woche ihre Schülerinnen und Schüler Computer im Mathematikunterricht nutzen lassen, mit denen verglichen, die von Lehrpersonen unterrichtet werden, die seltener als einmal pro Woche Computer einsetzen. Für beide Gruppen werden zusätzlich die Leistungsmittelwerte im Kompetenzbereich Mathematik sowie die Differenz zwischen den Leistungsmittelwerten der beiden Gruppen grafisch dargestellt (vgl. Abbildung 1). Darüber hinaus werden Unterschiede zwischen Ländern berichtet und vor allem statistisch signifikante Unterschiede hervorgehoben.

In Abbildung 1 zeigt sich im internationalen Vergleich in Hinblick auf den Zusammenhang zwischen der Häufigkeit der Computernutzung und des Kompetenzstandes kein einheitliches Bild. Deutlich wird, dass keine eindeutige Tendenz dahingehend erkennbar ist, ob Schülerinnen und Schüler, die von Lehrkräften unterrichtet werden, die mindestens einmal in der Woche oder seltener als einmal pro Woche ihre Klasse Fertigkeiten und Prozeduren am Computer üben lassen, bessere oder schlechtere mathematische Leistungen erbringen. In Deutschland lässt sich kein signifikanter Leistungsvorsprung zwischen den beiden Gruppen feststellen. Signifikant größer als in Deutschland sind die Leistungsdifferenzen in Nordirland, den USA, der Tschechischen Republik, Dänemark, Österreich, England und Finnland. Signifikant niedriger als in Deutschland sind die Leistungsdifferenzen in der Slowakischen Republik und in Rumänien. Innerhalb der einzelnen Teilnehmerländer lassen sich teilweise auch signifikante Unterschiede zwischen den Leistungsmittelwerten feststellen. So erreichen die Schülerinnen und Schüler in Nordirland (+22 Leistungspunkte [LP]), in den USA (+17 LP), in der Tschechischen Republik (+14 LP), in Dänemark (+13 LP), Österreich (+10 LP), England (+10 LP) und Finnland (+6 LP) signifikant höhere Werte, wenn sie von Lehrkräften unterrichtet werden, die sie seltener als einmal pro Woche Prozeduren und Fertigkeiten am Computer üben lassen. Hingegen erreichen Schülerinnen und Schüler in Malta, Slowenien, der Slowakischen Republik und Rumänien signifikant höhere Werte, wenn sie von Lehrkräften unterrichtet werden, die sie mindestens einmal in der Woche Prozeduren und Fertigkeiten am Computer üben lassen.

Teilnehmerländer	Mindestens einmal pro Woche		Seltener als einmal pro Woche		Differenz[A]		Leistungsdifferenz
	M	(SE)	M	(SE)	Δ	(SE)	
[3] Nordirland	573	(5.5)	551	(6.1)	-22	(5.5) ▲	
[2,3] *USA*	551	(4.0)	535	(3.1)	-17	(4.0) ▲	
[2] *Tschechische Republik*	514	(4.6)	500	(8.4)	-14	(4.6) ▲	
[2,3] *Dänemark*	544	(3.2)	531	(8.5)	-13	(3.2) ▲	
[2] *Österreich*	514	(3.1)	503	(4.9)	-10	(3.1) ▲	
[1,3] England	549	(5.0)	538	(6.7)	-10	(5.0) ▲	
Finnland	550	(2.8)	544	(6.6)	-6	(2.8) ▲	
Irland	530	(4.1)	526	(8.4)	-4	(4.1) ■	
[2] *Spanien*	493	(6.1)	490	(8.4)	-3	(6.1) ■	
[3] *Italien*	515	(6.8)	513	(8.6)	-2	(6.8) ■	
Chile	463	(6.9)	462	(8.1)	-1	(6.9) ■	
[3] Belgien (Fläm. Gem.)	551	(3.7)	550	(4.4)	-1	(3.7) ■	
Polen	474	(6.3)	473	(9.8)	-1	(6.3) ■	
VG OECD	524	(1.1)	523	(1.3)	0	(1.1) ■	
Republik Korea	606	(3.9)	606	(7.2)	0	(3.9) ■	
Australien	521	(7.5)	522	(5.3)	1	(9.8) ■	
Japan	585	(2.4)	586	(1.9)	1	(2.4) ■	
[2] *Litauen*	538	(6.4)	539	(7.9)	1	(6.4) ■	
VG EU	520	(1.4)	522	(1.6)	2	(1.4) ■	
Internat. Mittelwert	491	(1.4)	493	(1.7)	2	(1.4) ■	
[3] *Norwegen*	494	(4.2)	496	(4.3)	2	(4.2) ■	
Deutschland	528	(3.8)	532	(4.8)	4	(3.8) ■	
Portugal	537	(9.8)	542	(8.5)	5	(9.8) ■	
Schweden	506	(4.1)	512	(4.0)	5	(4.1) ■	
[3] Niederlande	534	(5.3)	541	(2.1)	8	(5.3) ■	
Ungarn	505	(10.3)	541	(8.8)	10	(10.3) ■	
[1,3] Neuseeland	478	(7.0)	515	(3.1)	10	(7.0) ■	
Türkei	482	(11.3)	504	(6.0)	22	(11.3) ■	
[1] Malta	484	(2.4)	490	(2.3)	7	(2.4) ■	
Slowenien	508	(3.6)	519	(10.7)	10	(3.6) ■	
Slowakische Republik	512	(3.7)	531	(6.7)	19	(3.7) ▼	
Rumänien	469	(16.8)	516	(11.4)	48	(16.8) ▼	

▒ Staaten mit signifikanter Leistungsdifferenz   ▲ Leistungsdifferenz signifikant größer als in Deutschland (p < .05).
☐ Staaten ohne signifikante Leistungsdifferenz   ■ Kein signifikanter Unterschied zur Leistungsdifferenz in Deutschland.
     ▼ Leistungsdifferenz signifikant kleiner als in Deutschland (p < .05).

Kursiv gesetzt sind Teilnehmer, für die von einer eingeschränkten Vergleichbarkeit der Ergebnisse ausgegangen werden muss.
1   Die nationale Zielpopulation entspricht nicht oder nicht ausschließlich der vierten Jahrgangsstufe.
2   Der Ausschöpfungsgrad und/oder die Ausschlüsse von der nationalen Zielpopulation erfüllen nicht die internationalen Vorgaben.
3   Die Teilnahmequoten auf Schul- und/oder Klassenebene erreichen nicht die internationalen Vorgaben.
A   Inkonsistenzen in den berichteten Differenzen sind im Rundungsverfahren begründet.

Abbildung 1:   Leistungsdifferenz in der Mathematikkompetenz von Schülerinnen und Schülern, die von Mathematiklehrkräften unterrichtet werden, die sie mindestens einmal pro Woche oder seltener als einmal pro Woche Fertigkeiten und Prozeduren am Computer üben lassen, TIMSS 2011, Lehrerangaben

In Abbildung 2 ist die Leistungsdifferenz in der Mathematikkompetenz von Schülerinnen und Schülern dargestellt, die von Mathematiklehrkräften unterrichtet werden, die *mindestens einmal pro Woche* oder *seltener als einmal pro Woche* die Schülerinnen und Schüler sich mit mathematischen Grundsätzen und Konzepten

Teilnehmerländer[A]	Mindestens einmal pro Woche		Seltener als einmal pro Woche		Differenz[B]		Leistungsdifferenz
	M	(SE)	M	(SE)	Δ	(SE)	
[2] Tschechische Republik	475	(21.8)	514	(3.9)	-38	(3.9)	▲
[3] Nordirland	546	(6.7)	571	(5.4)	-25	(5.4)	▲
[2][3] *Dänemark*	524	(15.0)	543	(3.0)	-19	(3.0)	■
[2][3] *USA*	534	(4.0)	547	(3.3)	-13	(3.3)	■
Deutschland	518	(7.7)	530	(3.2)	-12	(3.2)	■
[1][3] England	537	(10.3)	547	(4.3)	-10	(4.3)	■
[3] *Norwegen*	488	(6.7)	497	(3.4)	-8	(3.4)	■
[3] Niederlande	536	(4.0)	543	(3.0)	-6	(3.0)	■
[3] Italien	505	(10.4)	517	(6.8)	-12	(6.8)	■
Schweden	505	(11.4)	509	(3.1)	-3	(3.1)	■
[2] *Litauen*	536	(10.4)	539	(5.0)	-3	(5.0)	■
Slowenien	509	(6.1)	512	(4.5)	-3	(4.5)	■
Polen	473	(7.8)	474	(6.1)	-1	(6.1)	■
Türkei	501	(7.7)	498	(8.3)	3	(8.3)	■
VG OECD	521	(2.0)	525	(1.0)	-4	(1.0)	■
Internat. Mittelwert	490	(2.2)	491	(1.3)	-1	(1.3)	▼
Irland	529	(10.8)	528	(3.4)	1	(3.4)	▼
VG EU	522	(2.4)	521	(1.3)	1	(1.3)	▼
Australien	522	(5.4)	520	(6.1)	2	(6.1)	▼
Republik Korea	608	(6.2)	605	(4.0)	2	(4.0)	▼
Finnland	551	(8.8)	549	(2.5)	3	(2.5)	▼
[3] Belgien (Fläm. Gem.)	554	(7.5)	551	(3.1)	3	(3.1)	▼
[1][3] Neuseeland	488	(3.9)	485	(4.5)	3	(4.5)	▼
[2] *Spanien*	497	(7.9)	491	(6.3)	6	(6.3)	▼
Chile	468	(9.4)	460	(6.4)	8	(6.4)	▼
Portugal	546	(8.2)	533	(9.9)	13	(9.9)	▼
[2] *Österreich*	517	(10.0)	509	(2.8)	7	(2.8)	▼
[1] Malta	493	(2.4)	481	(2.3)	12	(2.3)	▼
Ungarn	538	(20.7)	507	(8.1)	31	(8.1)	▼
Slowakische Republik	545	(9.0)	512	(3.6)	33	(3.6)	▼
Rumänien	521	(12.0)	471	(15.9)	50	(15.9)	▼

-50   -25   0   25   50

▬ Staaten mit signifikanter Leistungsdifferenz
☐ Staaten ohne signifikante Leistungsdifferenz
▲ Leistungsdifferenz signifikant größer als in Deutschland (p < .05).
■ Kein signifikanter Unterschied zur Leistungsdifferenz in Deutschland.
▼ Leistungsdifferenz signifikant kleiner als in Deutschland (p < .05).

Kursiv gesetzt sind Teilnehmer, für die von einer eingeschränkten Vergleichbarkeit der Ergebnisse ausgegangen werden muss.
1   Die nationale Zielpopulation entspricht nicht oder nicht ausschließlich der vierten Jahrgangsstufe.
2   Der Ausschöpfungsgrad und/oder die Ausschlüsse von der nationalen Zielpopulation erfüllen nicht die internationalen Vorgaben.
3   Die Teilnahmequoten auf Schul- und/oder Klassenebene erreichen nicht die internationalen Vorgaben.
A   Die Ergebnisse von Japan werden nicht berichtet, da das Item nur Ausprägungen in einer Antwortkategorie aufweist und somit keine Mittelwertsdifferenz angegeben werden kann.
B   Inkonsistenzen in den berichteten Differenzen sind im Rundungsverfahren begründet.

Abbildung 2: Leistungsdifferenz in der Mathematikkompetenz von Schülerinnen und Schülern, die von Mathematiklehrkräften unterrichtet werden, die mindestens einmal pro Woche oder seltener als einmal pro Woche die Schülerinnen und Schüler sich mit mathematischen Grundsätzen und Konzepten am Computer befassen lassen, TIMSS 2011, Lehrerangaben

am Computer befassen lassen. Es zeigen sich ähnliche Ergebnisse wie in den Analysen, die in Abbildung 1 dargestellt sind.

In Deutschland ist ein signifikanter Unterschied zwischen den Gruppen dahingehend erkennbar, dass Schülerinnen und Schüler, die sich nach Angaben der Lehrpersonen seltener als einmal pro Woche mit mathematischen Grundsätzen und Konzepten am Computer befassen, einen signifikant höheren Leistungsvorsprung gegenüber den Schülerinnen und Schülern haben, die seltener Computer zu diesem Zweck einsetzen. Noch signifikant größer als in Deutschland sind die Leistungsdifferenzen in der Tschechischen Republik und Nordirland. Signifikant niedriger als in Deutschland sind die Leistungsdifferenzen in Japan, Irland, Australien, der Republik Korea, Finnland, Belgien (Fläm. Gem.), Neuseeland, Spanien, Chile, Portugal, Österreich, Malta, Ungarn, der Slowakischen Republik und Rumänien. Auch innerhalb der einzelnen Teilnehmerländer lassen sich signifikante Unterschiede in den Leistungsmittelwerten feststellen. So weisen Schülerinnen und Schüler in der Tschechischen Republik (-38 Leistungspunkte [LP]), Nordirland (-25 LP), Dänemark (-19 LP), den USA (-13 LP), England (-10 LP) und Norwegen (-8 LP) einen höheren Leistungsmittelwert in Mathematik auf, wenn sie von Lehrkräften unterrichtet werden, die ihnen mindestens einmal in der Woche ermöglichen, sich mit mathematischen Grundsätzen und Konzepten am Computer zu befassen. Genau gegenteilig ist es in den Ländern Österreich (+7 LP), Malta (+12 LP), Ungarn (+31 LP), der Slowakischen Republik (+33 LP) und Rumänien (+50 LP). Die mittlere Differenz zwischen den beiden Gruppen in der Vergleichsgruppe OECD beträgt 4 Leistungspunkte, wobei diese Differenz signifikant ist. So erbringen Schülerinnen und Schüler der an TIMSS 2011 teilnehmenden OECD-Mitgliedsstaaten durchschnittlich bessere Leistungen, wenn sie sich seltener als einmal pro Woche im Unterricht mit Grundsätzen und Konzepten am Computer befassen.

Für die Angaben zur Informationsrecherche im Mathematikunterricht zeigen sich ebenfalls analoge Ergebnisse (vgl. Abbildung 3).

So zeigen zwei Länder (Dänemark, Japan) signifikant höhere Leistungsdifferenzen als Deutschland. Elf Länder sowie die Vergleichsgruppen OECD, EU und International weisen niedrigere Leistungsdifferenzen zu Deutschland auf. Innerhalb der einzelnen Teilnehmerländer zeigt sich, dass die Schülerinnen und Schüler in Dänemark (-40 Leistungspunkte [LP]), Irland (-11 LP) Deutschland (-8 LP), Chile (-11 LP), Slowenien (-8 LP) und Nordirland (-8 LP) eine signifikant höhere Mathematikkompetenz haben, wenn sie von Lehrerinnen und Lehrern unterrichtet werden, die sie seltener als einmal pro Woche am Computer nach Informationen suchen lassen. Im Gegensatz dazu erreichen Schülerinnen und Schüler aus Norwegen (+17 LP), Finnland (+19 LP), Ungarn (+33 LP) und Rumänien (+43 LP), die von Lehrkräften unterrichtet werden, die sie mindestens einmal in der Woche nach Informationen am Computer suchen lassen, höhere Leistungswerte in Mathematik.

Teilnehmerländer[A]	Mindestens einmal pro Woche		Seltener als einmal pro Woche		Differenz[B]		Leistungsdifferenz
	M	(SE)	M	(SE)	Δ	(SE)	
[2] [3] *Dänemark*	505	(12.0)	545	(2.9)	-40	(2.9) ▲	
Irland	519	(11.8)	530	(3.9)	-11	(3.9) ■	
Deutschland	523	(7.1)	531	(2.9)	-8	(2.9) ■	
Chile	455	(7.6)	466	(6.6)	-11	(6.6) ■	
Slowenien	504	(5.1)	512	(4.5)	-8	(4.5) ■	
[3] Nordirland	556	(6.5)	564	(5.6)	-8	(5.6) ■	
[1] [3] Neuseeland	485	(4.4)	488	(3.8)	-3	(3.8) ■	
[2] [3] *USA*	539	(4.8)	542	(2.9)	-4	(2.9) ■	
[3] Niederlande	538	(5.0)	541	(3.0)	-3	(3.0) ■	
[1] [3] England	544	(8.5)	545	(4.3)	-2	(4.3) ■	
[3] Belgien (Fläm. Gem.)	550	(5.7)	551	(3.4)	-1	(3.4) ■	
[2] *Tschechische Republik*	510	(11.5)	509	(4.7)	1	(4.7) ■	
Australien	523	(7.1)	521	(4.9)	2	(4.9) ■	
[3] *Italien*	516	(10.3)	514	(6.6)	2	(6.6) ■	
[2] *Litauen*	541	(6.9)	538	(5.6)	3	(5.6) ■	
[2] *Spanien*	494	(9.1)	491	(6.2)	3	(6.2) ■	
Polen	478	(7.0)	473	(7.0)	5	(7.0) ■	
VG OECD	523	(1.6)	523	(1.0)	-1	(1.0) ▼	
[2] *Österreich*	511	(6.7)	510	(3.2)	1	(3.2) ▼	
[3] **Internat. Mittelwert**	492	(2.5)	491	(1.3)	2	(1.3) ▼	
Portugal	548	(7.9)	532	(9.7)	15	(9.7) ▼	
Türkei	504	(6.7)	489	(8.7)	16	(8.7) ▼	
VG EU	523	(1.9)	520	(1.3)	3	(1.3) ▼	
Schweden	515	(8.6)	493	(3.1)	7	(3.1) ▼	
Slowakische Republik	524	(7.9)	508	(3.8)	8	(3.8) ▼	
Korea	613	(6.2)	516	(3.5)	11	(3.5) ▼	
[1] Malta	494	(2.5)	602	(1.9)	11	(1.9) ▼	
[3] *Norwegen*	510	(7.6)	548	(3.3)	17	(3.3) ▼	
Finnland	567	(8.5)	504	(2.6)	19	(2.6) ▼	
Ungarn	537	(10.9)	483	(8.5)	33	(8.5) ▼	
Rumänien	519	(11.7)	475	(15.4)	43	(15.4) ▼	

-50   -25   0   25   50

▬ Staaten mit signifikanter Leistungsdifferenz   ▲ Leistungsdifferenz signifikant größer als in Deutschland (p < .05).
☐ Staaten ohne signifikante Leistungsdifferenz   ■ Kein signifikanter Unterschied zur Leistungsdifferenz in Deutschland.
▼ Leistungsdifferenz signifikant kleiner als in Deutschland (p < .05).

Kursiv gesetzt sind Teilnehmer, für die von einer eingeschränkten Vergleichbarkeit der Ergebnisse ausgegangen werden muss.
1 Die nationale Zielpopulation entspricht nicht oder nicht ausschließlich der vierten Jahrgangsstufe.
2 Der Ausschöpfungsgrad und/oder die Ausschlüsse von der nationalen Zielpopulation erfüllen nicht die internationalen Vorgaben.
3 Die Teilnahmequoten auf Schul- und/oder Klassenebene erreichen nicht die internationalen Vorgaben.
A Die Ergebnisse von Japan werden nicht berichtet, da das Item nur Ausprägungen in einer Antwortkategorie aufweist und somit keine Mittelwertsdifferenz angegeben werden kann.
B Inkonsistenzen in den berichteten Differenzen sind im Rundungsverfahren begründet.

Abbildung 3: Leistungsdifferenz in der Mathematikkompetenz von Schülerinnen und Schülern, die von Mathematiklehrkräften unterrichtet werden, die mindestens einmal pro Woche oder seltener als einmal pro Woche die Schülerinnen und Schüler am Computer nach Informationen suchen lassen, TIMSS 2011, Lehrerangaben

3. Zusammenfassung und Diskussion

Die Analysen der TIMSS-2011-Daten weisen deutlich darauf hin, dass in Deutschland die regelmäßige Nutzung digitaler Medien im Mathematikunterricht der Grundschule bisher noch wenig verbreitet ist. Dies deckt sich auch mit den Befunden aus anderen Studien (vgl. Krauthausen, 2012; Medienpädagogischer Forschungsverbund Südwest, 2013; MMB-Institut für Medien- und Kompetenzforschung, 2008; Wedekind, 2010) und kann mithilfe der TIMS-Studie auf der Grundlage einer repräsentativen Datenbasis bestätigt werden. Es wurde deutlich, dass die in vielen Schulen noch seltene Nutzung von digitalen Medien, z.B. in Bezug auf den Einsatz von Computerprogrammen im Mathematikunterricht, mit einer unzureichenden Ausstattung mit digitalen Medien für den Mathematikunterricht in den Schulen zusammenhängt.

Sowohl für Deutschland als auch auf internationaler Ebene gibt es keine einheitlichen Hinweise darauf, wie Computernutzung im Unterricht mit den mathematischen Kompetenzen der Schülerinnen und Schüler zusammenhängt. Interessant ist der Befund, dass Schülerinnen und Schüler, die regelmäßig am Computer mathematische Grundsätze oder Konzepte erarbeiten oder regelmäßig nach Informationen im Mathematikunterricht suchen, signifikant schlechtere Leistungsergebnisse im Bereich Mathematik erbringen. Dies weist darauf hin, dass möglicherweise in Bezug auf die fachdidaktischen Kompetenzen der Lehrkräfte im Bereich des Einsatzes digitaler Medien im Unterricht in Deutschland noch Nachholbedarf besteht. International zeigt sich im Ländervergleich ein sehr ambivalentes Bild bezüglich der Computernutzung im Mathematikunterricht und der Mathematikleistung. Die vorliegenden Analysen machen aber auch deutlich, dass noch erheblicher Forschungs- und Entwicklungsbedarf hinsichtlich der Computernutzung im Mathematikunterricht in Grundschulen besteht. Forschungsmethodisch wäre es zukünftig sinnvoll, qualitative Ansätze wie Videostudien (z.B. TIMSS-Video-Studie) wieder stärker in die Erforschung des Mathematikunterrichts einzubeziehen und Interventionsstudien durchzuführen, die vertiefend zu den vorliegenden Analysen zeigen sollen, welche Nutzungsformen digitaler Medien im Kontext eines modernen Mathematikunterrichts Lernprozesse unterstützen und Lernergebnisse verbessern können.

Literatur

Bos, W., Wendt, H., Köller, O. & Selter, C. (Hrsg.). (2012). *TIMSS 2011. Mathematische und naturwissenschaftliche Kompetenzen von Grundschulkindern in Deutschland im internationalen Vergleich*. Münster: Waxmann.

Drossel, K., Wendt, H., Schmitz, S. & Eickelmann, B. (2012). Merkmale der Lehr- und Lernbedingungen im Primarbereich. In W. Bos, H. Wendt, O. Köller & C. Selter (Hrsg.),

TIMSS 2011. Mathematische und naturwissenschaftliche Kompetenzen von Grundschulkindern in Deutschland im internationalen Vergleich (S. 171–202). Münster: Waxmann.

Eickelmann, B., Vennemann, M. & Aßmann, S. (2013). Digitale Medien in der Grundschule – Deutschland und Österreich im Spiegel der internationalen Vergleichsstudie TIMSS 2011. *Zeitschrift Medienimpulse, 2*(5), 1–13.

Eickelmann, B., Drossel, K., Wendt, H. & Bos, W. (in Druck). *ICT-use in Primary Schools and Children's Mathematics Achievement – A multi level approach to compare educational systems through an international lens with TIMSS data.* WERA 2012, Tagungsband.

Fuchs, T. & Wößmann, L. (2004). Computers and student learning: Bivariate and multivariate evidence on the availability and use of computers at home and at school. *Brussels Economic, 47*(3–4), 359–386.

Fuchs, T. & Wößmann, L. (2005). Computer können das Lernen behindern. *Ifo Schnelldienst, 58*(18), 3–10.

Krauthausen, G. (2012). *Digitale Medien im Mathematikunterricht der Grundschule.* Berlin: Springer.

Krauthausen, G. & Lorenz, J.H. (2011). Computereinsatz im Mathematikunterricht. In G. Walther, M. van den Heuvel-Panhuizen, D. Granzer & O. Köller (Hrsg.), *Bildungsstandards für die Grundschule: Mathematik konkret* (S. 162–183). Berlin: Cornelsen.

Medienpädagogischer Forschungsverband Südwest. (2013). *KIM-Studie 2012. Kinder + Medien, Computer + Internet. Basisuntersuchung zum Umgang 6- bis 13-Jähriger in Deutschland.* Zugriff am 18.09.2013 unter www.mpfs.de/fileadmin/KIM-pdf12/KIM_2012.pdf

MMB-Institut für Medien und Kompetenzforschung. (2008). *Digitale Schule – wie Lehrer Angebote im Internet nutzen.* Zugriff am 20.08.2013 unter www.dlr.de/Portaldata/45/Resources/dokumente/bildungsforschung/MMB_Veroeffentlichung_Lehrer_Online_20080505_final.pdf

O'Dwyer, L.M.; Russell, M.; Bebell, D. & Tucker-Seeeley, K.R. (2008): Examining the Relationship between Students' Mathematics Test Scores and Computer Use at Home and at School. *The Journal of Technology, Learning, and Assessment, 6*(5), S. 1–45.

Rutkowski, L., Gonzalez, E., Joncas, M. & von Davier, M. (2010). International Large-Scale Assessment Data: Issues in Secondary Analysis and Reporting, *Educational Researcher, 39*(2), 142–151.

Senkbeil, M. & Wittwer, J. (2006). Beeinflusst der Computer die Entwicklung mathematischer Kompetenz? In PISA-Konsortium Deutschland (Hrsg.), *PISA 2003. Untersuchungen zur Kompetenzentwicklung im Verlauf eines Schuljahres* (S. 139–160). Münster: Waxmann.

Wedekind, J. (2010): Ganz oder gar nicht – zur Nutzung digitaler Medien in der Schule. In: B. Eickelmann (Hrsg.), *Bildung und Schule auf dem Weg in die Wissensgesellschaft* (S. 257–259). Münster: Waxmann.

Wittwer, J. & Senkbeil, M. (2008). Is students' computer use at home related to their mathematical performance at school? *Computers & Education, 50*, 1558–1571.

Digitale Lernressourcen und leistungsbezogene Disparitäten von Grundschulkindern

Mario Vennemann & Birgit Eickelmann

In der empirischen Bildungsforschung hat sich in den letzten Jahren immer wieder gezeigt, dass schulische Leistungen von Schülerinnen und Schülern in Deutschland eng mit den ökonomischen, kulturellen und sozialen Ressourcen der Schülerfamilien konfundiert sind. Das heißt, dass schulische Leistungen in Deutschland mit den finanziellen Ressourcen einer Familie und auch mit der Ausstattung mit Gütern, die in diesem Kontext Rückschlüsse auf die kulturelle Praxis in den Haushalten liefern (z.B. Kunstwerke, Bücher, etc.), zusammenhängen. Bildungserfolg in Deutschland hängt, so zeigen es verschiedene Schulleistungsstudien, unmittelbar mit den häuslichen Lernressourcen der Schülerinnen und Schüler zusammen und dieser Zusammenhang ist in Deutschland deutlicher als in vielen anderen Ländern. Dieser Umstand wurde bereits sehr deutlich durch die Erhebungen des *Programme for International Student Assessment* (PISA) im Jahre 2000 für das deutsche Bildungssystem konstatiert und in einer Reihe nationaler sowie internationaler Schulleistungsvergleiche reproduziert. Die PISA-Studie, die *Internationale Grundschul-Lese-Untersuchung* (IGLU) und die *Trends in International Mathematics and Science Study* (TIMSS) weisen als stabilen Befund in allen ihren Erhebungswellen darauf hin, dass Schülerinnen und Schüler mit vergleichsweise geringerer Ausstattung an Lernressourcen sowie Schülerinnen und Schüler mit einem niedrigen sozioökonomischen Status weniger gute Leistungen im Lesen, in Mathematik sowie in Naturwissenschaft zeigen (Ehmke & Jude, 2010; Stubbe, Tarelli & Wendt, 2012; Wendt, Stubbe & Schwippert, 2012). Demnach gehört Deutschland zu den Staaten, in denen der Zusammenhang zwischen Schulleistung und den ökonomischen, kulturellen und sozialen Ressourcen der Schülerfamilien besonders deutlich wird (vgl. Ehmke & Jude, 2010; OECD, 2010).

In den Berichtlegungen zu vorgenannten Studien wird sowohl auf nationaler als auch auf internationaler Ebene diesbezüglich auf traditionelle Lern- und Bildungsressourcen, wie etwa dem Vorhandensein von Büchern, fokussiert. Der vorliegende Beitrag erweitert diese Diskussion und bezieht erstmals digitale Medien wie Computer und Internet als mögliche kulturelle Bildungsressourcen von Grundschulkindern ein. Damit soll dem Umstand Rechnung getragen werden, dass sich Computer und vor allem das Internet als Lernressource in den letzten Jahren mehr und mehr etabliert haben. Im Ergebnis der nachfolgenden Analysen wird aufgezeigt werden, dass der Zugang zu neuen Technologien auf der Grundlage der Daten der aktuellen Grundschulleistungsstudien als relevante Bildungsressource eingestuft werden muss und dass sich der Wandel zu einer Wissens- und Informationsgesellschaft auch auf die Verfügbarkeit und Nutzung digitaler Medien als lern- und bildungsrelevante Ressourcen für Grundschulkinder festmachen lässt.

In diesem Beitrag sollen – ausgehend von vorgenannten Überlegungen – zunächst die in diesem Zusammenhang relevanten Bezugstheorien expliziert und durch die bereits vorliegenden Befunde der Bildungsforschung exemplarisch ergänzt werden. Hierzu gehören für den Grundschulbereich vor allem die Befunde zur individuellen Ressourcenausstattung von Grundschulkindern, wie sie sich aus IGLU (vgl. Bos, Tarelli, Bremerich-Vos & Schwippert, 2012) sowie aus der TIMS-Studie (vgl. Bos, Wendt, Köller & Selter, 2012) ergeben. Im Anschluss wird auf jene digitalen Ausstattungs- und Nutzungspotenziale fokussiert, die im 21. Jahrhundert zunehmend zu verfügbaren und relevanten Ressourcen von Grundschulkindern gehören. Dazu werden diese Bildungsressourcen beschrieben und es wird der Frage nachgegangen, inwieweit digitale Lernressourcen in Relation zu den Leistungen von Grundschulkindern stehen.

1. Zum Zusammenhang von Lernressourcen und Bildungserfolg

Die Schulforschung hat in den letzten Jahren gezeigt, dass die häusliche Verfügbarkeit von Lernressourcen mit dem Bildungserfolg von Kindern und Jugendlichen zusammenhängt. Wie eingangs schon angeklungen, ergeben sich daraus soziale Ungleichheiten im deutschen Bildungssystem, die einerseits mit Hilfe der Schulleistungsstudien seit der Jahrtausendwende festgestellt wurden, die sich aber über die Jahre seit Veröffentlichung der ersten PISA-Studie in Deutschland kaum verändert haben. Diesbezüglich gelten in der Erforschung sozialer Ungleichheiten im Bildungssystem die Bildungsbeteiligung und der familiäre Hintergrund, zu dem auch die Verfügbarkeit von Lernressourcen gehört, als primäre Indizien für Disparitäten im Bildungssystem (vgl. Maaz, Baumert & Trautwein, 2009).

Im Folgenden wird daher zunächst konzeptionell beschrieben, wie soziale Ungleichheiten im Rahmen von Schulleistungsstudien erfasst werden, bevor aktuelle Befunde zur Konfundierung von Ausstattungsmerkmalen in den Schülerfamilien und dem Leistungsniveau, differenziert für die Lese-, Mathematik- und Naturwissenschaftskompetenz, dargelegt werden.

1.1 Konzepte zur Beschreibung sozialer Ungleichheit

Zur Erklärung der oben genannten Betrachtungen werden Konzepte angeführt, die beschreiben und erklären können, *wie* sich soziale Ungleichheiten in Bildungssystemen begründen und reproduzieren. Im deutschsprachigen Diskurs wird in diesem Zusammenhang sowohl auf Pierre Bourdieus Kapitaltheorie als auch auf die Unterscheidung von *primären* und *sekundären* Herkunftseffekten zurückgegriffen

(Boudon, 1974). Bourdieu (1983, 1986) unterscheidet drei verschiedene Arten von Kapital. Während mit *ökonomischem* Kapital die monetären und im weitesten Sinne wirtschaftlichen Ressourcen bezeichnet werden, sind die Kategorien des *kulturellen* und *sozialen* Kapitals ungleich komplexer: Als eigentliches „Bildungskapital" (Bos, Schwippert & Stubbe, 2007, S. 225) einer Familie wird das *kulturelle Kapital* angesehen. *Inkorporiertes* kulturelles Kapital bezeichnet mit Rückgriff auf Bourdieu die Gesamtheit des Wissens und der Fähigkeiten, die ein Mensch im Laufe seines Lebens erlernt und erworben hat. Zentrales Charakteristikum dieser Kapitalform ist, dass das „Delegationsprinzip" (Bourdieu, 1983, S. 187) nicht anwendbar ist. Dieser an den Merkmalsträger gebundenen Kapitalform wird das *objektivierte Kulturkapital* gegenübergestellt, das kulturell symbolische Besitztümer beschreibt (Bücher, Musikinstrumente, Kunstwerke, etc.). Objektiviertes Kulturkapital kann einerseits im Bezug zum ökonomischen als auch zum inkorporierten Kulturkapital verortet werden. Beispielsweise ist der Zugang zu Kunstwerken oder Musikinstrumenten durch den Einsatz von ökonomischen Ressourcen möglich, sie sind käuflich erwerbbar. Der Besitz eines Musikinstruments reicht allerdings alleine nicht aus. Vielmehr benötigt der Mensch die inkorporierte Fähigkeit, ebendieses auch spielen – und somit den symbolischen Gehalt des kulturellen Guts – auch nutzen zu können. Als letzte Subdimension des kulturellen Kapitals beschreibt Bourdieu das *institutionalisierte* Kulturkapital. Im engeren Sinne hebt der Begriff also auf zertifiziertes Bildungskapital ab, dessen Besitz den Merkmalsträgern durch Institutionen bescheinigt wird. Institutionalisiertes Kulturkapital liegt also dann vor, wenn der Merkmalsträger über offizielle Schulabschlüsse oder akademische Titel verfügt (z.B. Promotion). Boudon (1974) argumentiert, dass über die verschiedene Ausstattung mit Kapital (primärer Herkunftseffekt) hinaus auch unterschiedliche bildungsbezogene Wert- und Entscheidungsdispositionen (sekundäre Herkunftseffekte) bei der Reproduzierung sozialer Ungleichheiten zu beachten sind.

Überträgt man diese Theorien auf die Lebenssituation von Grundschulkindern, so wird deutlich, dass der familiäre Hintergrund im Hinblick auf die Verfügbarkeit von ökonomischem Kapital und vor allem aber auch von kulturellem Kapital eine wichtige Rolle spielt. Neben den monetären und kulturellen Ressourcen einer Schülerfamilie sind auch deren Verbindungen und Beziehungen zu anderen Individuen relevant. Mit *sozialem Kapital* als dritte Kapitalform hebt Bourdieu (1983, S. 191) auf „die Gesamtheit der aktuellen und potentiellen Ressourcen, die mit dem Besitz eines dauerhaften Netzes von mehr oder weniger institutionalisierten Beziehungen gegenseitigen Kennens oder Anerkennens verbunden sind" ab. Demnach ist das zur Verfügung stehende Gesamtkapital eines Individuums auch durch die Größe und Qualität persönlicher Beziehungen determiniert. Da sich familiäre Netzwerke in empirischen Schulleistungsstudien nur schwer erheben lassen, wird auf Disparitäten, die auf Unterschiede in der ungleichen Verteilung von sozialen Ressourcen zurückzuführen sind, in der international vergleichenden Schulleistungsforschung weit weniger häufig abgehoben (vgl. Bos, Stubbe & Buddeberg, 2010).

Die Verfügbarkeit von digitalen Lernressourcen, die in IGLU und TIMSS mit Schüler- und Elternhintergrundfragebogen erfasst wird, lässt sich im bourdieuschen Sinne dem kulturellen Kapital zuordnen. Ein Argument dafür, dass digitale Medien als bildungsrelevantes Kulturkapital einzuordnen sind, ist, dass über den Besitz hinaus auch die inkorporierte Fähigkeit vorhanden sein muss, um diese auch benutzen zu können. Bisher wurde die Relevanz der Verfügbarkeit dieser Güter nicht explizit als Lernressource überprüft. Diese Lücke schließt der folgende Beitrag. Dazu wird der in vorliegenden Untersuchungen gefundene Zusammenhang von verfügbaren Ressourcen und schulischer Leistung in den Domänen Lesen, Mathematik und Naturwissenschaften kurz erläutert. Ausgehend von diesen schon vorliegenden Analysen hinsichtlich „traditioneller" Lernressourcen wird im Anschluss daran untersucht, wie die Verfügbarkeit von digitalen Lernressourcen mit schulischen Leistungen einhergeht.

1.2 Aktuelle Befunde zur Relation von heimischen Ausstattungsmerkmalen und dem Leistungsniveau der Schülerinnen und Schüler

Aktuelle nationale und internationale Ergebnisse zur ressourcenspezifischen Benachteiligung von Schülerinnen und Schülern liegen für die Lesekompetenz aus IGLU 2011 und für die Kompetenzdomänen Mathematik und Naturwissenschaft aus der TIMS-Studie 2011 vor. Im Folgenden sollen daher die zentralen Befunde aus der nationalen Berichtslegung hinsichtlich sozialer Ungleichheiten nochmals aufgegriffen werden (vgl. Stubbe et al., 2012; Wendt et al., 2012). Dabei hat sich für den internationalen Vergleich von sozialen Disparitäten die Operationalisierung des kulturellen Kapitals über das in den Haushalten objektivierte Kulturkapital – gemessen über die im Haushalt verfügbaren Bücher – durchgesetzt. Für die deutsche Teilstichprobe ist zusätzlich eine Betrachtung im Klassenschema der EGP-Klassen nach Erikson, Goldthorpe und Portocarero (1979) möglich, die den sozioökonomischen Status von Schülerfamilien unter anderem sowohl an der beruflichen Stellung als auch an der Weisungsbefugnis des Berufs festmachen. Dies bietet eine noch differenziertere Erfassung des Schülerhintergrundes und wird durch die nationale Erweiterung der Fragebögen ermöglicht.

1.2.1 Lesekompetenz

Insgesamt – so berichten Wendt et al. (2012) – zeigen alle an IGLU 2011 teilnehmenden Staaten signifikante Leistungsvorsprünge im Lesen der Kinder, die angeben, mehr als 100 Bücher im Haushalt zu haben, vor denen, die angeben, über weniger als 100 Bücher im Haushalt verfügen zu können. In allen an IGLU 2011 beteiligten Ländern zeigt sich also, dass für den schulischen Lernerfolg das kulturelle Kapital des Elternhauses von Bedeutung ist. Dieser Befund ergibt sich auch für Deutschland: Hier beträgt die Differenz zwischen den betrachteten Schülergruppen (Vorhandensein von mehr oder weniger als 100 Büchern im Haushalt) auf der Gesamtskala Lesen etwa ein Lernjahr (40 Punkte). Das heißt, dass Kinder in gut ausgestatteten Haushalten in Deutschland einen Lernvorsprung von etwa einem Schuljahr aufweisen. Eine Trendanalyse über die Erhebungszyklen 2001, 2006 und 2011 zeigt, dass das Ausmaß der festgestellten sozialen Disparitäten in Deutschland sowie in einem Großteil der übrigen Länder in den 10 Jahren zwischen den Messzeitpunkten relativ konstant geblieben ist, obwohl bereits die Befunde von 2001 auf Handlungsbedarfe hingewiesen haben (vgl. Wendt et al., 2012).

1.2.2 Mathematik- und Naturwissenschaftskompetenz

Analog zur obigen Betrachtung von sozialen Disparitäten der Lesekompetenz in IGLU arbeiten Stubbe et al. (2012) in TIMSS 2011 die Lernvorsprünge hinsichtlich der Mathematik- und Naturwissenschaftskompetenz auf. Wie im Lesen zeigen sich auch in Mathematik und Naturwissenschaft teilweise substantielle Unterschiede in der Kompetenz von Kindern, die angeben, mehr als 100 Bücher zu besitzen, vor denen, die angeben, weniger als 100 Bücher im Haushalt zu haben. Diese sind – sowohl über die Kompetenzdomänen als auch über die Teilnehmerstaaten hinweg – statistisch signifikant. In Mathematik wird die Leistungsdifferenz auf 39 Punkte beziffert. Damit weicht das Ausmaß der sozialen Disparitäten in Deutschland nicht vom Ausmaß in den Vergleichsgruppen EU und OECD ab. In Mathematik sind die sozialen Disparitäten nur in Rumänien (68 Punkte), Ungarn (60 Punkte), England (53 Punkte), Nordirland (51 Punkte) und Irland (49 Punkte) signifikant größer (vgl. Stubbe et al., 2012). Ein Trendvergleich über die Messzeitpunkte in TIMSS 2007 und TIMSS 2011 zeigt, dass sich das Niveau der sozialen Unterschiede im Laufe der Zeit sowohl für die Domäne Mathematik als auch für Naturwissenschaft zwar nominell, aber nicht signifikant verändert hat.

Zusammenfassend lässt sich sagen, dass Deutschland zu den Staaten gehört, in denen der schulische Kompetenzerwerb im Allgemeinen und der Erwerb von Lese-, Mathematik- und Naturwissenschaftskompetenz im Speziellen von den kulturellen und ökonomischen Ausstattungsmerkmalen der Schülerfamilien abhängig ist und es dem Schulsystem bisher nicht gelingt, häusliche Disparitäten durch schulische Angebote auszugleichen. Damit wird deutlich, dass es für die Schulforschung zukünftig wichtig sein wird, die Verfügbarkeit von Ressourcen weiter im Blick zu behalten. Durch den gesellschaftlichen Wandel, der rasanten technologischen Entwicklung sowie durch die Mediatisierung der Kindheit wird es zukünftig aber notwendig sein, über die in den vorliegenden Analysen betrachteten Ressourcen hinaus auch neu hinzu gekommene Ressourcen zu betrachten, die computerbasierte Medien als potentielle Lernressourcen einbeziehen. Im vorliegenden Beitrag werden exemplarisch für den Bereich Mathematik die folgenden forschungsleitenden Fragestellungen untersucht:

1. Trägt die unterschiedliche Ausstattung der Schülerfamilien mit digitalen Lernressourcen (Computern und Internetanschlüssen) zu leistungsbezogenen Disparitäten in der Grundschule bei?
2. Inwiefern bleiben etwaige Leistungsunterschiede in Mathematik unter Kontrolle des sozioökonomischen Status von Grundschülerinnen und Grundschülern bestehen?

Die Datengrundlage, mit der vorstehende Forschungsfragestellungen im Rahmen dieses Beitrags beantwortet werden sollen, entstammt dem aktuellen Studienzyklus der TIMS-Studie (vgl. Bos, Wendt, et al., 2012). Die in diesem Beitrag berichteten Analysen wurden mit der Analysesoftware IDB-Analyzer berechnet, der von der IEA für Sekundäranalysen zur Verfügung gestellt wird und die komplexe Stichprobe berücksichtigt (vgl. Rutkowski, Gonzalez, Joncas & von Davier, 2010). Insgesamt nahmen in TIMSS 2011 3995 Schülerinnen und Schüler an der Testung mathematischer sowie naturwissenschaftlicher Kompetenzen teil.

2. Die Verfügbarkeit von Computern und Internet – Analysen zu TIMSS 2011

Die vorliegenden nationalen Berichtsbände zu den Grundschulleistungsstudien gehen auf den Zugang zu und die Nutzung von Computern und Internet von Grundschulkindern nur am Rande ein. Ein bisher betrachteter Aspekt der computerspezifischen Betrachtungen zu den Merkmalen der Lehr- und Lernbedingungen in der Grundschule bezieht sich auf die Nutzung des Computers durch Lehrkräfte im Unterricht (vgl. Drossel, Wendt, Schmitz & Eickelmann, 2012). In dem folgenden Abschnitt soll das bestehende Bild durch die Angaben der Schüler, also um eine computerspezifische Schülerperspektive, ergänzt werden. Dazu werden zunächst deskriptive Befunde zur Verfügbarkeit von Computern und Internet in den Familien referiert. Dies geschieht im Kontext der Fragestellung, über welche digitalen Lernressourcen Grundschulkinder verfügen und wie ihr Verhältnis zur den schulischen Leistungen zu bestimmen ist.

2.1 Verfügbarkeit von Computern und leistungsbezogene Disparitäten

In Abbildung 1 werden die Angaben der Schülerinnen und Schüler zur Frage, ob es bei ihnen zu Hause einen Computer gibt, dargestellt und der Leistungsstand in Mathematik ebendieser Kinder schematisch abgebildet. Demnach können in Deutschland 97.0 Prozent der Schülerinnen und Schüler in ihrem häuslichen

Umfeld auf einen Computer zurückgreifen. Vergleicht man diese Werte, die für Deutschland nahe an der „Sättigungsgrenze" (Eickelmann, Vennemann & Aßmann, 2013) liegen, mit den Werten der Vergleichsgruppen EU (95.1%) und OECD (93.7%), fällt auf, dass diese Frage von Viertklässlerinnen und Viertklässlern in Deutschland im Vergleich zu den vorgenannten Ländergruppen signifikant häufiger bejaht wird. Zu den Spitzenreitern zählen Schweden, Dänemark, Finnland und die Niederlande. Hier verfügen über 99 Prozent der Haushalte der Schülerinnen und Schüler am Ende der vierten Klasse über einen Computer. Das Ende der Rangreihenfolge bilden die Türkei, Rumänien, Chile und – durchaus unerwartet – Japan (82.8%). Die höchsten Anteile von Kindern, die zu Hause keinen PC nutzen können, sind mit 26.4 Prozent bzw. 44.4 Prozent in Rumänien und der Türkei zu beobachten. Weiterhin wird aus Abbildung 1 ersichtlich, dass Schülerinnen und Schüler, für die ein PC zur verfügbaren häuslichen Lernausstattung gehört, höhere Mathematikleistungen erreichen als Kinder, die keinen Computer zu Hause haben.

Über alle an TIMSS teilnehmenden Staaten beträgt der Unterschied zugunsten Ersterer 43 Punkte auf der TIMSS-Metrik, was einem Vorsprung von etwa einem Lernjahr entspricht (Bos et al., 2007; Stubbe et al., 2012). In den Vergleichsgruppen EU und OECD sind die Differenzen mit jeweils 45 Punkten nominell höher ausgeprägt. Schülerinnen und Schüler, die in Deutschland über einen Computer verfügen, erreichen eine Mathematikleistung, die im Schnitt um 21 Punkte höher ist als die ihrer Peers, in deren Haushalten kein Computer zur Ausstattung gehört. Im internationalen Vergleich wird in diesem Zusammenhang deutlich, dass die computerbezogenen Disparitäten in Deutschland verhältnismäßig gering ausgeprägt sind und letztlich der Anteil der Kinder, in deren Familien kein Computer verfügbar ist, sehr gering ist. Im Gegensatz zu Ungarn beispielsweise, wo sich der Leistungsunterschied in Mathematik mit etwa 88 Punkten als sehr substantiell darstellt, können die Differenzen in Schweden, Dänemark, den Niederlanden und Norwegen nicht zufallskritisch abgesichert werden.

Schulische Leistung ist jedoch nicht ausschließlich auf die Ausstattung mit Lernressourcen zurückzuführen. Gerade in Deutschland ist schulischer Erfolg vom sozioökonomischen Status der Schülerinnen und Schüler abhängig. Um zu kontrollieren, ob die vorstehenden Leistungsunterschiede evident bleiben, wenn man diese um den sozioökonomischen Status kontrolliert, fasst Tabelle 1 die Ergebnisse einer entsprechenden Regressionsanalyse zusammen. Überprüft wird also, ob die identifizierten Unterschiede Bestand haben, wenn der sozioökonomische Status der Schülerinnen und Schüler mit einbezogen wird. Die Befunde zeigen, dass auch unter Kontrolle des sozioökonomischen Status Kinder, die angeben, über einen Computer zu verfügen, im Schnitt um etwa 19 Punkte besser abschneiden als ihre Peers, die keinen Computer zu Hause haben. Sowohl der Computerbesitz als auch der sozioökonomische Status der Schülerinnen und Schüler haben somit einen signifikanten Effekt auf die mathematischen Leistungen ebendieser.

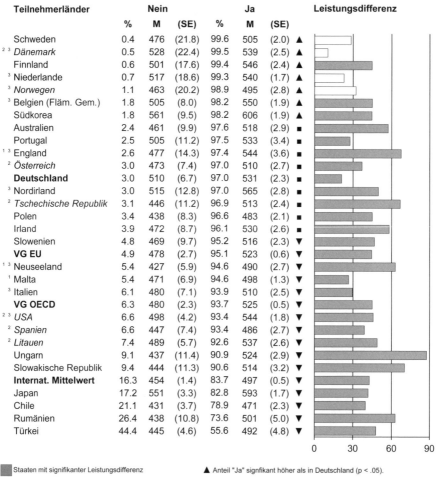

Abbildung 1: Leistungsdifferenzen von Schülerinnen und Schülern, die angeben, zu Hause über keinen Computer zu verfügen, gegenüber denen, deren Familien über einen Computer verfügen, im internationalen Vergleich (Gesamtskala Mathematik), TIMSS 2011, Schülerangaben

Tabelle 1: Regression zur Vorhersage der Mathematikleistung durch Merkmale des Computerbesitzes und des sozioökonomischen Status, TIMSS 2011, Schülerangaben

	b	t-Wert
Computer vorhanden[1]	**18.6**	**2.4**
Soziale Herkunft[2]	**29.7**	**11.0**
Konstante	510	
R^2	.05	

b = Regressionsgewichte (unstandardisiert)
Abhängige Variable: Mathematikleistung der Schülerinnen und Schüler (Gesamtskala Mathematik)
Signifikante Koeffizienten (p < .05) sind fett gedruckt.
1 0 = Nein; 1 = Ja
2 0 = alle anderen Dienstklassen; 1 = obere Dienstklasse

Im Sinne eines Zwischenfazits konnte gezeigt werden, dass der Computerbesitz auch unter Kontrolle des sozioökonomischen Status (vgl. Drossel, Gerick & Eickelmann in diesem Band) bedeutsam für die mathematischen Leistungen der Schülerinnen und Schüler ist und die häusliche Verfügbarkeit von Computern als Lern- und Bildungsressource für den Bereich Mathematik einzuordnen ist. Der Computerbesitz hängt also auch unter Kontrolle des sozioökonomischen Status mit der Schulleistung zusammen und bestätigt damit für Mathematik die Befunde, die in ähnlicher Weise bereits im Rahmen von IGLU 2006 für den Bereich der Lesekompetenz dargestellt werden konnten (Schulz-Zander, Eickelmann & Goy, 2010).

2.2 Verfügbarkeit von Internetanschlüssen und leistungsbezogene Disparitäten

Um darüber hinaus zu prüfen, ob sich die vorstehenden Leistungsdifferenzen auch zeigen, wenn man die Verfügbarkeit eines Internetanschlusses und damit die Anbindung an das World Wide Web (also den Zugang zu webbasieren Ressourcen) als Lernressource zugrunde legt, fasst Abbildung 2 die prozentuale Verteilung, die Leistungsmittelwerte und -differenzen der Schülerinnen und Schüler zusammen, die angeben, in einem Haushalt *mit* oder *ohne* Internetanschluss zu wohnen. Im Einzelnen können in den Vergleichsgruppen OECD und EU 85.6 Prozent bzw. 87.0 Prozent der Schülerinnen und Schüler auf einen heimischen Internetanschluss zurückgreifen. In Deutschland beträgt dieser Anteil 83.2 Prozent.

Damit liegt Deutschland mit Polen, Portugal, der Slowakischen Republik und Litauen in einer Gruppe, in der sich die Anteile der Schülerinnen und Schüler, die angeben, in ihrem Haushalt einen Internetanschluss zu besitzen, nicht signifikant voneinander unterscheiden.

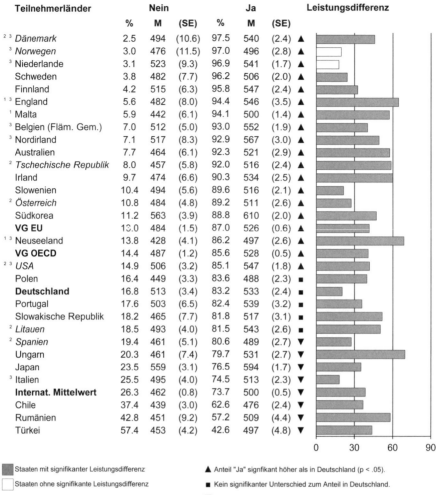

Abbildung 2: Leistungsdifferenzen von Schülerinnen und Schülern, die angeben, zu Hause über keinen Internetanschluss zu verfügen, im Vergleich zu denen, deren Familien über einen Internetanschluss verfügen (Gesamtskala Mathematik), TIMSS 2011, Schülerangaben

In Dänemark (97.5%), Norwegen (97.0%) und den Niederlanden (96.9%) hingegen können von den hier betrachteten Ländern die meisten Schülerinnen und Schüler auf das weltweite Datennetz zugreifen. Betrachtet man die durch das Balkendiagramm dargestellten Leistungsdifferenzen zwischen den zwei Gruppen von Schülerinnen und Schülern, fällt zunächst ins Auge, dass die Leistungsdifferenzen in Norwegen und den Niederlanden nicht statistisch signifikant sind. Es fällt weiterhin auf, dass in England, Neuseeland und Ungarn Unterschiede in der Mathematikleistung zu beobachten sind, die mit Werten jenseits der 60 Punkten als substantiell zu bezeichnen sind.

In den Vergleichsgruppen der EU- und OECD-Länder betragen die Leistungsabstände der vorstehend genannten Schülerinnen und Schüler jeweils etwa 41 Punkte. Betrachtet man die Schülerinnen und Schüler aller an TIMSS 2011 regulär teilnehmenden Länder (internationaler Mittelwert) beträgt der Vorsprung der Schülerinnen und Schüler, deren Haushalt an das Internet angebunden ist, etwa 38 Punkte für die Mathematikleistung. Wie auch schon bei der Analyse zum Computerbesitz zeigt sich ebenfalls, dass von den hier dargestellten Ländern der EU und OECD Deutschland mit einem Differenzwert von circa 20 Punkten zu den Ländern gehört (zusammen mit Schweden, Slowenien, Österreich, Spanien und Italien), in denen die internetbezogene Disparität nominell die Grenze von 30 Punkten nicht übersteigt. Dennoch soll folgend geprüft werden, ob sich diese unterschiedlichen Leistungen auch zeigen, wenn der sozioökonomische Status der Schülerinnen und Schüler berücksichtigt wird. Wie Tabelle 2 zeigt, erzeugt auch der Zugang zum Internet in Deutschland signifikante Mittelwertunterschiede in den mathematischen Leistungen der Grundschülerinnen und Grundschüler unter Kontrolle des sozioökonomischen Status.

Tabelle 2: Regression zur Vorhersage der Mathematikleistung durch die Verfügbarkeit eines Internetanschlusses und Merkmale des sozioökonomischen Status, TIMSS 2011, Schülerangaben

	b	t-Wert
Internetanschluss vorhanden[1]	**17.6**	**4.0**
Soziale Herkunft[2]	**29.4**	**11.2**
Konstante	513	
R^2	.06	

b = Regressionsgewichte (unstandardisiert)
Abhängige Variable: Mathematikleistung der Schülerinnen und Schüler (Gesamtskala Mathematik)
Signifikante Koeffizienten (p < .05) sind fett gedruckt.
1 0 = Nein; 1 = Ja
2 0 = alle anderen Dienstklassen; 1 = obere Dienstklasse

Im Durchschnitt zeigen Schülerinnen und Schüler, die angeben, zu Hause über einen Internetanschluss verfügen zu können, auch bei der Berücksichtigung der verschiedenen sozialen Ausgangslage signifikante Unterschiede im mathematischen Leistungsvermögen, die in Deutschland etwa 18 Punkte auf der Gesamtskala Mathematik ausmachen.

3. Zusammenschau und Diskussion

Der vorliegende Beitrag geht der Frage nach, in welchem Maße die Verfügbarkeit von digitalen Ressourcen mit den Schülerleistungen in der Grundschule zusammenhängt. Auf der Grundlage der Daten der aktuellen TIMS-Studie wird dazu sowohl für Deutschland als auch im internationalen Vergleich betrachtet, inwiefern die Verfügbarkeit von Computern und Internetanschlüssen im familiären Kontext der Kinder mit den Leistungen zusammenhängt. Exemplarisch wird hierzu auf die Mathematikleistung fokussiert. Diese Analysen werden vor dem Hintergrund durchgeführt, dass Schulleistungsstudien sowohl für Deutschland als auch international gezeigt haben, dass der Bildungserfolg von Schülerinnen und Schülern mit den in den Haushalten verfügbaren Ressourcen zusammenhängt. Dabei greift der Beitrag eine neue Perspektive auf und geht über bisherige Forschungsarbeiten hinaus der Frage nach, welchen Stellenwert digitale (Lern-)Ressourcen haben. Dazu wurde berücksichtigt, dass die Verfügbarkeit von digitalen Medien in Haushalten möglicherweise und durchaus erwartungskonform mit dem sozioökonomischen Status der Schülerfamilien konfundiert sein könnte. In Regressionsanalysen wurden daher die betrachteten Zusammenhänge unter Kontrolle des sozioökonomischen Status überprüft. Es zeigt sich, dass sowohl die Verfügbarkeit von Computern als auch eines Internetzugangs zu Hause mit den Leistungen der Kinder zusammenhängt und Grundschülerinnen und Grundschüler, deren Familien über diese Ressourcen verfügen, bessere Leistungen erzielen. Weiterhin zeigen die Regressionsanalysen, dass diese Zusammenhänge auch unter Kontrolle des sozioökonomischen Status der Schülerinnen und Schüler (erfasst über die sogenannten EGP-Klassen, s.o.) bestehen bleiben. Dabei muss beachtet werden, dass die vorliegenden Analysen keine kausalen, sondern nur ungerichtete Zusammenhänge abbilden.

Im Einzelnen zeigt sich hinsichtlich der häuslichen Ausstattung mit Computern vor dem Hintergrund der im ersten Abschnitt referierten Ergebnisse, dass in Deutschland ein unübersehbar großer Anteil der Schülerinnen und Schüler einen Computer zu Hause hat. Damit können in Deutschland signifikant mehr Viertklässlerinnen und Viertklässler einen Computer zu Hause nutzen, als das in den Vergleichsgruppen der EU und OECD der Fall ist. Die Leistungsunterschiede, die mit dem Besitz eines Computers in TIMSS 2011 zu beobachten sind, stellen sich in Deutschland jedoch eher moderat dar: Hebt man auf die Länder der EU und/oder OECD ab, in denen das Vorhandensein eines Computers mit signifikanten Leistungsunterschieden einhergeht, sind diese in Deutschland nominell am geringsten ausgeprägt. Dennoch stellen sich die Leistungsunterschiede in Mathematik auch unter Berücksichtigung des sozioökonomischen Status als bedeutsam dar. In ergänzender Art und Weise wurden die Schülerinnen und Schüler in TIMSS danach gefragt, ob ein Internetzugang vorhanden sei. Dies konnte von einem Großteil der Schülerinnen und Schüler in Deutschland bejaht werden, obwohl sich Deutschland in der Rangfolge der Länder in der unteren Hälfte wiederfindet. Insgesamt sind jedoch die Leistungsdisparitäten, die mit der Verfügbarkeit eines Internetanschlusses verbunden sind, in Deutschland im Vergleich zu den Ländern der EU und/oder OECD nominell am niedrigsten ausgeprägt. Auch hier zeigen regressionsanalytische Analysen, dass diese Unterschiede in den Leistungen auch bei Einbeziehung des sozioökonomischen Status von Schülerinnen und Schülern Bestand haben.

Den ausgeführten Befunden stehen allerdings die Einschränkungen gegenüber, dass es sich a) bei TIMSS 2011 um eine Querschnittsuntersuchung handelt, aus der Effekte im Sinne eines Ursache-Wirkungs-Zusammenhangs schon aus methodischer Sicht nicht generiert werden können und sich die in den vorstehenden Analysen präsentierten Leistungsdifferenzen damit nicht als durch den Besitz digitaler Medien verursacht interpretieren lassen und b) ist eine weitere wichtige Anmerkung, die in diesem Zusammenhang gemacht werden muss, dass die mehrschichtige Datenstruktur schulischer Bildung und Erziehung und die multifaktorielle Erklärung von Bildungserfolg und Kompetenzerwerb hier nicht berücksichtigt werden konnte.

Da in diesem Verständnis eines mehrschichtigen Ansatzes Schülerinnen und Schüler in Klassen, diese Klassen in Schulen und Schulen selbst wiederum in Bildungssysteme eingebettet sind, können Nettoeinflüsse des Computerbesitzes und der Computernutzung methodisch vollständig nur vor dem Hintergrund von Schüler- und Lehrermerkmalen sowie schulischer Prozessmerkmale evaluiert werden. Dies wird eine Aufgabe künftiger Forschung auf diesem Gebiet sein. Mit diesem Beitrag konnte jedoch gezeigt werden, dass digitale Ressourcen als Lernressourcen einzustufen sind und in weiteren Untersuchungen – unter Berücksichtigung der Veränderung der Gesellschaft hin zur Wissens- und Informationsgesellschaft – einbezogen werden sollten, um Bildungserfolg und Bildungsteilhabe zu erklären.

Literatur

Bos, W., Schwippert, K. & Stubbe, T. C. (2007). Die Kopplung von sozialer Herkunft und Schülerleistung im internationalen Vergleich. In W. Bos, S. Hornberg, K.-H. Arnold, G. Faust, L. Fried, E.-M. Lankes, K. Schwippert & R. Valtin (Hrsg.), *IGLU 2006. Lesekompetenzen von Grundschulkindern in Deutschland im internationalen Vergleich* (S. 225–247). Münster: Waxmann.

Bos, W., Stubbe, T. C. & Buddeberg, M. (2010). Gibt es eine armutsbedingte Bildungsbenachteiligung? Die Operationalisierung verschiedener Indikatoren der sozialen Herkunft von Schülerinnen und Schülern in der empirischen Bildungsforschung. In D. H. Rost (Hrsg.), *Intelligenz, Hochbegabung, Vorschulerziehung* (S. 165–208). Münster: Waxmann.

Bos, W., Tarelli, I., Bremerich-Vos, A. & Schwippert, K. (Hrsg.). (2012). *IGLU 2011. Lesekompetenzen von Grundschulkindern in Deutschland im internationalen Vergleich*. Münster: Waxmann.

Bos, W., Wendt, H., Köller, O. & Selter, C. (Hrsg.). (2012). *TIMSS 2011. Mathematische und naturwissenschaftliche Kompetenzen von Grundschulkindern in Deutschland im internationalen Vergleich*. Münster: Waxmann.

Boudon, R. (1974). *Education, opportunity, and social inequality: Changing prospects in western society*. New York: Wiley.

Bourdieu, P. (1983). Ökonomisches Kapital, kulturelles Kapital, soziales Kapital. In R. Kreckel (Hrsg.), *Soziale Ungleichheiten* (S. 183–198). Göttingen: Schwartz.

Bourdieu, P. (1986). The forms of capital. In J. G. Richardson (Hrsg.), *Handbook of Theory and Research for the Sociology of Education*. New York: Greenwood.

Drossel, K., Wendt, H., Schmitz, S. & Eickelmann, B. (2012). Merkmale der Lehr- und Lernbedingungen im Primarbereich. In W. Bos, H. Wendt, O. Köller & C. Selter (Hrsg.), *TIMSS 2011. Mathematische und naturwissenschaftliche Kompetenzen von Grundschulkindern in Deutschland im internationalen Vergleich* (S. 171–202). Münster: Waxmann.

Ehmke, T. & Jude, N. (2010). Soziale Herkunft und Kompetenzerwerb. In E. Klieme, C. Artelt, J. Hartig, N. Jude, O. Köller, M. Prenzel, W. Schneider & P. Stanat (Hrsg.), *PISA 2009. Bilanz nach einem Jahrzehnt* (S. 231–254). Münster: Waxmann.

Eickelmann, B., Vennemann, M. & Aßmann, S. (2013). Digitale Medien in der Grundschule. Deutschland und Österreich im Spiegel der internationalen Schulleistungsstudie TIMSS. *Zeitschrift Medienimpulse, 21*(2), 1–13.

Erikson, R., Goldthorpe, J. H. & Portocarero, L. (1979). Intergenerational class mobility in three western european societies: England, France and Sweden. *British Journal of Sociology, 30*(4), 415–441.

Maaz, K., Baumert, J. & Trautwein, U. (2009). Genese sozialer Ungleichheit im institutionellen Kontext der Schule: Wo entsteht und vergrößert sich soziale Ungleichheit? *Zeitschrift für Erziehungswissenschaft, 34* (Sonderheft 12), 11–46.

OECD. (2010). *PISA 2009 Results: Overcoming Social Background – Equity in Learning Opportunities and Outcomes (Volume II)*. Paris: OECD.

Rutkowski, L., Gonzalez, E., Joncas, M. & von Davier, M. (2010). International large-scale assessment data: Issues in secondary analysis and reporting. *Educational Researcher, 39*(2), 142–151.

Schulz-Zander, R., Eickelmann, B. & Goy, M. (2010). Mediennutzung, Medieneinsatz und Lesekompetenz. In W. Bos, S. Hornberg, K.-H. Arnold, G. Faust, L. Fried, E.-M. Lankes, K. Schwippert, I. Tarelli & R. Valtin (Hrsg.), *IGLU 2006. Die Grundschule auf dem Prüfstand. Vertiefende Analysen zu Rahmenbedingungen schulischen Lernens* (S. 91–119). Münster: Waxmann.

Stubbe, T. C., Tarelli, I. & Wendt, H. (2012). Soziale Disparitäten der Schülerleistungen in Mathematik und Naturwissenschaften. In W. Bos, H. Wendt, O. Köller & C. Selter (Hrsg.), *TIMSS 2011. Mathematische und naturwissenschaftliche Kompetenzen von Grundschulkindern in Deutschland im internationalen Vergleich* (S. 231–246). Münster: Waxmann.

Wendt, H., Stubbe, T. C. & Schwippert, K. (2012). Soziale Herkunft und Lesekompetenzen von Schülerinnen und Schülern. In W. Bos, I. Tarelli, A. Bremerich-Vos & K. Schwippert (Hrsg.), *IGLU 2011. Lesekompetenzen von Grundschulkindern in Deutschland im internationalen Vergleich* (S. 175–190). Münster: Waxmann.

Computernutzung von Grundschulkindern – (k)eine Geschlechterfrage?

Ramona Lorenz & Julia Kahnert

Geschlechterunterschiede von Kindern und Jugendlichen in verschiedenen Bereichen sind seit vielen Jahren Diskussionsgegenstand in der Bildungslandschaft. Angefangen bei der Bildungsbeteiligung der Mädchen und ihrem Anteil an allgemeinbildenden Schulen und Universitäten seit dem 19. Jahrhundert bis zur heutigen Debatte über Kompetenzunterschiede in verschiedenen Leistungsdomänen stehen Geschlechterunterschiede im Fokus. Im Bereich des Zugangs zu und der Nutzung von digitalen Technologien und bei Fragen der Medienkompetenz, die neben fachbezogenen Kompetenzen eine Schlüsselkompetenz und in vielen Bereichen eine Voraussetzung für die Teilhabe an der Gesellschaft ist (u.a. Roth-Ebner, 2011), sind Geschlechterunterschiede in dieser Diskussion in den letzten Jahren zunehmend von Bedeutung. Angesichts der Diskussion über Bildungsgerechtigkeit und Chancengleichheit von Jungen und Mädchen beim Wandel zur Informationsgesellschaft kann daher die Geschlechterfrage aus gesellschaftlicher Perspektive sowie aus Sicht der individuellen Bildungsbeteiligung und Partizipation nicht vernachlässigt werden. Die Mediatisierung der Gesellschaft sowie der frühe Umgang mit digitalen Medien von Kindern und die damit beginnende Kompetenzentwicklung stellen zentrale Ausgangspunkte für die Frage nach geschlechtsspezifischen Entwicklungen dar, die bereits in der frühen Kindheit beginnen und die aus institutioneller Perspektive besondere Relevanz in der Grundschule erfahren. Im Folgenden wird daher auf Grundlage der Datenbasis der *Internationalen Grundschul-Lese-Untersuchung* 2011 (IGLU; vgl. Bos, Tarelli, Bremerich-Vos & Schwippert, 2012) der Frage nachgegangen, in welcher Weise bereits im Grundschulalter geschlechtsspezifische Unterschiede im Zugang zu sowie in der Nutzung von digitalen Medien auszumachen sind. Auf Basis dieser Datengrundlage werden im vorliegenden Beitrag Sekundäranalysen zur geschlechtsspezifischen Nutzung digitaler Medien durchgeführt.

1. Digitale Medien und Geschlecht – Einblick in die Forschungslage

In der Literatur wird der geschlechtsspezifische Unterschied im Umgang mit digitalen Medien viel diskutiert. In der Zusammenschau wurde zunächst vielfach festgestellt, dass Mädchen hinsichtlich des Zugangs zu digitalen Medien benachteiligt sind, weniger gute computerbezogene Kompetenzen aufweisen und ihre

Fähigkeiten auch im Sinne eines computerbezogenen Selbstkonzeptes geringer einschätzen als Jungen (u.a. Eickelmann & Schulz-Zander, 2008; Hunneshagen, Schulz-Zander & Weinreich, 2000; Schulz-Zander, 2002a). Im Laufe der Zeit haben sich in Deutschland die Unterschiede zwischen Mädchen und Jungen bezüglich des Zugangs zu Computern und Internet jedoch verringert (vgl. MPFS, 2013; OECD, 2005). Für die Altersgruppe der Grundschulkinder zeigt die Studie *Kinder + Medien, Computer + Internet* (KIM) einerseits, dass die Unterschiede zwischen den Geschlechtern in Bezug auf die Nutzungshäufigkeit und Zugangsmöglichkeiten zu digitalen Medien über die Jahre geringer geworden sind (vgl. MPFS, 2013). Andererseits zeichnet sich nach wie vor das Bild ab, dass sich die Nutzungsmodalitäten und -vorlieben zwischen Mädchen und Jungen vor allem im Freizeitbereich unterscheiden: Mädchen zeigen deutlich mehr Interesse an Themen wie Freunde/Freundschaft, Musik, Tiere, Film-/Fernsehstars, Kleidung/Mode, Schule, Bücher/Lesen und Umwelt/Natur, während bei Jungen eine Affinität zu den Themen Computerspiele, Sport und Technik deutlich wird (vgl. ebd.). Zudem setzen Mädchen den Computer vor allem lernbezogen ein, für Jungen steht die freizeitbezogene Verwendung im Vordergrund (vgl. Hornberg, Valtin, Potthoff, Schwippert & Schulz-Zander, 2007; MPFS, 2013).

Der Ausgleich der Zugangsmöglichkeiten zu digitalen Medien für Mädchen und Jungen spiegelt sich jedoch nicht in der subjektiven Selbsteinschätzung wider (vgl. Preussler & Schulz-Zander, 2004; Schaumburg & Issing, 2002; Schulz-Zander & Riegas-Staackmann, 2004). Auch die positive computerbezogene Kompetenzentwicklung von Mädchen, die bereits in Studien herausgestellt wurde, trägt nicht zu einem besseren Selbstkonzept bei. So haben Schaumburg und Issing (2002) hinsichtlich der Förderung von Computerkompetenz durch den Einsatz von Laptops im Unterricht der Sekundarstufe I Effekte auf den überfachlichen Kompetenzerwerb festgestellt: Die ständige persönliche Verfügbarkeit von Notebooks hat sich deutlich positiv auf die Kompetenzen im Umgang mit Computer und Internet ausgewirkt. Ein Kompetenzzuwachs ist vor allem bei den Mädchen zu verzeichnen. Jansen-Schulz und Kastel (2004) dokumentieren im Rahmen einer Grundschuluntersuchung, dass Mädchen und Jungen gleichermaßen gut mit dem Computer umgehen können. Sie entwickeln gleich viele, jedoch unterschiedliche Kompetenzen im Umgang mit Computern, wenn ihnen gleiche Erfahrungen und Zugänge ermöglicht werden. Des Weiteren untersucht Voss (2006) vergleichend die Lesekompetenz von Viertklässlerinnen und Viertklässlern im Hinblick auf Print- und Hypertexte in einer Ergänzungsstudie zu IGLU 2001 (vgl. Bos et al., 2003). Die Erweiterung der Studie um Aspekte des Einsatzes von Hypertexten im Leseunterricht zeigt, dass Mädchen auch beim Lesen von Hypertexten höhere Testleistungen erzielen als Jungen.

Die Forschung bezieht sich angesichts dieser Entwicklungen jüngst stärker auf die Untersuchung der Einstellungen, Interessen und das Selbstkonzept von Schülerinnen und Schülern bezüglich digitaler Medien, bei der sich allgemein Unterschiede zugunsten der Jungen ausmachen lassen (vgl. Li & Kirkup, 2007; Loocker, 2008; Meelissen, 2008; Schulz-Zander, 2002b; Sieverding & Koch, 2009). Signifikante Unterschiede zwischen den Geschlechtern beim Selbstkonzept computerbezogener Fähigkeiten belegen auch die Schülerbefragungen der Evaluationsstudien zu *Schulen ans Netz*, zu *Selbstlernen in der gymnasialen Oberstufe* (SelMa) und zur *e-nitiative.nrw*: Die Jungen schätzen ihre computerbezogenen Fähigkeiten durchweg signifikant höher ein als die Mädchen (vgl. Hunneshagen et al., 2000; Schulz-Zander, 2002a). Weiterhin werden in Analysen der PISA-2006-Daten geschlechterbezogene Unterschiede in der Computervertrautheit deutlich: Mädchen weisen in Bezug auf ihr Computerwissen, ihre computerbezogenen Interessen und ihre Selbstwirksamkeit Rückstände gegenüber Jungen auf (vgl. Senkbeil & Wittwer, 2007). Wirth und Klieme (2002) zeigen, dass Geschlechterunterschiede in der Selbsteinschätzung der computerbezogenen Fähigkeiten weniger durch die Medienausstattung als durch die unterschiedliche Nutzungshäufigkeit des häuslichen Computers beeinflusst werden. Der Einfluss unterschiedlicher Interessen von Mädchen und Jungen ist dabei deutlich stärker als der der häuslichen Zugangsmöglichkeiten zu Computern und Internet. Daher finden sich in den letzten Jahren zahlreiche Interventionen und Förderprogramme (wie z.B. LizzyNet), die darauf abzielen, Mädchen im Umgang mit Computer- und Informationstechnologien stärker vertraut zu machen und ihre Fähigkeiten auszubauen, um geschlechtsbedingte Unterschiede – den sogenannten *gender gap* – zu minimieren (u.a. Fuller, Turbin & Johnston, 2013). Mit steigendem Alter wird dem Gender – dem sozialen Geschlecht – bei der Entwicklung des computerbezogenen Selbstkonzeptes zudem eine zunehmend größere Bedeutung beigemessen (vgl. Schulz-Zander, 2006).

Die sich in der Kindheit und Jugend anbahnenden und auszumachenden Unterschiede setzen sich nach Abschluss der schulischen Ausbildung fort: Der Anteil der Frauen in technologiebezogenen Berufen, die besonders computerbasiert sind, ist weiterhin geringer als der der Männer (vgl. Anderson, Lankshear, Timms & Courtney, 2008). Die Studie *Programme for the International Assessment of Adult Competencies* (PIAAC) hat diesen starken Zusammenhang zwischen grundlegenden computerbezogenen Kompetenzen und der Partizipation am Arbeitsmarkt noch einmal deutlich gemacht (vgl. Rammstedt, 2013).

In der Sichtung der Forschungsliteratur wird für den Bereich der Interessen und der Nutzung von neuen Technologien deutlich, dass sich Unterschiede zwischen Mädchen und Jungen bereits im Grundschulalter und auch schon davor abzeichnen. Vorliegende Studien geben aber vor allem Einblicke in den Zugang zu und die Nutzung von neuen Technologien im Freizeitbereich. Aktuelle Informationen darüber, ob und wie sich mögliche Geschlechterunterschiede diesbezüglich im schulischen Kontext abzeichnen und welche Entwicklungen hier über die Jahre zu beobachten sind, fehlen.

Der vorliegende Beitrag schließt diese Informations- und Forschungslücke: Für den Bereich der Primarstufe wird auf der Grundlage der IGLU-Studie 2011 für Viertklässlerinnen und Viertklässler untersucht, ob und in welchen Bereichen am Ende der Grundschulzeit Geschlechterdisparitäten auszumachen sind und welcher Trend sich über die letzten Jahre abgezeichnet hat. Dabei werden folgende Fragestellungen zugrunde gelegt:

1. Gibt es einen Unterschied im Zugang zu digitalen Medien und in der Nutzungshäufigkeit zwischen Mädchen und Jungen?
2. Lässt sich zwischen den Jahren 2006 und 2011 eine Veränderung in der Nutzungshäufigkeit digitaler Medien von Mädchen und Jungen feststellen?
3. Lässt sich ein Unterschied in den Einstellungen und Interessen – gemessen an der freiwilligen Teilnahme an schulischen Computerangeboten – zwischen Mädchen und Jungen erkennen?

Das Ziel des vorliegenden Beitrages ist die Beschreibung der Bedingungen, die Grundschulkinder bezüglich digitaler Medien vorfinden, um daraus Hinweise und Anhaltspunkte für die geschlechtsspezifische Entwicklung der Kompetenzen abzuleiten.

Die Datengrundlage der folgenden Analysen entstammt der Studie IGLU 2011 (vgl. Bos et al., 2012). Die für Deutschland repräsentative Stichprobe besteht aus 4 000 Schülerinnen und Schülern der vierten Klasse an insgesamt 197 Schulen. In der Stichprobe ist das Geschlechterverhältnis mit 50.2 Prozent Mädchen und 49.8 Prozent Jungen ausgewogen. Zudem werden für die Betrachtung der Entwicklung der Nutzungshäufigkeit innerhalb von fünf Jahren die Daten der Studie IGLU 2006 (vgl. Bos et al., 2007) herangezogen.

Die im Folgenden dargestellten Analysen berücksichtigen die komplexe Datenstruktur der Studie und wurden mit der Analyse-Software IDB-Analyzer (vgl. Rutkowski, Gonzalez, Joncas & von Davier, 2010) berechnet.

2. Unterschiede in der Nutzungshäufigkeit digitaler Medien

Um mögliche Unterschiede in der Computernutzung zwischen Mädchen und Jungen zu identifizieren, wird zunächst der Zugang von Mädchen und Jungen zu Computern und Internet betrachtet. Nach Angaben der Schülerinnen und Schüler verfügen nahezu alle Kinder über einen Computer im Elternhaus (vgl. Tabelle 1). Rund 83 Prozent geben an, auch einen Internetzugang im Elternhaus zu haben. Zwischen Mädchen und Jungen sind lediglich geringe Differenzen zu verzeichnen, jedoch in beiden Fällen zugunsten der Jungen.

Hinsichtlich der Verfügbarkeit von Lernprogrammen für den Computer im Elternhaus lassen sich Unterschiede zwischen den Geschlechtern ausmachen: Während 74.6 Prozent der Mädchen zu Hause Lernprogramme zur Verfügung haben, sind es nur 64.9 Prozent der Jungen.

Tabelle 1: Computerbesitz, Internetzugang und Software im Elternhaus (Angaben in Prozent), IGLU 2011, Schülerangaben

		Nein		Ja	
		%	(SE)	%	(SE)
Computer	Mädchen	2.8	(0.4)	97.2	(0.4)
	Jungen	3.2	(0.4)	96.8	(0.4)
Internetzugang	Mädchen	17.1	(1.0)	82.9	(1.0)
	Jungen	16.5	(0.9)	83.5	(0.9)
Lernprogramme für den Computer	Mädchen	25.4	(1.4)	74.6	(1.4)
	Jungen	35.1	(1.3)	64.9	(1.3)

Neben dem Zugang zu Computern und Internet wird in einem nächsten Schritt auf die Häufigkeit der Computernutzung fokussiert. Die schulische und häusliche Computernutzung, sowie auch die Häufigkeit der Nutzung an einem anderen Ort werden dabei unterschieden und getrennt für die beiden Geschlechter betrachtet. Hinsichtlich der häuslichen Computernutzung zeigt sich insgesamt, dass Jungen den Computer häufiger nutzen als Mädchen (vgl. Tabelle 2). Während nur etwa ein Viertel (24.3%) der Mädchen angibt, den Computer zu Hause jeden Tag zu nutzen, liegt der Anteil der Jungen bei einem Drittel und damit um etwa 10 Prozentpunkte deutlich höher. Nie oder fast nie wird der Computer von 10.9 Prozent der Jungen und von 12.9 Prozent der Mädchen zu Hause benutzt. Dieser letzte Befund ist nicht nur hinsichtlich des Geschlechteraspektes wichtig: So machen die Analysen deutlich, dass es durchaus einen nicht unerheblichen Anteil an Kindern gibt (mehr als jedes 10. Kind), der zu Hause nie oder fast nie den Computer nutzt.

Die Angaben zur schulischen Nutzungshäufigkeit weichen zwischen den Geschlechtern nur in geringem Maße voneinander ab (vgl. Tabelle 2). Hier ist zu vermuten, dass Mädchen und Jungen im Unterricht nicht grundsätzlich getrennt mit

Tabelle 2: Häufigkeit der schulischen und außerschulischen Computernutzung (Angaben in Prozent), IGLU 2011, Schülerangaben

		Jeden Tag oder fast jeden Tag		Einmal bis zweimal pro Woche		Einmal bis zweimal pro Monat		Nie oder fast nie	
		%	(SE)	%	(SE)	%	(SE)	%	(SE)
Zu Hause	Mädchen	24.3	(1.2)	41.1	(1.5)	21.7	(1.1)	12.9	(1.0)
	Jungen	34.1	(1.2)	39.0	(1.2)	16.0	(0.9)	10.9	(0.7)
In der Schule	Mädchen	5.2	(0.6)	21.7	(1.8)	23.4	(1.5)	49.7	(2.2)
	Jungen	6.5	(1.0)	23.0	(1.8)	22.4	(1.5)	48.1	(2.2)
An einem anderen Ort	Mädchen	5.3	(0.6)	13.1	(1.0)	16.4	(1.0)	65.3	(1.5)
	Jungen	7.9	(0.7)	17.2	(0.8)	20.3	(1.0)	54.7	(1.2)

Differenzen zu 100 Prozent resultieren aus Rundungsfehlern.

Computern lernen. Ein weiterer Grund für die Differenzen im Bereich der Häufigkeit der schulischen Computernutzung zwischen Mädchen und Jungen kann in der unterschiedlichen Wahrnehmung von außerunterrichtlichen Angeboten von Computerkursen in der Schule liegen.

IGLU 2011 erhebt auch, ob die Kinder an anderen Orten als in der Schule und zu Hause, wie etwa bei Freunden oder in öffentlichen Bibliotheken, Computer nutzen. Es zeigt sich, dass im Vergleich zur häuslichen Nutzung eher wenige Grundschulkinder dort regelmäßig (ein- bis zweimal pro Woche bzw. jeden Tag oder fast jeden Tag) Tätigkeiten am Computer ausüben. Auch hier zeichnen sich leichte Differenzen dahingehend ab, dass Jungen den Computer häufiger nutzen als Mädchen.

Insgesamt zeigt sich in Deutschland für Mädchen und Jungen ein relativ homogenes Bild hinsichtlich des Zugangs und der Nutzungshäufigkeit von digitalen Medien. Nur in wenigen Bereichen, vor allem aber in der häuslichen Nutzung, sind Unterschiede zu finden. Insgesamt ist tendenziell eine häufigere Nutzung der Jungen hinsichtlich digitaler Medien erkennbar. Die Mädchen hingegen verfügen zu Hause häufiger über Lernprogramme für den Computer, was die schon in vorangegangenen Studien gemachte Beobachtung stützt, dass Mädchen tendenziell eher als Jungen digitale Medien für lern- und schulrelevante Kontexte zu Hause nutzen.

3. Vergleich der Nutzungshäufigkeit digitaler Medien von Mädchen und Jungen in den Jahren 2006 und 2011

Ein Trend, der in der Zusammenschau der Literatur im Laufe der Zeit immer deutlicher wird, ist die geringer werdende Differenz zwischen Jugendlichen hinsichtlich des Umgangs mit digitalen Medien. Daher stellt sich auch für Viertklässlerinnen und Viertklässler die Frage, ob im Vergleich der Jahre 2006 und 2011 eine Veränderung im Unterschied der Nutzungshäufigkeit zwischen Mädchen und Jungen festzustellen ist. Für diese Fragestellung wird ein Vergleich auf der Datengrundlage der IGLU-Studie 2006 (vgl. Bos et al., 2007) und der IGLU-Studie 2011 (vgl. Bos et al., 2012) angestellt.

Für die häusliche Computernutzung ist eine Zunahme der Nutzungshäufigkeit zu verzeichnen (vgl. Tabelle 3). Mehr Kinder gaben im Jahr 2011 an, den Computer (fast) täglich zu Hause zu benutzen. Dabei steigt der Anteil bei den Mädchen mit 3.8 Prozentpunkten stärker an als bei den Jungen mit 1.3 Prozentpunkten. Auch der Anteil an Viertklässlerinnen und Viertklässlern, die den Computer ein- bis zweimal pro Woche nutzen, ist im Vergleich zu 2006 angestiegen, hier nahezu in gleichem Maße für Mädchen und Jungen.

Für die schulische Computernutzung geben im Jahr 2011 im Vergleich zu 2006 (genau wie für die häusliche Computernutzung) mehr Kinder an, den Computer täglich oder fast täglich zu nutzen. In der Gruppe derer, die angeben, den Computer ein- bis zweimal pro Woche zu nutzen, sinkt der Anteil der Mädchen von 2006 zu 2011 ab, während er bei den Jungen sogar ansteigt.

Auch außerhalb der Schule und des häuslichen Umfelds steigt die Nutzungshäufigkeit von Computern sowohl bei Mädchen als auch bei Jungen im Vergleich der Jahre 2006 zu 2011. Dieser Trend ist eventuell auf die steigende Anzahl an vorhandenen Laptops, Tablet PCs oder Smartphones zurückzuführen, die Kinder zunehmend an verschiedenen Orten nutzen können.

Es zeigt sich insgesamt, dass der festgestellte Trend der gestiegenen Nutzungshäufigkeit von Computern und des geringer werdenden Geschlechterunterschiedes in diesem Bereich auch bereits für Grundschulkinder anhand der vorliegenden Daten der IGLU-Studie bestätigt werden kann. Dennoch wird deutlich, dass bereits in jungem Alter ein Geschlechterunterschied erkennbar ist, der zugunsten der Jungen auf eine in höherem Maße ausgeprägte Nutzung von digitalen Medien hinweist.

Tabelle 3: Vergleich der Häufigkeit der schulischen und außerschulischen Computernutzung zwischen 2006 und 2011 nach Geschlecht (Angaben in Prozent), IGLU 2011, Schülerangaben

			Jeden Tag oder fast jeden Tag		Einmal bis zweimal pro Woche		Einmal bis zweimal pro Monat		Nie oder fast nie	
			%	(SE)	%	(SE)	%	(SE)	%	(SE)
Zu Hause	2011	Mädchen	24.3	(1.2)	41.1	(1.5)	21.7	(1.1)	12.9	(1.0)
		Jungen	34.1	(1.2)	39.0	(1.2)	16.0	(0.9)	10.9	(0.7)
	2006	Mädchen	20.5	(1.4)	38.9	(1.4)	22.9	(1.2)	17.7	(0.8)
		Jungen	32.8	(1.2)	36.6	(1.1)	15.1	(0.7)	15.4	(1.0)
In der Schule	2011	Mädchen	5.2	(0.6)	21.7	(1.8)	23.4	(1.5)	49.7	(2.2)
		Jungen	6.5	(1.0)	23.0	(1.8)	22.4	(1.5)	48.1	(2.2)
	2006	Mädchen	1.6	(0.3)	23.4	(2.1)	21.1	(1.5)	53.9	(2.5)
		Jungen	2.4	(0.4)	21.6	(1.7)	22.6	(1.3)	53.5	(2.3)
An einem anderen Ort	2011	Mädchen	5.3	(0.6)	13.1	(1.0)	16.4	(1.0)	65.3	(1.5)
		Jungen	7.9	(0.7)	17.2	(0.8)	20.3	(1.0)	54.7	(1.2)
	2006	Mädchen	2.9	(0.5)	10.2	(0.7)	17.5	(0.9)	69.4	(1.3)
		Jungen	5.5	(0.5)	16.0	(1.1)	23.9	(1.1)	54.7	(1.3)

Differenzen zu 100 Prozent resultieren aus Rundungsfehlern.

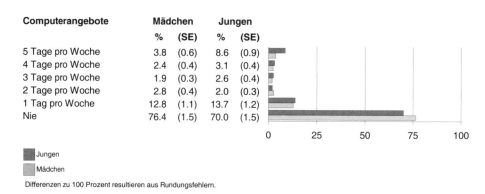

Abbildung 1: Teilnahmehäufigkeit an Angeboten im Computerbereich von Mädchen und Jungen (Angaben in Prozent), IGLU 2011, Schülerangaben

4. Einstellungen und Interessen von Mädchen und Jungen gegenüber neuen Technologien

Die bereits für Viertklässlerinnen und Viertklässler vorgefundenen Geschlechterunterschiede werfen die Frage nach Interessen und Einstellungen der Grundschulkinder hinsichtlich der Nutzung digitaler Medien auf. Ein Anhaltspunkt dazu gibt die Beteiligungsquote von Mädchen und Jungen an schulischen Angeboten im Computerbereich. Hierbei kann zwar nur indirekt auf die Interessen und Einstellungen geschlossen werden, interessant an dieser Stelle ist jedoch die tatsächliche Motivation, einen Computerkurs zu besuchen. Denn auch bei großem Interesse an computerbezogenen Aktivitäten und einer selbstberichteten positiven affektiven Einstellung digitalen Medien gegenüber ist eine Teilnahme an Computerkursen nicht zwangsläufig die Konsequenz. Somit kann ein Kind, das geringere Interessen oder weniger positive Einstellungen gegenüber Computern bekundet, dennoch häufiger an einem Computerkurs teilnehmen und seine Kompetenzen stärker ausbauen als ein Kind mit umfänglichen Interessen, sodass auch hier geschlechtsspezifische Kompetenzunterschiede begünstigt werden können.

Die Betrachtung der Teilnahmehäufigkeit von Mädchen und Jungen an Computerkursen, die an der Schule außerhalb des Unterrichts angeboten werden, verdeutlicht erneut den Geschlechterunterschied zugunsten der Jungen (vgl. Abbildung 1): Jungen nehmen häufiger an Computerangeboten teil als Mädchen. Insgesamt ist jedoch noch ein hoher Prozentsatz an Grundschülerinnen und Grundschülern zu verzeichnen, der nie an Angeboten im Computerbereich außerhalb des Unterrichts teilnimmt: 76.4 Prozent der Mädchen und 70.0 Prozent der Jungen nehmen kein Computerangebot wahr. Zu beachten ist an dieser Stelle jedoch, dass lediglich 45.3 Prozent der Schülerinnen und Schüler eine Grundschule besuchen, die überhaupt über ein solches Angebot verfügen.

5. Zusammenfassung und Diskussion

In diesem Beitrag wurden geschlechtsspezifische Unterschiede zwischen Grundschulkindern bezüglich der Verfügbarkeit und der Nutzungshäufigkeit digitaler Medien an verschiedenen Orten auf der Grundlage von IGLU 2006 und IGLU 2011 untersucht. In einem weiteren Schritt wurde anhand dieser Daten über die Teilnahmehäufigkeiten an schulischen Angeboten im Computerbereich auf die Einstellungen und Interessen gegenüber digitalen Medien geschlossen und Geschlechterunterschiede betrachtet.

Hinsichtlich der Verfügbarkeit digitaler Medien im Elternhaus sind, wie auch schon in der KIM-Studie deutlich geworden ist, nahezu keine Differenzen zwischen Mädchen und Jungen zu erkennen: Lediglich bei der Verfügbarkeit von Lernprogrammen lässt sich ein Unterschied zugunsten der Mädchen beobachten. Jungen geben tendenziell eher an, den Computer bzw. das Internet häufiger zu benutzen als Mädchen, was mit den Befunden aus IGLU 2006 übereinstimmt (vgl. Hornberg et al., 2007). Im Vergleich zwischen den Jahren 2006 und 2011 zeigt sich der Trend, dass Viertklässlerinnen und Viertklässler häufiger digitale Medien nutzen und die Unterschiede zwischen den Geschlechtern geringer werden, möglicherweise auch aufgrund der zunehmend einfacheren und schriftsprachenunabhängigen Bedienbarkeit durch Anwendungen wie beispielsweise Apps. Bezüglich des Interesses an digitalen Medien, das anhand der Teilnahmehäufigkeit an schulischen Angeboten im Computerbereich näherungsweise betrachtet wird, zeigt sich ebenfalls ein Unterschied zugunsten der Jungen: Es nehmen mehr Jungen ein solches Angebot wahr als Mädchen.

Bezüglich der außerschulischen Nutzung von digitalen Medien ist für die weitere Forschung die Art der Nutzung äußerst relevant. Der versierte Umgang mit digitalen Medien kann aus verschiedenen Tätigkeiten resultieren, beispielsweise aus dem Spielen von Computerspielen oder auch aus der Nutzung von Lernsoftware. Offen bleibt also die Frage, zu welchem Zweck die Schülerinnen und Schüler den Computer nutzen. Wichtig in diesem Zusammenhang ist auch die Frage nach der Anleitung, die die Kinder etwa von Eltern oder anderen Nutzern erhalten, oder inwiefern sie allein Erfahrungen sammeln und in der Lage sind, verantwortungsvoll mit neuen Medien umzugehen. Die Qualität der verbrachten Zeit mit digitalen Medien ist ebenfalls ein zentrales Kriterium.

Unterschiede in den Einstellungen der Kinder digitalen Medien gegenüber, die bereits in der Kindheit existieren, können eine Auswirkung auf ihre Kompetenzentwicklung haben. Ein Ansatzpunkt für weitere Forschung sind an dieser Stelle die bereits in der Kindheit gestellten Weichen für geschlechtsspezifische Selbstkonzepte und Aspirationen. Bezogen auf Lernaktivitäten im Unterricht bleibt zu klären, ob es im Unterricht eine geschlechtsspezifische Förderung durch die Lehrkräfte gibt. Auch in der Haltung und der Verhaltensweise der Lehrkräfte kann ein Grund für geschlechtsspezifische Entwicklung von Kompetenzen der Schülerinnen und Schüler im Umgang mit digitalen Medien liegen. Hier hat sich bereits gezeigt, dass Lehrer signifikant häufiger digitale Medien im Unterricht einsetzen als Lehrerinnen (vgl. Breiter, Aufenanger, Averbeck, Welling & Wedjelek, 2013).

Literatur

Anderson, N., Lankshear, C., Timms, C. & Courtney, L. (2008). ‚Because it's boring, irrelevant and I don't like computers': Why high school girls avoid professionally-oriented ICT subjects. *Computers & Education, 50*, 1304–1318.

Breiter, A., Aufenanger, S., Averbeck, I., Welling, S. & Wedjelek, M. (2013). *Medienintegration in Grundschulen. Untersuchung zur Förderung von Medienkompetenz und der unterrichtlichen Mediennutzung in Grundschulen sowie ihrer Rahmenbedingungen in Nordrhein-Westfalen*. Berlin (Vistas): Schriftenreihe Medienforschung der Landesanstalt für Medien NRW (LfM).

Bos, W., Hornberg, S., Arnold, K.-H., Faust, G., Fried, L., Lankes, E.-M., Schwippert, K. & Valtin, R. (2007). *IGLU 2006. Lesekompetenzen von Grundschulkindern in Deutschland im internationalen Vergleich*. Münster: Waxmann.

Bos, W., Lankes, E.-M., Prenzel, M., Schwippert, K., Walther, G. & Valtin, R. (Hrsg.). (2003). *Erste Ergebnisse aus IGLU. Schülerleistungen am Ende der vierten Jahrgangsstufe im internationalen Vergleich*. Münster: Waxmann.

Bos, W., Tarelli, I., Bremerich-Vos, A. & Schwippert, K. (Hrsg.). (2012). *IGLU 2011. Lesekompetenzen von Grundschulkindern in Deutschland im internationalen Vergleich*. Münster: Waxmann.

Eickelmann, B. & Schulz-Zander, R. (2008). Schuleffektivität, Schulentwicklung und digitale Medien. In W. Bos, H. G. Holtappels, H. Pfeiffer, H.-G. Rolff & R. Schulz-Zander. *Jahrbuch der Schulentwicklung, 15* (S. 157–194). Weinheim: Juventa.

Fuller, A., Turbin, J. & Johnston, B. (2013). Computer Club for Girls: The Problem with seeing Girls as the Problem. *Gender and Education, 25*(4), 499–514.

Hornberg, S., Valtin, R., Potthoff, B., Schwippert, K. & Schulz-Zander, R. (2007). Lesekompetenzen von Jungen und Mädchen im internationalen Vergleich. In W. Bos, S. Hornberg, K.-H. Arnold, G. Faust, L. Fried, E.-M. Lankes, K. Schwippert & R. Valtin (Hrsg.), *IGLU 2006. Lesekompetenzen von Grundschulkindern in Deutschland im internationalen Vergleich* (S. 195–223). Münster: Waxmann.

Hunneshagen, H., Schulz-Zander, R. & Weinreich, F. (2000). Schulen ans Netz: Veränderung von Lehr- und Lernprozessen durch den Einsatz Neuer Medien. In H.-G. Rolff, W. Bos, K. Klemm, H. Pfeiffer & R. Schulz-Zander (Hrsg.), *Jahrbuch der Schulentwicklung 11* (S. 155–180). Weinheim: Juventa.

Jansen-Schulz, B. & Kastel, C. (2004). *Jungen arbeiten am Computer, Mädchen können Seil springen. Computerkompetenzen von Mädchen und Jungen. Forschung, Praxis und Perspektiven für die Grundschule*. München: KoPädVerlag.

Li, N. & Kirkup, G. (2007). Gender and cultural differences in Internet use: A study of China and the UK. *Computers & Education, 48*, 301–317.

Loocker, E.D. (2008). Gender and Information Technology. In J. Voogt & G. Knezek (Hrsg.), *International Handbook of Information Technology in Primary and Secondary Education. Part Two* (Bd. 20, S. 779–788). New York: Springer.

MPFS (Medienpädagogischer Forschungsverband Südwest). (2013). *KIM-Studie 2012. Kinder + Medien, Computer + Internet. Basisuntersuchung zum Medienumgang 6- bis 13-Jähriger in Deutschland*. Stuttgart: Medienpädagogischer Forschungsverband Südwest.

Meelissen, M. (2008). Computer Attitudes and Competencies among Primary and Secondary Schoolstudents. *International Handbook of Information Technology in Primary and Secondary Education. Part One* (Band 20, S. 381–395). New York: Springer.

OECD. (2005). *Are students ready for a technology-rich world? What PISA studies tell us*. Paris: OECD.

Preussler, A. & Schulz-Zander, R. (2004). Selbstreguliertes Lernen im Mathematikunterricht. Empirische Ergebnisse des Modellversuches SelMa. In R. Schumacher (Hrsg.), *Innovativer Unterricht mit neuen Medien. Ergebnisse der wissenschaftlichen Begleitung von SEMIK-Einzelprojekten* (S. 119–141). Grünwald: FWU Institut für Film und Bild in Wissenschaft und Unterricht.

Rammstedt (Hrsg.) (2013). *Grundlegende Kompetenzen Erwachsener im internationalen Vergleich. Ergebnisse von PIAAC 2012*. Münster: Waxmann.

Roth-Ebner, C. (2011). Medienkompetenz & Genderkompetenz. Kompetenzen für das Web 2.0. *Medienimpulse 3*.

Rutkowski, L., Gonzalez, E. Joncas, M. & von Davier, M. (2010). International Large-Scale Assessment Data: Issues in Secondary Analysis and Reporting, *Educational Researcher, 39*(2), 142–151.

Schaumburg, H. & Issing, L. (2002). *Lernen mit Laptops. Ergebnisse einer Evaluationsstudie*. Gütersloh: Verlag Bertelsmann Stiftung.

Schulz-Zander, R. (2002a). Geschlechter und neue Medien in der Schule. In B. Fritzsche, C. Nagode & E. Schäfer (Hrsg.). *Geschlechterverhältnis und sozialer Wandel* (S. 251–271).Opladen: Leske + Budrich.

Schulz-Zander, R. (2002b). Geschlecht und neue Medien im Bildungsbereich Schule – Empirische Befunde zur Computernutzung, zu Interessen, Selbstkonzept, Interaktionen und Fördermaßnahmen. In M. Kampshoff & B. Lumer (Hrsg.), *Chancengleichheit im Bildungswesen* (S. 251–271). Opladen: Leske + Budrich.

Schulz-Zander (2006). Digitale Medien im Alltag und Schulunterricht. In A. Fritz, R. Klupsch-Sahlmann & G. Ricken (Hrsg.), *Handbuch Kindheit und Schule. Neue Kindheit, neues Lernen, neuer Unterricht* (S. 283–295). Weinheim: Beltz.

Schulz-Zander, R. & Riegas-Staackmann, A. (2004). Neue Medien im Unterricht. Eine Zwischenbilanz. In H.G. Holtappels, K. Klemm, H. Pfeiffer, H.-G. Rolff & R. Schulz-Zander (Hrsg.), *Jahrbuch der Schulentwicklung 13* (S. 291–330). Weinheim: Juventa.

Senkbeil, M. & Wittwer, J. (2007). Die Computervertrautheit von Jugendlichen und Wirkungen der Computernutzung auf den fachlichen Kompetenzerwerb. In M. Prenzel, C. Artelt, J. Baumert, W. Blum, M. Hammann, E. Klieme & R. Pekrun (Hrsg.), *PISA 2006. Die Ergebnisse der dritten internationalen Vergleichsstudie* (S. 277–307). Münster: Waxmann.

Sieverding, M. & Koch, S.C. (2009). (Self-)Evaluation of computer competence: How gender matters. *Computers & Education, 52*, 696–701.

Voss, A. (2006). *Print- und Hypertextlesekompetenz im Vergleich. Eine Untersuchung von Leistungsdaten aus der Internationalen Grundschul-Lese-Untersuchung (IGLU) und der Ergänzungsstudie Lesen am Computer (LaC)*. Münster: Waxmann.

Wirth, J. & Klieme, E. (2002). Computer literacy im Vergleich zwischen Nationen, Schulformen und Geschlechtern. *Unterrichtswissenschaft, 30*(1), 136–157.

Digitale Kluft in der Grundschule?
Die Ausstattung und Nutzung digitaler Medien von Kindern vor dem Hintergrund sozialer Disparitäten

Kerstin Drossel, Julia Gerick & Birgit Eickelmann

Sowohl nationale als auch internationale Forschungsergebnisse haben wiederholt gezeigt, dass der sozioökonomische Status der Familie eng mit dem Bildungserfolg von Schülerinnen und Schülern gekoppelt ist (vgl. z.B. Autorengruppe Bildungsberichterstattung, 2012; OECD, 2010; Stubbe, Tarelli & Wendt, 2012; Wendt, Stubbe & Schwippert, 2012). Expertinnen und Experten sprechen in diesem Zusammenhang von einer doppelten Benachteiligung und unterscheiden zwischen sogenannten primären und sekundären Herkunftseffekten (Boudon, 1974). Die primären Effekte beziehen sich auf herkunftsbedingte Leistungsunterschiede zwischen Schülerinnen und Schülern aus bildungsnahen und bildungsfernen Elternhäusern, wobei Kinder aus bildungsnahen Familien durchschnittlich bessere Leistungen in Schulstudien zeigen. Die sekundären Effekte führen im Zeitverlauf, auch unter statistischer Kontrolle der primären Effekte, durch herkunftsbedingte Bildungsentscheidungen seitens der Familien und Institutionen zu weiteren Benachteiligungen (Stubbe, 2009). Hierzu gehören z.B. Bildungsentscheidungen von Lehrpersonen und Eltern beim Übergang von der Grundschule zur weiterführenden Schule, für die gezeigt werden konnte, dass Kinder aus privilegierten Elternhäusern deutlich häufiger auf ein Gymnasium wechseln als Kinder, die zwar die gleiche Leistung zeigen, aber aus einkommensschwächeren Familien stammen. Solche soziale Disparitäten spiegeln sich auch bei der Ausstattung und Nutzung digitaler Medien wider. Daher wird im vorliegenden Beitrag die Ausstattung mit digitalen Medien sowie ihre Nutzung unter dem Fokus sozialer Disparitäten und der Leseleistung der Schülerinnen und Schüler untersucht. Im Fokus stehen dabei Grundschülerinnen und Grundschüler am Ende der vierten Klasse, für die bisher nur wenige Daten und keine repräsentativen Studien vorliegen, die die schulische und außerschulische Mediennutzung im Kontext von sozialen Disparitäten betrachten.

1. Befunde zu sozialen Disparitäten hinsichtlich digitaler Medien

Studien konnten in den vergangenen Jahren Unterschiede hinsichtlich der Verfügbarkeit digitaler Medien zugunsten privilegierter Schülerfamilien identifizieren (Attewell, 2001; OECD, 2006; Volman, van Eck, Heemskerk & Kniper 2005). In

Bezug auf die Nutzung zeigt sich darüber hinaus, dass Jugendliche aus privilegierten Elternhäusern Medien häufiger für bildungsbezogene Aspekte nutzen (Otto, Kutscher, Klein & Iske, 2004). Die Beobachtungen stehen im Einklang mit den Ergebnissen von Wagner (2008), die für die Medienaneignung von Hauptschülerinnen und -schülern einen Fokus auf weniger bildungswirksame und mehr kommunikative, spielorientierte und produktive Umgangsweisen identifiziert. Zillien (2006) kann auf der Grundlage empirischer und für Deutschland repräsentativer Daten zeigen, dass statushöhere Mediennutzerinnen und -nutzer aufgrund von schichtspezifischen Wissens- und Bedeutungsschemata stärker vom Internet profitieren. Sie prognostizierte daher schon vor fast zehn Jahren eine Verfestigung sozialer Ungleichheiten im Sinne eines *digital divides*. Auch Senkbeil und Wittwer (2008) haben auf der Datengrundlage des *Programme for International Student Assessments* (PISA) für die Sekundarstufe soziale Disparitäten hinsichtlich der Nutzung von Medien aufgedeckt. Sie identifizieren zwei Grundtypen von Nutzern: bildungsbezogene und unterhaltungsbezogene Anwender. Die Jugendlichen, die dem bildungsbezogenem Nutzungstyp zugeordnet wurden, finden zu Hause mehr kulturelle Besitztümer (wie Bücher), kommunikativere Strukturen und insgesamt ein höheres Bildungsniveau der Eltern vor als diejenigen Jugendlichen, die in den unterhaltungsorientierten Mediennutzungstyp zugeordnet wurden.

Ausgehend von der Annahme, dass ein kompetenter Umgang mit digitalen Medien in einer Informations- und Wissensgesellschaft von zentraler Bedeutung ist (u.a. Eickelmann, 2010), ist anzunehmen, dass sich soziale Disparitäten im Zugang zu und der Nutzung von digitalen Medien zunehmend auch als Teil von Bildungserfolg widerspiegeln. So kommen beispielsweise Schulz-Zander, Eickelmann und Goy (2010) – mittels einer Mehrebenenregressionsanalyse auf der Grundlage der *Internationalen Grundschul-Lese-Untersuchung* (IGLU) – zu dem Ergebnis, dass zusätzlich zur sozialen Lage der häusliche Computerbesitz als eigenständiges Merkmal zur Erklärung der Leseleistung beiträgt.

Vor dem Hintergrund der skizzierten Bedeutsamkeit sozialer Disparitäten im Kontext digitaler Medien in der Grundschule stellen sich im vorliegenden Beitrag damit die folgenden Forschungsfragen:

1. Inwiefern haben Schülerinnen und Schüler aus Familien mit unterschiedlichem sozioökonomischem Status zu Hause Zugang zu digitalen Medien?
2. Liegen Unterschiede in der Nutzung von digitalen Medien zu Hause, im Unterricht sowie in außerunterrichtlichen Aktivitäten differenziert nach sozioökonomischem Status der Familie der Schülerinnen und Schüler vor?
3. Zeigen sich bei unterschiedlicher medialer Ausstattung und Art der Nutzung auch Unterschiede hinsichtlich der Leseleistung?

Die häusliche Ausstattung meint die Ausstattung der Schülerfamilien mit Computern und Internetzugang. Die schulische Nutzung fokussiert einerseits die unterrichtliche Nutzung digitaler Medien und andererseits die Teilnahme an außerunterrichtlichen Computerkursen. Die Leseleistung wird für die vertiefenden Analysen als Fachdomäne ausgewählt, weil sie als Basiskompetenz in anderen Fächern notwendig ist. Diesbezüglich wird untersucht, ob sich bei unterschiedlicher medialer Ausstattung und Art der Nutzung auch Unterschiede hinsichtlich der Leseleistung ergeben.

Die Beantwortung der Forschungsfragen erfolgt auf Grundlage der aktuellen Daten von IGLU 2011 (vgl. Bos, Tarelli, Bremerich-Vos & Schwippert, 2012), die eine repräsentative Stichprobe von 4000 Schülerinnen und Schülern der vierten Jahrgangsstufe an 197 Schulen umfasst. Zugrunde liegen Daten aus den Eltern- sowie dem Schülerfragebögen und zwar insbesondere Angaben zur häuslichen und schulischen Nutzung digitaler Medien, Informationen zur Ermittlung des sozioökonomischen Status der Schülerfamilien sowie zur Leseleistung der Grundschulkinder.

Bei der Betrachtung und Analyse sozialer Disparitäten in Schulleistungsstudien im Allgemeinen werden in der internationalen und nationalen Forschung unterschiedliche Definitionen und Operationalisierungen herangezogen. In Deutschland wird im Rahmen von Schulleistungsstudien neben anderen Indikatoren (z.B. dem HISEI) der sozioökonomische Status der Familie, operationalisiert durch die sogenannten EGP-Klassen (zurückgehend auf Erikson, Goldthorpe und Portocareo, 1979), zur differenzierten Beschreibung verwendet (Ehmke & Jude, 2010; Stubbe et al., 2012; Wendt et al., 2012). Bei der Bildung der EGP-Klassen und damit der Einteilung der Schülerinnen und Schüler in sechs zu unterscheidende soziale Lagen werden die beruflichen Tätigkeiten der Eltern unter der Berücksichtigung verschiedener Informationen, nämlich der Art der Tätigkeit (manuell, nicht manuell, landwirtschaftlich), der Stellung im Beruf (selbständig, abhängig beschäftigt), den Weisungsbefugnissen (keine, geringe, große) sowie den zur Berufsausübung erforderlichen Qualifikationen (keine, niedrige, hohe) gruppiert (u.a. Ehmke & Baumert, 2007). Anschließend werden die Berufe in sieben (teilweise auch zehn) Berufsgruppen, von der oberen Dienstklasse bis zum un- und angelernten Arbeiter, eingeteilt, wobei in den hier berichteten Analysen die Kategorien der Facharbeiter und Arbeiter zu einer zusammengefasst werden und sich für die nachfolgenden Analysen eine Aufteilung in sechs Gruppen ergibt (vgl. Tabelle 1).

Im vorliegenden Beitrag werden, wie in Schulleistungsstudien üblich (u.a. Bos, Wendt, Köller & Selter, 2012; PISA-Konsortium, 2007), die EGP-Klassen als Indikator für den sozioökonomischen Status der Schülerfamilien herangezogen. Dazu wird die höchste EGP-Klasse der Familie (also entweder von der Mutter oder vom Vater) für die Analysen verwendet. Da der internationale Teil der IGLU-Fragebögen nur eine begrenzte Anzahl an Variablen zur Bildung von Indikatoren zum sozioökonomischen Status der Schülerinnen und Schüler enthält, wird zusätzlich die nationale Erweiterung für Deutschland herangezogen, auf der die Bildung der EGP-Klassen als differenziertere Form der Erfassung des sozioökonomischen

Tabelle 1: Beispiele für EGP-Klassen (in Anlehnung an Baumert & Schümer, 2001)

Sozioökonomischer Status der Familie (EGP-Klasse)	Beispiele
Obere Dienstklasse (I)	Freie akademische Berufe, führende Angestellte, Selbstständige mit mehr als 10 Mitarbeitern
Untere Dienstklasse (II)	Mittleres Management, technische Angestellte mit nicht manueller Tätigkeit
Routinedienstleistungen (III)	Verkaufs- und Serviceaktivitäten
Selbstständige (IV)	Selbstständige mit manuellen Berufen, selbstständige Landwirte
(Fach-)Arbeiter (V, VI)	Vorarbeiter, Meister, Techniker
Un- und angelernte Arbeiter (VII)	Manuelle Tätigkeiten mit geringem Anforderungsniveau

Status basiert. Daher kann im vorliegenden Beitrag kein internationaler Vergleich vorgenommen werden.

2. Häusliche Ausstattung mit digitalen Medien differenziert nach sozioökonomischem Status der Schülerinnen und Schüler

Zunächst wird der Frage nachgegangen, ob sich Schülerinnen und Schüler mit unterschiedlichem sozioökonomischem Status hinsichtlich ihrer häuslichen Computerausstattung und dem Zugang zum Internet zu Hause voneinander unterscheiden. Darüber hinaus wird betrachtet, ob sich unter Berücksichtigung der Zugangsmöglichkeiten zu digitalen Medien Unterschiede bezüglich der Leseleistung von Schülerinnen und Schüler aus Familien mit unterschiedlichem sozioökonomischem Status zeigen.

2.1 Computerausstattung und Internetzugang zu Hause differenziert nach sozioökonomischem Status

Betrachtet man den Computerbesitz der Schülerfamilien unter Berücksichtigung der höchsten EGP-Klasse der Eltern (vgl. Abbildung 1), so zeigt sich für alle Grundschulkinder in Deutschland, dass sie zu einem großen Teil zu Hause über einen Computer verfügen. Am höchsten ist jedoch der Anteil in der Gruppe der Kinder, deren Familie der oberen Dienstklasse angehört. So verfügen 98.0 Prozent der Schülerinnen und Schüler aus Familien der oberen Dienstklasse über einen Computer zu Hause. Aber auch Haushalte, die anderen Dienstklassen zuzuordnen sind, sind größtenteils mit einem Computer ausgestattet. So verfügen beispielsweise 97.2 Prozent der Schülerinnen und Schüler aus Familien der Dienstklasse der un- und angelernten Arbeiter über einen Computer. Der geringste Anteil von

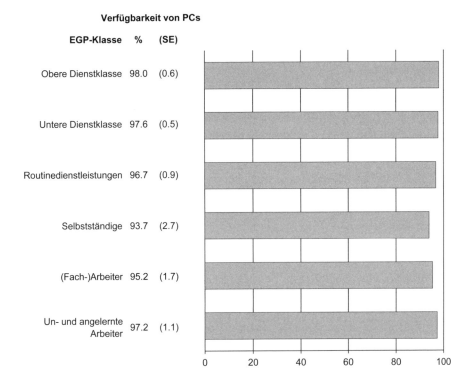

Abbildung 1: Anteil der Schülerinnen und Schüler nach EGP-Klasse, die zu Hause über einen Computer verfügen, IGLU 2011, Schüler- und Elternangaben

verfügbaren Computern zu Hause findet sich mit 93.7 Prozent bei Kindern aus Selbstständigen-Familien. Es zeigt sich somit, dass der sozioökonomische Status der Familien kein besonders ausschlaggebender Indikator für den Besitz eines Computers in der Schülerfamilie zu sein scheint und die meisten Kinder zu Hause Zugang zu einem Computer haben. Dies entspricht auch den Ergebnissen der KIM-Studie (MPFS, 2012), bei der 95.0 Prozent der 6 bis 13-Jährigen angegeben haben, dass ihre Familie über einen Computer verfügt, sowie den Ergebnissen zu Medienausstattung in diesem Band (vgl. Vennemann & Eickelmann in diesem Band).

Für die Verfügbarkeit eines Internetanschlusses zu Hause zeigen sich ähnliche Ergebnisse wie zuvor bei der Computerverfügbarkeit. Auch hier steht vielen Kindern zu Hause ein Internetzugang zur Verfügung (vgl. Abbildung 2). Bei Kindern aus Elternhäusern, die zur oberen Dienstklasse gezählt werden, ist der Anteil mit 86.8 Prozent erneut am höchsten, bei den [Fach-]Arbeitern am geringsten (80.1%). Trotz des hohen Ausstattungsniveaus wird deutlich, dass ein Internetanschluss in den Familien längst nicht überall verfügbar ist und dass sich an dieser Stelle Unterschiede nach sozioökonomischem Status der Familie zeigen.

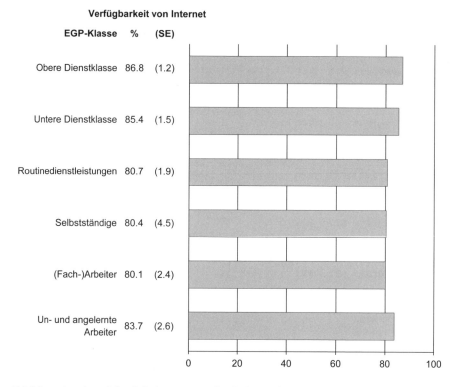

Abbildung 2: Anteil der Schülerinnen und Schüler nach EGP-Klasse, die zu Hause über einen Internetzugang verfügen, IGLU 2011, Schüler- und Elternangaben

Grundsätzlich bleiben aber als Vertiefung zu den vorangegangenen Analysen hinsichtlich der Ausstattung mit digitalen Medien die Fragen bestehen, welche Qualität die Geräte haben, welche Art von Geräten bzw. welche Form des Internetzugangs und wie viele Geräte vorhanden sind. Diese können allerdings anhand der Datengrundlage an dieser Stelle nicht beantwortet werden. Zu vermuten ist, dass Familien mit einem höheren sozioökonomischen Status über modernere Technikausstattung verfügen und auch die Anzahl der Geräte, und in den letzten Jahren vor allem auch die der mobilen Endgeräte wie Laptops und Tablet-PCs, deutlich angestiegen ist. Ebenso wichtig ist die Frage danach, ob sich für die Ausstattung mit digitalen Medien Unterschiede in der Leseleistung der Grundschulkinder zeigen lassen. Dies wird im nächsten Abschnitt vertiefend untersucht.

2.2 Häusliche Ausstattung nach sozioökonomischem Status und die Verknüpfung mit der Leseleistung

Forschungsbefunde, auch aus der IGLU-Studie, zeigen, dass der sozioökonomische Status eng mit der Leseleistung der Schülerinnen und Schüler verknüpft ist. Die Frage ist nun, ob sich auch soziale Disparitäten im Zugang zu digitalen

Medien in den Leseleistungen der Grundschulkinder wiederfinden. Vergleicht man also die Leseleistung der Schülerinnen und Schüler mit und ohne Computerbesitz zu Hause nach EGP-Klasse, so zeigt sich, dass Kinder, die in Haushalten leben, die einen Computer zur Verfügung haben, in allen Dienstklassen bessere Leseleistungen aufweisen als Kinder, die keinen Computer zu Hause besitzen. So erreichen beispielsweise Schülerinnen und Schüler, deren Eltern der EGP-Klasse der un- und angelernten Arbeiter zuzuordnen sind und zu Hause einen Computer besitzen, eine Leseleistung von 517 Punkten und die Schülerinnen und Schüler, die keinen Computer besitzen, eine Leseleistung von 475 Punkten. Dieser Unterschied entspricht etwa einem Lernjahr (Bos, Schwippert & Stubbe, 2007). Bei der oberen Dienstklasse weisen die Kinder mit einem Computer zu Hause eine Leseleistung von 576 Punkten und die Kinder ohne einen Computer zu Hause eine Leseleistung von 543 Punkten auf. Allerdings sind die Unterschiede in den Leistungen nicht signifikant. Lediglich bei der Dienstklasse der Routinedienstleistungen lässt sich feststellen, dass Schülerinnen und Schüler mit einem Computer zu Hause keine besseren Leseleistungen aufweisen. Hier schneiden die Kinder besser ab, die keinen Computer zu Hause zur Verfügung haben, wobei sich die Leseleistung der Kinder mit und ohne Computer zu Hause ebenfalls nicht signifikant voneinander unterscheidet. Allerdings muss an dieser Stelle angemerkt werden, dass die Gruppe der Kinder, die zu Hause nicht über einen Computer verfügt, nur sehr klein ist.

Daher lohnt es sich, Unterschiede in der Leseleistung bei Kindern mit und ohne Internetzugang zu Hause differenziert nach dem sozioökonomischen Status genauer zu betrachten, da die Gruppe der Kinder ohne Internetzugang größer ist als die der Kinder ohne PC. Die Ergebnisse fallen ähnlich aus: Äquivalent zu der Computerausstattung schneiden die Kinder in fast allen Dienstklassen besser ab, die über einen Internetzugang zu Hause verfügen. Lediglich Kinder aus Selbstständigen-Familien sowie aus Familien, die der Dienstklasse der un- und angelernten Arbeiter zuzuordnen sind, weisen eine bessere Leseleistung auf, wenn sie zu Hause nicht über einen Internetzugang verfügen. Die Differenz beträgt 19 bzw. 7 Leistungspunkte, ist allerdings nicht signifikant. Auch für die anderen Dienstklassen sind die identifizierten Unterschiede in der Leseleistung nicht signifikant. Lediglich für Schülerinnen und Schüler aus Familien der oberen Dienstklasse zeigt sich ein statistisch bedeutsamer Unterschied: So erreichen Schülerinnen und Schüler aus Familien der oberen Dienstklasse, die zu Hause über einen Internetzugang verfügen, eine Leseleistung von 579 Punkten und Schülerinnen und Schüler, die keinen Internetzugang zu Hause haben, eine Leseleistung von 553 Punkten.

Zusammenfassend lässt sich für Grundschulkinder in Deutschland festhalten, dass Schülerinnen und Schüler, die zu Hause einen Computer sowie einen Internetzugang zur Verfügung haben, oftmals höhere Leseleistungen erzielen, sich allerdings keine besonders hervorzuhebenden Unterschiede zwischen Kindern aus Familien mit unterschiedlichem sozioökonomischem Status ergeben.

3. Häusliche und schulische Nutzung des Computers differenziert nach sozioökonomischem Status der Schülerinnen und Schüler

Da der potenzielle Zugang zu einem Computer noch keinen Aufschluss darüber gibt, inwieweit dieser überhaupt, aber auch speziell für bildungsförderliche Zwecke, genutzt wird, widmet sich der folgende Abschnitt der Intensität der Nutzung. Neben der häuslichen Nutzung wird dabei auch die Computernutzung in der Schule betrachtet. Zudem wird auf verschiedene computerbezogene Tätigkeiten, wie internetbasierte Informationsrecherchen für schulische Zwecke oder das Schreiben von E-Mails, fokussiert. Dabei wird der Frage nachgegangen, ob soziale Disparitäten hinsichtlich der Nutzung digitaler Medien zu Hause und in der Schule zu identifizieren sind.

3.1 Computernutzung von Schülerinnen und Schülern zu Hause und in der Schule differenziert nach sozioökonomischem Status

Hinsichtlich der Computernutzung zu Hause ist festzustellen, dass nicht alle Kinder, die über einen Computer zu Hause verfügen, diesen auch nutzen (vgl. Tabelle 2). Über fast alle EGP-Klassen hinweg zeigt sich, dass etwa ein Achtel der Kinder den vorhandenen Computer nie zu Hause nutzt oder nutzen darf (obere Dienstklasse=11.7%, untere Dienstklasse=12.0%, Routinedienstleistungen=11.3%, Selbstständige=15.0%, [Fach-]Arbeiter=12.9%). Eine Ausnahme stellt die Nutzungshäufigkeit in der EGP-Klasse der un- und angelernten Arbeiter dar. Hier nutzen lediglich 6.1 Prozent der Schülerinnen und Schüler nie zu Hause den Computer.

Der Eindruck aus den deskriptiven Befunden, dass der sozioökonomische Status der Schülerinnen und Schüler kein bedeutsames Merkmal bei der Betrachtung von Unterschieden bei der häuslichen Computernutzung darstellt, bestätigt sich auch im Rahmen einer linearen Regressionsanalyse, in welcher die Computernutzung zu Hause als abhängige und die EGP-Klasse (dichotomisiert in die beiden Kategorien *Obere Dienstklasse* und *alle anderen Dienstklassen*) als unabhängige Variable modelliert wurde. Im Ergebnis zeigen sich keine signifikanten Effekte: Der sozioökonomische Status der Familie stellt keinen relevanten Prädiktor für die Computernutzung zu Hause dar.

Bei der Computernutzung in der Schule (vgl. Tabelle 2) zeigt sich, dass etwa die Hälfte der Schülerinnen und Schüler in den meisten EGP-Klassen den Computer nie in der Schule nutzt (untere Dienstklasse=51.6%, Routinedienstleistungen=50.2%, [Fach-]Arbeiter=51.6%, un- und angelernte Arbeiter=49.2%). Etwas höher ist der Anteil der Kinder aus der Dienstklasse der Selbstständigen (57.1%), etwas geringer für Kinder aus der oberen Dienstklasse (46.6%). An dieser Stelle sind die Unterschiede nominell ebenfalls eher gering. Auch für die schulische

Nutzung konnte eine lineare Regressionsanalyse zeigen, dass sich Unterschiede in der schulischen Computernutzung nicht durch den sozioökonomischen Status der Schülerfamilien erklären lassen.

Tabelle 2: Computernutzung der Schülerinnen und Schüler zu Hause und in der Schule nach EGP-Klasse der Familie (Angaben in Prozent) und Leseleistung, IGLU 2011, Schüler- und Elternangaben

	Nutzung des Computers zu Hause				Nutzung des Computers in der Schule			
	%	(SE)	M	(SE)	%	(SE)	M	(SE)
Obere Dienstklasse								
Jeden oder fast jeden Tag	23.5	(1.5)	572	(6.4)	4.6	(1.1)	527	(12.6)
Ein- bis zweimal pro Woche	42.3	(2.0)	572	(3.7)	19.9	(2.3)	580	(6.4)
Ein- bis zweimal pro Monat	22.5	(1.6)	584	(4.3)	28.9	(2.2)	587	(4.3)
Nie oder fast nie	11.7	(1.3)	583	(7.5)	46.6	(2.6)	576	(3.6)
Untere Dienstklasse								
Jeden oder fast jeden Tag	28.4	(1.7)	544	(5.1)	3.8	(0.6)	524	(11.2)
Ein- bis zweimal pro Woche	38.0	(1.9)	560	(3.5)	21.1	(2.1)	554	(5.7)
Ein- bis zweimal pro Monat	21.7	(1.5)	565	(5.7)	23.5	(1.8)	566	(4.7)
Nie oder fast nie	12.0	(1.2)	566	(5.5)	51.6	(2.7)	560	(4.0)
Routinetätigkeiten								
Jeden oder fast jeden Tag	30.6	(2.1)	512	(6.2)	5.8	(1.1)	490	(12.8)
Ein- bis zweimal pro Woche	40.2	(2.4)	541	(3.8)	24.6	(2.7)	528	(6.3)
Ein- bis zweimal pro Monat	17.9	(2.1)	551	(6.7)	19.3	(2.2)	543	(7.2)
Nie oder fast nie	11.3	(1.5)	544	(7.8)	50.2	(3.2)	540	(5.0)
Selbstständige								
Jeden oder fast jeden Tag	24.5	(4.4)	518	(10.2)	3.7	(1.8)	484	(32.3)
Ein- bis zweimal pro Woche	40.6	(4.6)	533	(9.7)	17.0	(3.7)	534	(15.5)
Ein- bis zweimal pro Monat	20.0	(4.3)	535	(11.9)	22.3	(4.4)	545	(12.1)
Nie oder fast nie	15.0	(3.7)	551	(16.1)	57.1	(4.9)	529	(7.1)
(Fach-)Arbeiter								
Jeden oder fast jeden Tag	33.9	(4.0)	500	(7.0)	10.7	(2.8)	474	(15.9)
Ein- bis zweimal pro Woche	39.8	(3.8)	525	(6.8)	18.2	(3.3)	512	(7.8)
Ein- bis zweimal pro Monat	13.4	(2.1)	544	(14.3)	19.5	(3.2)	533	(10.8)
Nie oder fast nie	12.9	(2.8)	511	(13.4)	51.6	(4.2)	524	(8.0)
Un- und angelernte Arbeiter								
Jeden oder fast jeden Tag	44.0	(3.5)	504	(8.2)	9.0	(2.0)	483	(16.8)
Ein- bis zweimal pro Woche	37.1	(3.5)	524	(7.1)	23.5	(3.4)	525	(9.1)
Ein- bis zweimal pro Monat	12.8	(2.4)	531	(12.9)	18.3	(3.2)	531	(10.6)
Nie oder fast nie	6.1	(1.5)	532	(17.4)	49.2	(4.2)	516	(8.7)

Differenzen zu 100 Prozent resultieren aus Rundungsfehlern.

Zusammenfassend lässt sich feststellen, dass der sozioökonomische Status kaum einen Unterschied in der schulischen Computernutzung ausmacht.

3.2 Häusliche und schulische Computernutzung nach sozioökonomischem Status und die Verknüpfung mit der Leseleistung

Über alle EGP-Klassen hinweg erreichen Kinder, die zu Hause täglich den Computer nutzen, in der Regel die geringste Leseleistung (vgl. Tabelle 2). Lediglich Schülerinnen und Schüler aus Familien der oberen Dienstklasse erreichen bei einer ein- bis zweimaligen wöchentlichen Nutzung des Computers zu Hause gleiche Leseleistungen wie bei einer täglichen Computernutzung zu Hause (jeweils 572 Punkte). Die Unterschiede der Leseleistung fallen allerdings nicht so stark aus, wie es bei den oben betrachteten häuslichen Ausstattungsmerkmalen der Fall war. So erreichen beispielsweise Schülerinnen und Schüler aus Familien der oberen Dienstklasse, die den Computer nie oder wöchentlich nutzen, eine Leseleistung von 583 Punkten. Auch hinsichtlich der Computernutzung in der Schule zeigen sich differenziert nach EGP-Klassen Unterschiede in der Leseleistung je nach Intensität der Computernutzung. So weisen Schülerinnen und Schüler in allen EGP-Klassen, die den Computer täglich in der Schule nutzen, eine geringere Leseleistung auf als Kinder, die den Computer wöchentlich, monatlich oder auch nie nutzen.

3.3 Computertätigkeiten von Schülerinnen und Schülern differenziert nach sozioökonomischem Status

Mit der Information, wo und in welcher Intensität die Schülerinnen und Schüler den Computer nutzen, ist allerdings noch nicht geklärt, welche Tätigkeiten mit dem Computer ausgeführt werden. Dieser Frage wird im folgenden Abschnitt nachgegangen, wobei die Bereiche der Internetnutzung für die Schule sowie auch für verschiedene private Zwecke im Mittelpunkt stehen. Zudem wird erneut eine Verknüpfung mit der Leseleistung der Schülerinnen und Schüler vorgenommen.

Zunächst ist ersichtlich, dass Unterschiede im Nutzungsverhalten von Schülerinnen und Schülern aus Familien unterschiedlicher Dienstklassen zu beobachten sind (vgl. Tabelle 3). Es zeigt sich beispielsweise, dass 14.6 Prozent der Kinder, deren Eltern der oberen Dienstklasse zuzuordnen sind, täglich Informationen für die Schule recherchieren und 28.8 Prozent dies niemals praktizieren. Bei Kindern, deren Eltern in die EGP-Klasse der un- und angelernten Arbeiter einzugruppieren sind, ist das Verhältnis hingegen entgegengesetzt: Fast ein Drittel nutzen das Internet täglich für schulische Informationsrecherchen (29.0%) und 16.0 Prozent nie. Dieses Verhältnis ist auch bei den anderen betrachteten Nutzungsformen, wie dem Chatten und dem Schreiben von E-Mails, die dem privaten bzw. auch freizeitbezogenen Bereich zugeordnet werden können, erkennbar. Über die Interpretation dieses Ergebnisses kann auf der Grundlage der Datenlage nur spekuliert werden. In vertiefenden Analysen sollte jedoch der Frage nachgegangen werden, ob Kinder aus bildungsfernen Schichten, in denen weniger Bücher und andere Lernmaterialien zur Verfügung stehen, das Internet für sich als Informationsquelle für die Schule nutzen und sich aus diesem Ansatz die höhere Nutzungsrate des Internets für die Schule bei Kindern aus Familien mit niedrigerem sozioökonomischem Status erklären lässt.

3.4 Computertätigkeiten nach sozioökonomischem Status und die Verknüpfung mit der Leseleistung

Auch bei der Betrachtung von schulischen und privaten bzw. freizeitbezogenen Computertätigkeiten zeigt sich, dass Kinder, die das Internet täglich bzw. fast täglich nutzen, die geringste Leseleistung aufweisen (vgl. Tabelle 3). So erreichen Schülerinnen und Schüler, die täglich Informationen für die Schule im Internet recherchieren und deren Eltern der oberen Dienstklasse zuzuordnen sind, eine Leseleistung von 542 Punkten. Schülerinnen und Schüler aus Familien dieser Dienstklasse, die ein- bis zweimal im Monat Informationen für die Schule im Internet recherchieren, erreichen hingegen 590 Punkte. Die Differenz von ca. 50 Punkten entspricht etwa einem Lernjahr. Bei den drei EGP-Klassen un- und angelernte Arbeiter, [Fach-]Arbeiter und Selbstständige fällt die Differenz hinsichtlich der Leseleistung zwischen den Schülerinnen und Schülern, die täglich und nie den Computer in der Schule nutzen, hingegen deutlich geringer aus. Beträchtliche Unterschiede hinsichtlich der Leseleistung zwischen einer schulisch orientierten Internetnutzung und anderen nicht-schulbezogenen Internetaktivitäten lassen sich für keine EGP-Klasse feststellen.

3.5 Teilnahme an außerunterrichtlichen Computerkursen differenziert nach dem sozioökonomischen Status der Schülerinnen und Schüler

Neben der Betrachtung der häuslichen und schulischen Computernutzung wird in einem letzten Schritt auch auf die Teilnahme an außerunterrichtlichen Angeboten im Computerbereich in der Schule fokussiert. Zur Qualität der Angebote kann an dieser Stelle jedoch keine Aussage gemacht werden. Da davon auszugehen ist, dass die Kinder im Gegensatz zu den bisher betrachteten Nutzungsformen durch Personen betreut werden, die im Computerbereich engagiert sind oder über entsprechende Medienkompetenz verfügen, darf mit gebotener Zurückhaltung ein positiver Zusammenhang zwischen außerunterrichtlicher Computernutzung und Kompetenzerwerb erwartet werden.

Tabelle 3: Häufigkeit der Internetnutzung für verschiedene Tätigkeiten nach EGP-Klasse der Familie (Angaben in Prozent) und Leseleistung, IGLU 2011, Schüler- und Elternangaben

	Informationen für die Schule recherchieren		Chatten und E-Mails schreiben		Etwas über Musik herausfinden		Dinge über Sport nachschauen		Etwas über andere Aktivitäten/ Interessen herausfinden	
	%	M	%	M	%	M	%	M	%	M
Obere Dienstklasse										
Jeden oder fast jeden Tag	14.6	542	13.8	541	15.0	537	14.7	542	12.6	544
Ein- bis zweimal pro Woche	24.4	575	11.9	563	18.7	573	16.8	563	19.3	560
Ein- bis zweimal pro Monat	32.1	590	11.3	582	20.9	585	17.6	588	24.5	591
Nie oder fast nie	28.8	581	63.0	587	45.5	588	50.9	588	43.5	585
Untere Dienstklasse										
Jeden oder fast jeden Tag	16.4	528	14.5	528	19.6	534	17.8	533	18.3	537
Ein- bis zweimal pro Woche	28.2	552	11.7	544	18.4	550	17.4	542	19.4	553
Ein- bis zweimal pro Monat	30.3	575	12.5	559	23.3	569	16.3	562	22.4	564
Nie oder fast nie	25.1	566	61.3	569	38.7	570	48.5	573	40.0	570
Routinetätigkeiten										
Jeden oder fast jeden Tag	18.6	508	19.7	517	21.2	515	20.0	510	19.8	516
Ein- bis zweimal pro Woche	32.4	540	18.7	518	24.3	541	17.8	529	23.9	535
Ein- bis zweimal pro Monat	26.5	555	11.9	542	20.8	539	17.3	547	21.5	547
Nie oder fast nie	22.4	547	49.6	555	33.7	554	44.8	553	34.9	550
Selbstständige										
Jeden oder fast jeden Tag	18.8	523	26.2	515	19.0	525	23.1	520	14.0	523
Ein- bis zweimal pro Woche	23.3	528	14.4	520	24.2	521	25.2	522	21.2	501
Ein- bis zweimal pro Monat	31.9	548	13.1	535	28.7	537	16.0	526	27.5	545
Nie oder fast nie	26.0	528	46.3	550	28.2	545	35.6	553	37.3	547
(Fach-)Arbeiter										
Jeden oder fast jeden Tag	21.9	489	25.2	497	30.7	498	24.1	495	24.4	499
Ein- bis zweimal pro Woche	30.9	519	17.9	504	25.1	510	20.1	510	15.9	516
Ein- bis zweimal pro Monat	26.4	531	15.2	532	15.8	537	16.1	526	25.0	522
Nie oder fast nie	20.9	517	41.7	525	28.4	527	39.7	531	34.7	524
Un- und angelernte Arbeiter										
Jeden oder fast jeden Tag	29.0	500	36.8	494	38.2	505	29.4	496	27.3	504
Ein- bis zweimal pro Woche	28.8	519	16.7	524	19.7	506	14.1	504	25.1	520
Ein- bis zweimal pro Monat	26.2	533	7.1	529	21.1	524	18.8	523	19.9	515
Nie oder fast nie	16.0	516	39.4	532	21.0	538	37.6	532	27.7	528

Differenzen zu 100 Prozent resultieren aus Rundungsfehlern.

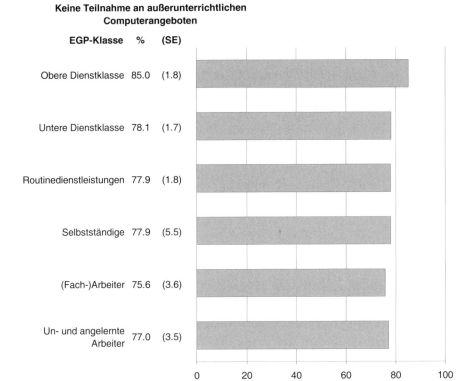

Abbildung 3: Anteil der Schülerinnen und Schüler nach EGP-Klasse, der nie ein außerunterrichtliches Computerangebot nutzt, IGLU 2011, Schüler- und Elternangaben

Es zeigt sich zunächst, dass ein Großteil der Kinder unabhängig von der EGP-Klasse der Eltern gar keine außerunterrichtlichen Computerangebote in der Schule nutzt (vgl. Abbildung 3). Mit mehr als vier Fünfteln ist dieser Anteil am höchsten bei den Schülerinnen und Schülern, deren Eltern der oberen Dienstklasse zuzuordnen sind (85.0%). Bei Kindern mit niedrigerem sozioökonomischem Status ist die Teilnahmequote etwas höher. Der Anteil der Kinder der anderen Dienstklassen liegt etwa bei drei Vierteln. Insgesamt nutzen also nur – je nach sozioökonomischem Status – etwa 15 bis 25 Prozent der Kinder außerunterrichtliche Computerangebote, wobei vor allem Kinder, deren Familien der oberen Dienstklasse zugeordnet werden, tendenziell von solchen schulischen Angeboten keinen Gebrauch machen.

3.6 Teilnahme an außerunterrichtlichen Computerkursen nach sozioökonomischem Status und die Verknüpfung mit der Leseleistung

Über alle EGP-Klassen hinweg ist festzustellen, dass eine hohe Nutzungsfrequentierung außerunterrichtlicher Computerangebote mit einer geringeren Leseleistung einhergeht. Bei Kindern aus Familien der oberen (499 Punkte) und unteren

Dienstklasse (505 Punkte) sowie der Dienstklasse der Routinedienstleistungen (473 Punkte) ist die Leseleistung am geringsten, wenn ein außerunterrichtliches Computerangebot in der Schule viermal in der Woche genutzt wird. Bei Kindern aus Selbstständigen- (461 Punkte) und (Fach-)Arbeiter-Familien (463 Punkte) sowie Kindern aus Familien, die der Dienstklasse der un- und angelernten Arbeiter angehören (471 Punkte), ist die Leseleistung bei einer täglichen Nutzung am geringsten. Bei Kindern aus Familien der oberen (583 Punkte) und unteren Dienstklasse (568 Punkte) und der Dienstklasse der Routinedienstleistungen (545 Punkte) sowie auch aus [Fach-]Arbeiter-Familien (527 Punkte) ist die Leseleistung am höchsten, wenn die Kinder kein außerunterrichtliches Computerangebot nutzen. Bei Kindern aus Selbstständigen-Familien ist die Leseleistung dann am höchsten, wenn sie einmal in der Woche ein solches Angebot nutzen (552 Punkte), und bei Kindern aus Familien der Dienstklasse der un- und angelernten Arbeiter bei einer dreimaligen Nutzung in der Woche (538 Punkte).

4. Zusammenfassung und Diskussion

Der vorliegende Beitrag betrachtet Unterschiede in der Ausstattung mit und in der Nutzung von digitalen Medien zu Hause und in der Schule zwischen Kindern mit unterschiedlichem sozioökonomischem Status. Dabei wurde zunächst untersucht, ob sich Kinder mit unterschiedlichem sozioökonomischem Status hinsichtlich der häuslichen Computerausstattung sowie des Zugangs zum Internet unterscheiden und ob sich diesbezüglich Unterschiede in der Leseleistung zeigen. Anschließend wurde die häusliche und schulische Computernutzung ebenfalls vor dem Hintergrund sozialer Disparitäten und der Leseleistung der Schülerinnen und Schüler fokussiert, wobei auch verschiedene Computertätigkeiten differenziert wurden, die sowohl bildungs- als auch freizeitbezogene Aktivitäten umfassen. Im letzten Schritt wurde der Frage nachgegangen, ob sich bei der Teilnahme an außerunterrichtlichen Computerangeboten Unterschiede zwischen Schülerinnen und Schülern mit verschiedenem sozioökonomischen Status identifizieren lassen und ob sich auch in diesem Bereich Unterschiede hinsichtlich der Leseleistung zeigen.

In der Zusammenschau zeigt sich, widersprüchlich zur bisherigen Forschungslage, dass hinsichtlich des Zugangs zu Computern der sozioökonomische Status kaum eine Rolle spielt. So steht fast allen Schülerinnen und Schülern unabhängig von ihrem sozioökonomischen Status ein Computer zu Hause zur Verfügung, wobei diese auch besser bei der Leseleistung abschneiden als die wenigen Kinder, in deren Elternhaus kein Computer zur Verfügung steht. Auch wenn an dieser Stelle keine Kausalzusammenhänge auf der Grundlage der IGLU-Studie als Querschnittstudie herausgearbeitet werden können, bestätigen sich die Ergebnisse von Schulz-Zander et al. (2010), wonach der Computerbesitz zu Hause als eigenständiges Merkmal zur Erklärung der Leseleistung beiträgt. Bei der Interpretation der

Befunde muss allerdings auch beachtet werden, dass im Rahmen dieses Beitrags eine Verknüpfung mit der Leseleistung als fachliche Kompetenz vorgenommen wurde. Zukünftig wäre es allerdings wünschenswert, statt fachlicher Leistungen überfachliche Leistungen im Sinne von Medienkompetenz zu betrachten, wie es im Rahmen der *International Computer and Information Literacy Study* 2013 (ICILS 2013) für Jugendliche der achten Jahrgangsstufe zurzeit auf internationaler Ebene durchgeführt wird (vgl. u.a. Eickelmann & Bos, 2011).

Bei der Verfügbarkeit eines Internetzugangs zu Hause wird deutlich, dass dieser in den Elternhäusern der Schülerinnen und Schüler nicht durchgängig vorhanden ist und dass an dieser Stelle der sozioökonomische Status der Familie einen Unterschied macht, wobei die höheren Dienstklassen anteilig häufiger über einen solchen verfügen. Auch hier schneiden die Schülerinnen und Schüler, die über einen Internetanschluss zu Hause verfügen, besser im Lesetest ab.

Insgesamt wird der Computer von allen Schülerinnen und Schülern über alle EGP-Klassen hinweg in der Schule deutlich seltener genutzt als zu Hause. So nutzt etwa die Hälfte der Schülerinnen und Schüler in allen EGP-Klassen den Computer nie in der Schule, woran zum einen deutlich wird, dass keine gravierenden sozialen Disparitäten bestehen, und zum anderen, dass hier Potenzial liegt, digitale Medien verstärkt in den Unterricht zu integrieren. Bei der Computernutzung zu Hause bestehen ebenfalls kaum Unterschiede im Nutzungsverhalten zwischen den Schülerinnen und Schülern hinsichtlich des sozioökonomischen Status. Lediglich Kinder, die aus Familien stammen, die der EGP-Klasse der un- und angelernten Arbeiter zuzuordnen sind, nutzen den Computer häufiger zu Hause, als dies bei Schülerinnen und Schülern der Fall ist, die einen höheren sozioökonomischen Status aufweisen. Bei der Verknüpfung mit der Leseleistung zeigt sich, dass Schülerinnen und Schüler, die den Computer täglich nutzen, über alle EGP-Klassen hinweg die geringste Leseleistung aufweisen. Eine tägliche Nutzung von Computern in der Schule findet in Deutschland am häufigsten bei Kindern aus den unteren Dienstklassen statt ([Fach-]Arbeiter sowie un- und angelernte Arbeiter). An dieser Stelle bleibt jedoch die Frage offen, aus welchen Gründen diese Kinder den Computer täglich nutzen. So könnte vermutet werden, dass der Computer von Lehrkräften eingesetzt wird, um schwächere Leseleistungen von Schülerinnen und Schülern beispielsweise durch spezielle Lernprogramme zu kompensieren. Eine weitere Annahme könnte sich auf den Einsatz von Computern als Entlastung für die Lehrpersonen beziehen.

Dass der regelmäßige Computereinsatz nicht zwangsläufig mit geringen Leseleistungen einhergeht, zeigt das Ergebnis, wonach Schülerinnen und Schüler, die monatlich Computer in der Schule nutzen, in allen EGP-Klassen am besten abschneiden. Dies gibt wertvolle Hinweise darauf, dass der maßvolle Einsatz digitaler Medien im Unterricht sinnvoll sein kein. Möglicherweise zeichnet sich in diesem Befund ab, dass das Internet eine zugängliche und auch genutzte Informationsquelle für Kinder mit niedrigerem sozioökonomischem Status darstellt und somit andere fehlende Bildungsressourcen zumindest teilweise kompensiert werden können. Auch die anderen hier betrachteten, zumeist freizeitorientierten Computertätigkeiten werden von diesen Schülerinnen und Schülern häufiger praktiziert als von Kindern aus Familien mit einem höheren sozioökonomischen Status.

Bei der Nutzung außerunterrichtlicher Computerangebote zeigen sich ebenfalls Unterschiede zwischen Kindern hinsichtlich des sozioökonomischen Status der Familien, wobei ein Großteil aller Schülerinnen und Schüler nie ein solches Angebot nutzt. Die Angebote werden erneut häufiger von Kindern mit niedrigerem sozioökonomischem Status genutzt. Über die Gründe dafür kann an dieser Stelle lediglich spekuliert werden, da die Forschungslage nicht eindeutig ist. So könnte es sein, dass Schülerinnen und Schüler aus Familien der oberen Dienstklasse an Ganztagsschulen eher unterrepräsentiert sind und demnach auch seltener an außerunterrichtlichen Angeboten teilnehmen (Holtappels, Radisch, Rollet & Kowoll, 2010). Andere Untersuchungen kommen hingegen zu dem Ergebnis, dass Kinder mit niedrigem sozioökonomischen Status seltener eine Ganztagsschule besuchen (Beher et al., 2007). Es könnte jedoch auch sein, dass Kinder aus privilegierten Elternhäusern seltener ein außerunterrichtliches Computerangebot nutzen, weil sie im häuslichen Bereich ohnehin tendenziell eher Zugang zu hochwertiger Computerausstattung haben und schulische Angebote möglicherweise nicht immer den aktuellen technischen Neuheiten entsprechen. Auch hier zeigt sich, dass eine tägliche Nutzung von außerunterrichtlichen Computerangeboten mit einer geringeren Leseleistung einhergeht. Schülerinnen und Schüler mit hohem sozioökonomischem Status schneiden am besten im Lesen ab, wenn sie kein außerunterrichtliches Computerangebot nutzen. Für Kinder aus Elternhäusern der Selbstständigen und un- und angelernten Arbeiter ist die Leseleistung hingegen am höchsten, wenn sie mindestens wöchentlich außerunterrichtliche Computerangebote nutzen, was ein Indiz dafür sein könnte, dass gerade Kinder mit niedrigem sozioökonomischem Status von einem professionell begleiteten außerunterrichtlichen Einsatz von Computern in der Schule profitieren können.

Abschließend lässt sich Bezug nehmend auf die im Titel aufgeworfene Frage festhalten, dass in Grundschulen in Deutschland nicht von einer „digitalen Kluft" gesprochen werden muss. Allerdings lohnt sich eine differenzierte Betrachtung der Verhältnisse, wie sie im Rahmen des vorliegenden Beitrags vorgenommen wurde, da auf diese Weise Unterschiede hinsichtlich des sozioökonomischen Status der Schülerfamilien, vor allem in Bezug auf die Nutzung von Computer und Internet, identifiziert werden konnten, die zukünftig im Rahmen eines bedarfsgerechten unterrichtlichen Einsatzes digitaler Medien berücksichtigt werden können.

Literatur

Attewell, P. (2001). The first and second divides. *Sociology of Education, 74*, S. 252–259.
Autorengruppe Bildungsberichterstattung. (2012). *Bildung in Deutschland 2012. Ein indikatorengestützter Bericht mit einer Analyse zur kulturellen Bildung im Lebenslauf.* Bielefeld: W. Bertelsmann Verlag.
Baumert, J. & Schümer, G. (2001). Familiäre Lebensverhältnisse, Bildungsbeteiligung und Kompetenzerwerb. In Deutsches PISA-Konsortium (Hrsg.), *PISA 2000. Basiskompetenzen von Schülerinnen und Schülern im internationalen Vergleich* (S. 323–407). Opladen: Leske + Budrich.
Beher, K., Haenisch, H., Hermens, C., Nordt, G., Prein, G. & Schulz, U. (Hrsg.). (2007): *Die offene Ganztagsschule in der Entwicklung.* Weinheim: Juventa.
Bos, W., Schwippert, K. & Stubbe, T. C. (2007). Die Koppelung von sozialer Herkunft und Schülerleistung im internationalen Vergleich. In W. Bos, S. Hornberg, K.-H. Arnold, G. Faust, L. Fried, E.-M. Lankes, K. Schwippert & R. Valtin (Hrsg.), *IGLU 2006. Lesekompetenzen von Grundschulkindern in Deutschland im internationalen Vergleich* (S. 225–247). Münster: Waxmann.
Bos, W., Tarelli, I., Bremerich-Vos, A. & Schwippert, K. (2012). *IGLU 2011. Lesekompetenzen von Grundschulkindern in Deutschland im internationalen Vergleich.* Münster: Waxmann.
Bos, W., Wendt, H., Köller, O. & Selter, C. (Hrsg.). (2012). *TIMSS 2011. Mathematische und naturwissenschaftliche Kompetenzen von Grundschulkindern in Deutschland im internationalen Vergleich.* Münster: Waxmann.
Boudon, R. (1974). *Education, opportunity, and social inequality.* New York: John Wiley & Sons.
Ehmke, T., & Baumert, J. (2007). Soziale Herkunft und Kompetenzerwerb: Vergleiche zwischen PISA 2000, 2003 und 2006. In PISA-Konsortium Deutschland (Hrsg.), *PISA 2006. Die Ergebnisse der dritten internationalen Vergleichsstudie* (S. 309-335). Münster: Waxmann.
Ehmke, T., & Jude, N. (2010). Soziale Herkunft und Kompetenzerwerb. In. E. Klieme, C. Artelt, J. Hartig, N. Jude, O. Köller, M. Prenzel, W. Schneider, & P. Stanat (Hrsg.), *PISA 2009. Bilanz nach einem Jahrzehnt* (S. 231-254). Münster: Waxmann.
Eickelmann, B. (2010). *Digitale Medien in Schule und Unterricht erfolgreich implementieren.* Münster: Waxmann.
Eickelmann, B. & Bos, W. (2011). Messung computer- und informationsbezogener Kompetenzen von Schülerinnen und Schülern als Schlüsselkompetenz im 21. Jahrhundert. *Medienimpulse, 3*(4), 1–11.
Erikson, R., Goldthorpe, H. J. & Portocarero, L. (1979). Intergenerational class mobility in three western european societies: England, France and Sweden. *British Journal of Sociology, 30*(4), 415–441.
Holtappels, H. G., Radisch, F., Rollett, W. & Kowoll, M. (2010). Bildungsangebot und Schülerkompetenzen in Ganztagsgrundschulen. In: W. Bos, S. Hornberg, K.-H. Arnold, G. Faust, L. Fried, E.-M. Lankes, K. Schwippert & R. Valtin (Hrsg.), *IGLU 2006. Die Grundschule auf dem Prüfstand* (S. 165–198). Münster, Waxmann.
Medienpädagogischer Forschungsverbund Südwest. (2013). *KIM-Studie 2012. Kinder + Medien, Computer + Internet. Basisuntersuchung zum Medienumgang 6- bis 13-Jähriger in Deutschland.* Stuttgart. Zugriff am 22.10.2013 unter http://www.mpfs.de/index.php?id=548
OECD. (2010), PISA 2009 Ergebnisse: *Zusammenfassung.* Paris: OECD Publishing.

OECD. (Hrsg.). (2006). *Are Students ready for a technology-rich world? What PISA studies tell us. OECD Briefing Notes für Deutschland.* Zugriff am 22.10.2013 unter http://www.oecd.org/edu/skills-beyond-school/36002474.pdf.

Otto, H.-U., Kutscher, N., Klein, A., Iske, S. (2004). *Soziale Ungleichheit im virtuellen Raum: Wie nutzen Jugendliche das Internet? Erste Ergebnisse einer empirischen Untersuchung zu Online-Nutzungsdifferenzen und Aneignungsstrukturen von Jugendlichen.* Zugriff am 22.10.2013 unter http://pub.uni-bielefeld.de/publication/2315442

PISA-Konsortium Deutschland. (Hrsg.). (2007). *PISA 2006. Die Ergebnisse der dritten internationalen Vergleichsstudie.* Münster: Waxmann.

Schulz-Zander, R., Eickelmann, B. & Goy, M. (2010). Mediennutzung, Medieneinsatz und Lesekompetenz. In W. Bos, S. Hornberg, K.-H. Arnold, G. Faust, L. Fried & E.-M. Lankes (Hrsg.), *IGLU 2006. Die Grundschule auf dem Prüfstand. Vertiefende Analysen zu Rahmenbedingungen schulischen Lernens* (S. 91–119). Münster: Waxmann.

Senkbeil, M. & Wittwer, J. (2008). Informelle Lernaktivitäten von Jugendlichen. *Zeitschrift für Erziehungswissenschaft, 10,* Sonderheft 10, S. 107–128.

Stubbe, T. C. (2009). *Bildungsentscheidungen und sekundäre Herkunftseffekte. Soziale Disparitäten bei Hamburger Schülerinnen und Schülern der Sekundarstufe I.* Münster: Waxmann.

Stubbe, T. C., Tarelli, I. & Wendt, H. (2012). Soziale Disparitäten der Schülerleistungen in Mathematik und Naturwissenschaften. In W. Bos, H. Wendt, O. Köller & C. Selter (Hrsg.), *TIMSS 2011. Mathematische und naturwissenschaftliche Kompetenzen von Grundschulkindern in Deutschland im internationalen Vergleich* (S. 231–246). Münster: Waxmann.

Volman, M. van Eck, E., Heemskerk, I., Kuiper, E. (2005). New technologies, new differences. Gender and ethnic differences in pupils' use of ICT in primary and secondary education. *Computers & Education, 45,* 35–55.

Wagner, U. (Hrsg.) (2008). *Medienhandeln in Hauptschulmilieus. Mediale Interaktion und Produktion als Bildungsressource.* München: kopaed.

Wendt, H., Stubbe, T. C. & Schwippert, K. (2012). Soziale Herkunft und Lesekompetenzen von Schülerinnen und Schülern. In W. Bos, I. Tarelli, A. Bremerich-Vos & K. Schwippert (Hrsg.), *IGLU 2011. Lesekompetenzen von Grundschulkindern in Deutschland im internationalen Vergleich* (S. 175–190). Münster: Waxmann.

Zillien, N. (2006). *Digitale Ungleichheit. Neue Technologie und alte Ungleichheiten in der Informations- und Wissensgesellschaft.* Wiesbaden: VS Verlag für Sozialwissenschaften.

Computer und Internet im Spiegel migrationsspezifischer Disparitäten

Mario Vennemann, Julia Gerick & Birgit Eickelmann

Mit der „Gesamtstrategie der Kultusministerkonferenz zum Bildungsmonitoring" legt die Ständige Konferenz der Kultusminister der Länder in der Bundesrepublik Deutschland (KMK) erstmalig einen Beschluss vor, der zur kontinuierlichen Fremd- und Selbstevaluation des deutschen Bildungssystems neben den zentralen „Überprüfungen des Erreichens der Bildungsstandards in einem Ländervergleich" (KMK, 2006, S. 1) auch die Teilnahme an internationalen Schulleistungsvergleichen vorsieht. Damit reagierte die KMK auf die Ergebnisse zentraler Schulleistungsstudien wie dem *Programme for International Student Assessment* (PISA) im Jahr 2000, welches dem deutschen Bildungssystem neben einem insgesamt mäßigen Abschneiden im internationalen Vergleich vor allem eine enge Koppelung von Schülerleistungen mit dem Geschlecht, dem soziökonomischen Status sowie der Zuwanderungsgeschichte der Schülerinnen und Schüler attestierte.

Aktuelle Befunde legen mehr als zehn Jahre nach diesen Ergebnissen nahe, dass zumindest die leistungsbezogenen Unterschiede zwischen Schülerinnen und Schülern mit verschiedenen Hintergründen und Merkmalen (bspw. Geschlecht, soziökonomischer Status, etc.) immer noch evident und aktuell sind (vgl. Klieme et al., 2010). Besonders die migrationsspezifischen Disparitäten der Lese-, Mathematik- und Naturwissenschaftskompetenz haben mit der aktuellen Berichtslegung im Rahmen der *Internationalen Grundschul-Lese-Untersuchung* (IGLU; vgl. Bos, Tarelli, Bremerich-Vos & Schwippert, 2012) sowie der *Trends in International Mathematics and Science Study* (TIMSS; vgl. Bos, Wendt, Köller & Selter, 2012; Mullis, Martin, Foy & Arora, 2012) erneut die vorgenannten Problemlagen im deutschen Schulsystem herausgestellt und für den Primarstufenbereich nochmals verdeutlicht. Wiederholt wurden signifikante Leistungsrückstände in den drei Kompetenzdomänen solcher Grundschülerinnen und Grundschüler augenscheinlich, die einen Migrationshintergrund aufweisen. Im Rahmen dieses Beitrags wird untersucht, ob sich Unterschiede zwischen Schülerinnen und Schülern mit und ohne Migrationshintergrund im deutschen Bildungssystem zeigen. Der Fokus dieses Beitrags liegt auf dem Zugang zu digitalen Medien von Grundschulkindern und versucht, mögliche migrationsspezifische Disparitäten aufzuklären.

Es wird untersucht, ob Unterschiede in der häuslichen technischen Ausstattung sowie im Zugang zu digitalen Medien, wie sie für Deutschland zum Teil für Schülerinnen und Schüler aus verschiedenen EGP-Klassen aufgezeigt werden konnten (vgl. Drossel, Gerick & Eickelmann in diesem Band), auch für Schülerinnen und Schüler mit und ohne Migrationshintergrund identifiziert werden können. Dabei wird davon ausgegangen, dass digitale Medien wichtige Bildungsressourcen im 21. Jahrhundert sind, deren Nutzungs- und Zugangsmöglichkeiten in einer Informations- und Wissensgesellschaft unabhängig vom Hintergrund der Schülerinnen und Schüler gewährleistet werden sollen. In diesem Sinne wird der Begriff des „Bildungskapitals" (Bos, Schwippert & Stubbe, 2007, S. 225) auf den Bereich der digitalen Medien erweitert und untersucht, ob sich Unterschiede zwischen Schülerinnen und Schülern mit und ohne Migrationshintergrund auf der Grundlage der aktuellen Grundschulleistungsstudien ergeben. Dazu soll zunächst erläutert werden, welches Verständnis des Migrationsbegriffs in diesen Studien zugrunde gelegt wird.

Zur Beschreibung von migrationsspezifischen Disparitäten finden sich in der empirischen Bildungsforschung mehrere operationale Definitionen: Ältere Studien auf diesem Feld definieren den Migrationshintergrund einer Schülerin bzw. eines Schülers als gegeben, wenn im Ausweis des Kindes eine andere als die deutsche Staatsbürgerschaft eingetragen ist (vgl. Tarelli, Schwippert & Stubbe, 2012). Im Rahmen der Schülerhintergrundfragebögen, die in IGLU und TIMSS zum Einsatz kommen, wird der Migrationshintergrund über zwei Zugänge definiert: zum einen über die in den Schülerfamilien gesprochene Sprache und zum anderen über das Geburtsland der Eltern. Anhand der im Haushalt der Schülerin bzw. des Schülers gesprochenen Sprache werden in der aktuellen Berichtslegung von IGLU und TIMSS 2011 zwei Kategorien eines Migrationshintergrundes unterschieden, nämlich die der Kinder, „die angeben zu Hause immer oder fast immer die Testsprache [in diesem Fall Deutsch] zu sprechen", von jenen, die angeben „zu Hause nur manchmal oder nie die Testsprache zu sprechen" (Tarelli et al., 2012, S. 249). Den Migrationshintergrund eines Kindes am Geburtsland von Mutter oder Vater festzumachen, bietet den Vorteil, dass dieser in verschiedene Niveaus differenziert werden kann (vgl. Schwippert, Wendt & Tarelli, 2012). Je nachdem, ob Vater und/oder Mutter im Ausland geboren wurden, lassen sich die folgenden Gruppen unterscheiden: Schülerinnen und Schüler, deren Elternteile beide nicht in Deutschland geboren wurden (Kinder mit Migrationshintergrund), Kinder mit einem im Ausland geborenen Elternteil (partieller Migrationshintergrund) und schließlich Schülerinnen und Schüler, deren Eltern beide in Deutschland geboren wurden. Letztere Gruppe stellt die Gruppe von Schülerinnen und Schülern dar, die keinen Migrationshintergrund aufweist.

Im vorliegenden Beitrag werden auf der Grundlage der aktuellen repräsentativen Datenlage der TIMS-Studie des Jahres 2011 mittels Sekundäranalysen mögliche Unterschiede in der häuslichen Ausstattung mit digitalen Medien zwischen Grundschulkindern mit bzw. ohne Migrationshintergrund untersucht sowie die Nutzung von Computern und Internet im häuslichen und schulischen Kontext abgebildet. Dazu werden die in der TIMS-Studie verwendeten und oben ausgeführten operationalen Definitionen von Migrationshintergrund als Schülermerkmal verwendet.

1. Forschungsstand zu Migration und digitalen Medien

Befunde zur Mediennutzung im Grundschulalter sind insofern rar, als Befunde zu migrationsspezifischen Unterschieden in der Nutzung digitaler Medien in erster Linie für Jugendliche bzw. für Sekundarstufenschülerinnen und Sekundarstufenschüler vorgelegt wurden. Aus diesem Grund sollen diese zunächst zusammengetragen werden. Anschließend werden Befunde für den Grundschulbereich zusammengeführt und die Fragestellungen des vorliegenden Beitrags abgeleitet.

Trebbe, Heft und Weiß (2010) kontrastieren die Medienausstattung von Jugendlichen mit türkischem Migrationshintergrund und russischen Spätaussiedlern im Alter von 12 bis 19 Jahren vor dem Hintergrund der entsprechenden Altersgruppe der Gesamtbevölkerung. Hinsichtlich der Ausstattung mit Massenmedien zeigen sich Unterschiede in den Stichproben lediglich hinsichtlich des Zugangs zu klassischen Medien, wie etwa dem Radio oder einer Tageszeitung. Die Verfügbarkeit von Computern und Internet verteilt sich in den drei Gruppen ähnlich. Bezogen auf die Nutzung digitaler Medien stellen die Autoren jedoch heraus, dass der „Stammnutzeranteil" (ebd., S. 180) in der Gruppe der türkischstämmigen Jugendlichen sowohl unter dem der Gesamtbevölkerung als auch unter dem der russischen Spätaussiedler liegt. Hugger und Hugger (2010) betrachten ebenfalls Jugendliche mit türkischem Migrationshintergrund und beziehen sich auf die medienbezogene Ausstattungs- und Nutzungssituation von türkischen Migrantenfamilien. Sie stellen heraus, dass Familien mit türkischem Migrationshintergrund in vergleichbarem Maße über Computer und Internet verfügen wie Familien ohne Migrationshintergrund. In 95 Prozent der Haushalte, „in denen 2008 12 bis 19-jährige Jugendliche mit türkischem Migrationshintergrund gelebt" (ebd., S. 33) haben, gibt es einen Computer, der in fast allen Fällen auch mit dem Internet verbunden ist (92%). Mehr als drei Fünftel der Jugendlichen mit türkischem Migrationshintergrund geben eine häufige Computer- und Internetnutzung an. Im Vergleich mit der Gesamtbevölkerung nutzen Kinder und Jugendliche mit Migrationshintergrund diese Medien jedoch seltener. Einen ähnlichen Befund weist eine repräsentative Befragung von Schülerinnen und Schülern der vierten und neunten Klasse des Bundesministeriums des Innern (BMI) und des Kriminologischen Forschungsinstituts Niedersachsens (KFN) auf (vgl. Baier, Pfeiffer, Rabold, Simonson & Kappes, 2010). So stellen die Autoren hinsichtlich der Medienausstattung von Jugendlichen mit Migrationshintergrund fest, dass Jugendliche mit und ohne Migrationshintergrund zu Hause Computer „in nahezu gleicher Häufigkeit" (ebd., S. 22) zur Verfügung haben. In ihrer Zusammenschau zentraler Forschungsergebnisse unterstreicht Worbs (2010) mit Rückgriff auf das Kinder- und Jugendgesundheitssurvey (KiGGS) des Robert-Koch-Instituts, dass unter den starken Mediennutzern Jungen mit Migrationshintergrund im Alter von 11 bis 17 Jahren signifikant häufiger Computer und Internet nutzen als ihre Peers, die keine Zuwanderungsgeschichte aufweisen. Für Mädchen konnten im KiGGS keine migrationsspezifischen Unterschiede in der Nutzung digitaler Medien festgestellt werden. Die Ergebnisse im deutschsprachigen Raum lassen sich auf die Schweiz erweitern: In diesem Zusammenhang sind die Ergebnisse von Bonfadelli et al. (2008) für schweizerische Schülerinnen und Schüler zwischen 12 und 16 Jahren interessant. Die Autoren konnten für ihre Stichprobe von 1 468 Lernenden (Anteil mit Migrationshintergrund: 66%) zeigen, dass sich der Zugang zum Internet nicht erheblich zwischen Schülerinnen und Schülern mit und ohne Zuwanderungsgeschichte unterscheidet. Insgesamt gibt es für 92 Prozent der Befragten ohne Migrationshintergrund einen häuslichen Internetanschluss. Dieser Anteil liegt bei Schülerinnen und Schülern mit Migrationshintergrund bei 85 Prozent. Bezogen auf die Nutzung des Computers und des Internets kommen die Autoren zu dem Schluss, „dass Heranwachsende mit Migrationshintergrund entgegen öfters geäußerten Befürchtungen sogar noch etwas mehr als schweizer Jugendliche *Computer und Internet* nutzen" (Bonfadelli et al., 2008, S. 88). Hinsichtlich der Dauer des Medienkonsums zeigt sich, dass keine migrationsspezifische Benachteiligung von Kindern mit Migrationshintergrund vorliegt – im Gegenteil: Heranwachsende mit Migrationshintergrund verbringen signifikant mehr Zeit am Computer (sowohl offline als auch online) als ihre Peers ohne Migrationshintergrund. Insgesamt kommen Bonfadelli et al. zu dem Schluss, dass das Merkmal des Migrationshintergrundes durch Variablen wie „Alter, Geschlecht und Bildungsniveau" (ebd., S. 99) überlagert wird.

Für Kinder im Grundschulalter liegen im Rahmen des Daten- und Forschungsüberblicks zu „Lebenslagen und Lebenswelten von Kindern mit Migrationshintergrund" u.a. Informationen zur Nutzung von elektronischen Medien vor (vgl. Cinar, Otremba, Stürzer & Bruhns, 2013). In ihrer Zusammenschau aktueller Forschungsergebnisse stellen die Autoren heraus, dass „6 bis 11-jährige Kinder mit Migrationshintergrund seltener einen eigenen Computer besitzen und sich diesen [...] häufiger als Kinder ohne Migrationshintergrund mit Geschwistern oder anderen Familienmitgliedern teilen müssen" (ebd., S. 248). In Bezug auf die allgemeine Nutzung elektronischer Medien stellen die Autoren eine Ähnlichkeit aller Altersgruppen von Kindern mit und ohne Migrationshintergrund fest.

Hinsichtlich der Nutzung des Internets kommt Lins (2009, S. 169) zu dem Schluss, „dass der Migrationshintergrund kein eigenständiges Merkmal der digitalen Spaltung ist". Dagegen sind das Geschlecht, das Alter, der Bildungsstand und die finanzielle Situation Merkmale der Kinder und deren Familien, die „stärker auf die Internetnutzung wirken als der Migrationshintergrund" (ebd.). Zu einem ähnlichen Ergebnis kommt Moser (2009) im Kontext einer Befragung von 153 Schülerinnen und Schülern aller Schulstufen der Stadt Zürich bzw. dem Züricher Oberland: Auch hier wird betont, dass der Migrationshintergrund von Schülerinnen und Schülern bei der Benutzung des Internets „keine primäre Bedeutung hat" (ebd., S. 211).

Die zusammengetragenen Befunde lassen die Vermutung zu, dass sich hinsichtlich des Migrationshintergrundes zwar bei der Ausstattung mit digitalen Medien und ihrer Nutzung durchaus Unterschiede feststellen lassen, allerdings keine systematischen migrationsspezifischen Ungleichheiten vorliegen. Weiterhin machen die Studien deutlich, dass die sozioökonomische Situation der Familien für eine differenzierte Betrachtung zu beachten ist. Um mögliche migrationsbedingte Disparitäten in der Ausstattung mit digitalen Medien und ihrer Nutzung von Grundschulkindern auf Basis einer repräsentativen Datengrundlage zu identifizieren, bietet sich der aktuelle Datensatz der TIMS-Studie aus dem Jahr 2011 an, der neben der Ausstattung und Nutzung digitaler Medien im Grundschulalter auch den Migrationshintergrund von Schülerinnen und Schülern enthält. Die eingesetzten Instrumente bieten die Möglichkeit, den sozioökonomischen Status der Schülerinnen und Schüler einzubeziehen und darüber hinaus auch internationale Vergleiche durchzuführen. Mit TIMSS 2011 beteiligt sich Deutschland bereits zum zweiten Mal mit der vierten Jahrgangsstufe an TIMSS für die Grundschule (Bos, Wendt, et al., 2012). In dem vorliegenden Beitrag wird vertiefend auf der Grundlage der TIMSS-Daten aus dem aktuellen Studienzyklus der Frage nach migrationsspezifischen Disparitäten hinsichtlich der Ausstattung und Nutzung digitaler Medien durch Grundschulkinder durch die Bearbeitung der folgenden forschungsleitenden Fragestellungen nachgegangen:

1. Gibt es Unterschiede im Zugang zu Computern und Internet von Schülerinnen und Schülern der vierten Jahrgangsstufe mit und ohne Migrationshintergrund?
2. Lässt sich eine unterschiedliche Nutzungsfrequenz im häuslichen und schulischen Bereich erkennen und bleiben gefundene Unterschiede unter Kontrolle des sozioökonomischen Status der Schülerinnen und Schüler bestehen?

Die nachstehenden Befunde beziehen sich auf alle 3995 in Deutschland erfassten Schülerinnen und Schüler sowie deren Eltern und ergeben auf Schülerebene ein repräsentatives Bild der Grundschülerinnen und Grundschüler der vierten Klassenstufe in Deutschland. Zur Analyse der Daten wurde der IDB-Analyzer verwendet, der von der *International Association for the Evaluation of Educational Achievement* (IEA) für Sekundäranalysen, u.a. von TIMSS-Daten, zur Verfügung gestellt wird (vgl. Rutkowski, Gonzalez, Joncas & von Davier, 2010). Für weitere Informationen zu den technischen Gegebenheiten, aber auch zum Testaufbau in TIMSS soll an dieser Stelle weiterhin auf die nationale Berichtslegung verwiesen werden (vgl. Wendt, Tarelli, Bos, Frey & Vennemann, 2012).

2. Ausstattung und Nutzung digitaler Medien differenziert nach dem Migrationshintergrund von Grundschulkindern

Eingangs wurde darauf Bezug genommen, dass in TIMSS mehrere operationale Definitionen für das Merkmal Migrationshintergrund zur Verfügung stehen. Neben der Häufigkeit, mit der in den Schülerfamilien Deutsch (Testsprache in Deutschland) gesprochen wird, kann ebenfalls auf die Geburtsländer der Mütter und Väter der Viertklässlerinnen und Viertklässler fokussiert werden. Da die Fragen nach den Geburtsländern der Eltern Teil der nationalen Ergänzung der Fragebögen in TIMSS sind, werden die beiden Zugänge in den anschließenden Abschnitten dieses Beitrags getrennt genutzt: Einerseits wird für einen internationalen Vergleich auf die Häufigkeit des Gebrauchs der Testsprache in den Familien fokussiert und für Deutschland durch Betrachtungen auf Grundlage der Geburtsländer der Eltern ergänzt.

2.1 Befunde zur Ausstattung mit Computern und Internet differenziert nach häuslichem Sprachgebrauch

Im Folgenden wird zunächst dargestellt, welche Unterschiede sich im Hinblick auf die häusliche Computerausstattung ergeben, wenn im internationalen Vergleich betrachtet wird, ob Kinder in den Familien die Testsprache sprechen oder nicht. Gemäß der nationalen Berichtslegung zu TIMSS 2011 sprechen 19.6 Prozent der Schülerinnen und Schüler selten oder nie Deutsch in häuslichen Kontexten. Im internationalen Vergleich positioniert sich Deutschland damit im Mittelfeld der betrachteten Staaten der EU und/oder OECD. Ähnlich hoch sind die Anteile der Kinder, die lediglich selten oder nie zu Hause die Testsprache sprechen in Litauen (17.2%), Norwegen (18.5%), Dänemark und England (jeweils 19.0%), den Niederlanden (19.1%) sowie in Schweden (20.0%), der Slowakischen Republik (20.0%) und Italien (20.6%). Besonders gering sind die Anteile in Ungarn (2.7%), Nordirland (8.9%), Polen (9.1%) und Portugal (10.1%) (vgl. Tarelli et al., 2012).

Interessant ist weiterhin, ob und inwiefern sich Unterschiede in der Ausstattung mit Computern differenziert nach dem heimischen Sprachgebrauch zeigen. In Tabelle 1 ist die Häufigkeit der Verfügbarkeit von Computern differenziert nach der Häufigkeit des Gebrauchs der Testsprache als Familiensprache dargestellt. Hinsichtlich des Gebrauchs der Testsprache wurden die Kategorien manchmal oder nie zusammengefasst, sodass der differenzierten Analyse die beiden Gruppen *Verwendung der Testsprache zu Hause manchmal oder nie* sowie *Verwendung der Testsprache zu Hause immer oder fast immer* zu Grunde liegen. Für Deutschland zeigt sich, dass keine signifikanten Unterschiede in Bezug auf die Ausstattung mit Computern zwischen Kindern mit unterschiedlich häufiger Verwendung der deutschen Sprache als Testsprache in der Familie bestehen. 95.6 Prozent der Schülerinnen

Tabelle 1: Verfügbarkeit eines Computers nach der Häufigkeit der Verwendung der Testsprache als Familiensprache (Angaben in Prozent), TIMSS 2011, Schülerangaben

		Teilnehmerland^A	Manchmal oder nie %	(SE)	Immer oder fast immer %	(SE)
		Rumänien	56.4	(6.3)	75.9	(1.3)
		Türkei	42.3	(2.4)	60.3	(1.4)
		Slowakische Republik	81.0	(2.9)	93.2	(0.6)
		Ungarn	82.2	(4.9)	91.1	(1.1)
2	3	USA	87.2	(1.2)	94.5	(0.2)
		Chile	76.0	(2.0)	79.5	(1.1)
	3	Italien	91.3	(0.9)	94.6	(0.5)
1	3	Neuseeland	92.6	(0.6)	95.4	(0.4)
		Internationaler Mittelwert	81.7	(0.3)	84.5	(0.2)
		VG EU	92.8	(0.5)	95.4	(0.1)
		VG OECD	91.6	(0.3)	94.1	(0.1)
		Deutschland	95.6	(0.7)	97.3	(0.4)
	2	Tschechische Republik	95.6	(1.1)	97.2	(0.4)
	3	Nordirland	95.7	(1.6)	97.2	(0.3)
		Irland	94.9	(1.2)	96.4	(0.4)
	3	Norwegen	98.0	(0.7)	99.1	(0.2)
	2	Österreich	96.3	(0.5)	97.2	(0.3)
	3	Belgien (Fläm. Gem.)	97.6	(0.5)	98.4	(0.3)
		Portugal	97.0	(1.2)	97.6	(0.4)
	3	Niederlande	98.9	(0.5)	99.4	(0.1)
		Australien	97.4	(0.6)	97.7	(0.3)
2	3	Dänemark	99.3	(0.3)	99.6	(0.1)
		Schweden	99.4	(0.2)	99.6	(0.1)
1	3	England	97.3	(0.7)	97.4	(0.4)
		Finnland	99.4	(0.4)	99.4	(0.2)
		Polen	96.8	(0.7)	96.6	(0.3)
1		Malta	94.8	(0.4)	94.3	(1.1)
		Südkorea	98.6	(0.4)	98.1	(0.3)
	2	Spanien	93.9	(0.8)	93.2	(0.8)
	2	Litauen	93.3	(1.3)	92.5	(0.6)
		Japan	86.7	(1.5)	82.1	(0.8)

Kursiv gesetzt sind die Teilnehmer, für die von einer eingeschränkten Vergleichbarkeit der Ergebnisse ausgegangen werden muss.
1 Die nationale Zielpopulation entspricht nicht oder nicht ausschließlich der vierten Jahrgangsstufe.
2 Der Ausschöpfungsgrad und/oder die Ausschlüsse von der nationalen Zielpopulation erfüllen nicht die internationalen Vorgaben.
3 Die Teilnahmequoten auf Schul- und/oder Schülerebene erreichen nicht die internationalen Vorgaben.
A Da in Slowenien die Testsprache nicht erhoben wurde, können für diesen Teilnehmer keine Ergebnisse berichtet werden.

und Schüler, die manchmal oder nie zu Hause die Testsprache Deutsch sprechen, verfügen zu Hause über einen Computer. Demgegenüber stehen 97.3 Prozent der Schülerinnen und Schüler, die über einen Computer verfügen und die immer oder fast immer zu Hause die Testsprache Deutsch sprechen. Damit ergibt sich für Deutschland eine lediglich geringe nominelle Differenz von 1.7 Prozentpunkten zwischen den beiden Gruppen. Der Computerbesitz ist in den meisten teilnehmenden Ländern zwischen den zwei Schülergruppen verhältnismäßig ausgeglichen. Nur in drei Ländern – Rumänien, der Türkei und der Slowakischen Republik – übersteigt der Anteil der Kinder mit Migrationshintergrund, die angeben, einen Computer zu Hause zu haben, den der Kinder ohne Migrationshintergrund um mehr als 10.0 Prozentpunkte. Jedoch wird in weit weniger ausgeprägter Art und Weise auch das umgekehrte Befundmuster erkennbar. Beispielsweise gibt in Japan ein höherer Anteil von Kindern, die nur selten oder manchmal die Testsprache sprechen, an, über einen Computer zu verfügen als dies für Kinder der Fall ist, die immer oder fast immer die Testsprache zu Hause sprechen (vgl. Tabelle 1). Besonders ausgeglichen sind die Verhältnisse in Dänemark, Schweden, England und Finnland.

Um zu prüfen, ob migrationsbedingte Disparitäten zwischen Schülerinnen und Schülern bezogen auf den Zugang zum Internet zu identifizieren sind, bildet Tabelle 2 analog zur obigen Analyse das Vorhandensein eines Internetanschlusses differenziert nach dem Sprachgebrauch in der Familie ab. Wie für den Besitz eines heimischen Computers zeigen sich auch hier migrationsspezifische Disparitäten hinsichtlich der Ausstattung in einigen Ländern. So ist der Vorsprung in der Ausstattung mit einem Internetanschluss von Kindern, die angeben, immer oder fast immer die Testsprache zu Hause zu sprechen, gegenüber denen, die dies nur manchmal oder selten tun, in Rumänien, Ungarn, der Türkei, den Vereinigten Staaten sowie in der Slowakischen Republik größer als 10 Prozentpunkte. Ebenfalls zeigt sich in einigen Ländern das Ergebnis, dass Schülerinnen und Schüler mit Migrationshintergrund öfter angeben, einen Internetanschluss zu Hause zu haben, als Kinder, die keinen Migrationshintergrund aufweisen. Dies ist beispielsweise in Japan und Südkorea der Fall. In Deutschland geben 82.6 Prozent der Kinder, die zu Hause selten oder nie Deutsch sprechen, an, über einen Internetanschluss zu verfügen. In der Gruppe der Kinder, die angeben, immer oder fast immer zu Hause die Testsprache zu sprechen, beträgt dieser Anteil 83.4 Prozent. Der nominelle Unterschied von lediglich 0.8 Prozent ist in Bezug auf den internationalen Mittelwert (2.1%) allerdings nur gering.

2.2 Ausstattung mit und Nutzung von digitalen Medien differenziert nach dem Geburtsland der Eltern

Im Folgenden werden Unterschiede in der häuslichen Verfügbarkeit digitaler Medien weiter untersucht. Dabei wird das Geburtsland der Eltern der Schülerinnen

Tabelle 2: Verfügbarkeit eines Internetanschlusses nach der Häufigkeit der Verwendung der Testsprache als Familiensprache (Angaben in Prozent), TIMSS 2011, Schülerangaben

		Teilnehmerland[A]	Manchmal oder nie %	(SE)	Immer oder fast immer %	(SE)
		Rumänien	41.9	(5.5)	59.1	(1.4)
		Ungarn	65.5	(5.6)	80.1	(1.2)
		Türkei	32.5	(2.1)	45.8	(1.4)
2	3	USA	74.3	(1.7)	86.9	(0.4)
		Slowakische Republik	72.3	(3.1)	84.5	(0.9)
1	3	Neuseeland	82.1	(1.2)	87.8	(0.9)
	3	Belgien (Fläm. Gem.)	89.7	(1.1)	94.1	(0.5)
		VG EU	84.2	(0.5)	87.2	(0.2)
		VG OECD	83.1	(0.4)	85.9	(0.2)
		Internationaler Mittelwert	71.8	(0.3)	74.0	(0.2)
	2	*Litauen*	79.8	(2.1)	81.9	(0.9)
	3	*Italien*	73.0	(1.8)	75.0	(0.9)
		Irland	88.7	(1.6)	90.7	(0.7)
		Portugal	81.0	(3.1)	82.6	(1.0)
		Schweden	95.0	(1.0)	96.5	(0.4)
1	3	England	93.2	(1.1)	94.7	(0.6)
	3	Nordirland	91.6	(2.3)	93.1	(0.5)
	2	*Tschechische Republik*	90.8	(1.5)	92.2	(0.6)
	3	Niederlande	95.8	(0.9)	97.2	(0.3)
2	3	*Dänemark*	96.8	(0.7)	97.7	(0.3)
	2	*Spanien*	80.0	(1.4)	80.9	(1.2)
	3	*Norwegen*	96.3	(0.9)	97.1	(0.5)
		Deutschland	82.6	(1.5)	83.4	(0.8)
		Chile	62.1	(2.4)	62.9	(1.2)
		Australien	92.1	(1.2)	92.6	(0.5)
		Finnland	96.2	(0.8)	95.8	(0.4)
	1	Malta	94.4	(0.4)	93.3	(1.2)
	2	*Österreich*	90.5	(1.0)	88.8	(0.7)
		Polen	85.8	(1.9)	83.4	(1.0)
		Japan	78.7	(1.8)	76.1	(1.1)
		Südkorea	91.7	(1.0)	87.8	(0.8)

Kursiv gesetzt sind die Teilnehmer, für die von einer eingeschränkten Vergleichbarkeit der Ergebnisse ausgegangen werden muss.
1 Die nationale Zielpopulation entspricht nicht oder nicht ausschließlich der vierten Jahrgangsstufe.
2 Der Ausschöpfungsgrad und/oder die Ausschlüsse von der nationalen Zielpopulation erfüllen nicht die internationalen Vorgaben.
3 Die Teilnahmequoten auf Schul- und/oder Schülerebene erreichen nicht die internationalen Vorgaben.
A Da in Slowenien die Testsprache nicht erhoben wurde, können für diesen Teilnehmer keine Ergebnisse berichtet werden.

und Schüler als Indikator des Migrationshintergrundes herangezogen. Da diese Angaben nur für den deutschen Teildatensatz der TIMS-Studie vorhanden sind, beziehen sich die nachfolgenden Analysen ausschließlich auf Deutschland. In diesem Zusammenhang wird schließlich neben der Verfügbarkeit von digitalen Medien auch die Häufigkeit der heimischen und schulischen Nutzung des Computers differenziert nach dem Migrationshintergrund der Schülerinnen und Schüler betrachtet. Tabelle 3 fasst in einer Übersicht die prozentuale Verteilung von Schülerinnen und Schülern nach ihrem Migrationshintergrund – operationalisiert über das Geburtsland der Eltern – sowie das Vorhandensein eines Computers und eines Internetanschlusses im Haushalt zusammen.

Wie bereits in der nationalen Publikation von TIMSS 2011 berichtet, haben 72.3 Prozent der Schülerinnen und Schüler Elternteile, die beide in Deutschland geboren wurden und die gemäß vorstehender Definition damit nicht über einen Migrationshintergrund verfügen. 11.6 Prozent der Schülerinnen und Schüler haben ein im Ausland geborenes Elternteil (partieller Migrationshintergrund). Einen sogenannten vollständigen Migrationshintergrund im Rahmen dieser Definition weisen 16.1 Prozent der Viertklässlerinnen und Viertklässler auf (vgl. Tarelli et al., 2012).

Tabelle 3: Häusliche Verfügbarkeit von Computern und Internet differenziert nach den Geburtsländern der Eltern (Angaben in Prozent), TIMSS 2011, Schüler- und Elternangaben

Migrationshintergrund	Computer vorhanden		Internetanschluss vorhanden	
	%	(SE)	%	(SE)
kein Elternteil	97.4	(0.3)	83.5	(0.8)
ein Elternteil	96.3	(0.9)	83.4	(2.0)
beide Elternteile	96.5	(0.9)	86.1	(1.7)

Die Befunde zeigen ein ähnliches Bild wie auch bei der differenzierten Betrachtung nach heimischem Sprachgebrauch: In den betrachteten Gruppen lassen sich nahezu keine Unterschiede in der Verfügbarkeit eines Computers finden. Schülerinnen und Schüler, die angeben, dass kein Elternteil im Ausland geboren wurde, haben in 97.4 Prozent der Fälle einen Computer zu Hause. Für die Viertklässlerinnen und Viertklässler, die einen partiellen Migrationshintergrund aufweisen (ein Elternteil im Ausland geboren), beträgt dieser Anteil 96.3 Prozent. Sind beide Elternteile im Ausland geboren, geben 96.5 Prozent der Schülerinnen und Schüler an, einen Computer zu Hause zu haben.

Ähnlich stellt sich der Befund hinsichtlich des Zugangs zum Internet dar: Auch hier geben jeweils sehr hohe Anteile der Schülerinnen und Schüler an, zu Hause auf einen Internetanschluss zurückgreifen zu können: 83.5 Prozent der Kinder ohne Migrationshintergrund geben an, einen Internetanschluss in ihrem zu Hause zur Verfügung zu haben. Dieser Anteil liegt bei Kindern, von denen ein Elternteil im Ausland geboren wurde, bei 83.4 Prozent und bei Kindern, deren Eltern beide im Ausland geboren wurden, bei 86.1 Prozent. Verglichen mit der Verfügbarkeit von Computern zeigt sich der nominelle Unterschied, dass Kinder, deren Eltern beide im Ausland geboren wurden, häufiger angeben, zu Hause einen Internetanschluss zur Verfügung zu haben. Damit wird deutlich, dass keine Benachteiligung von Kindern mit Migrationshintergrund bezogen auf den Zugang zu digitalen Medien feststellbar ist und sich der Grad der Ausstattung mit neuen Technologien in allen Schülerfamilien ähnlich gut darstellt.

Um zu prüfen, ob und inwieweit die Ergebnisse unter Kontrolle des sozioökonomischen Status bestehen bleiben, wird im Folgenden eine regressionsanalytische Herangehensweise gewählt. Der sozioökonomische Status wurde durch die sogenannten EGP-Klassen von Erikson, Goldthorpe und Portocarero (1979) operationalisiert (vgl. Stubbe, Tarelli & Wendt, 2012). Die obere Dienstklasse (I), zu der z.B. führende Angestellte und höhere Beamte gehören, wurde in der im Folgenden dargestellten Analyse mit der unteren Dienstklasse II (Beamte im mittleren Dienst, technische Angestellte), der Klasse der Routinedienstleistungen in Handel und Verwaltung (Dienstklasse III), den Selbstständigen und selbständigen Landwirten (Dienstklasse IV) sowie mit (Fach-)Arbeitern (Dienstklassen V, VI) und un- und angelernten Arbeitern (Dienstklasse VII) verglichen (vgl. Bonsen, Frey & Bos, 2008). Dieses Vorgehen betrachtet also Schülerinnen und Schüler aus sozioökonomisch gut gestellten Familien im Vergleich zu allen anderen Schülerinnen und Schülern. Tabelle 4 stellt für beide Regressionsanalysen die standardisierten Regressionsgewichte für den Migrationshintergrund sowie für den sozioökonomischen Status dar.

Tabelle 4: Regression des Migrationshintergrunds auf die Verfügbarkeit von Computern und Internet zu Hause unter Kontrolle des sozioökonomischen Status, TIMSS 2011, Schülerangaben

	Computer vorhanden		Internetanschluss vorhanden	
	β	t-Wert	β	t-Wert
Migrationshintergrund[1]	-.01	-.43	.03	1.56
Soziale Herkunft[2]	.03	1.56	**.05**	**2.44**
R^2		.00		.00

β = Regressionsgewichte (standardisiert)
Abhängige Variable: Verfügbarkeit von Computern und Internetanschluss im Haushalt[3]
Signifikante Koeffizienten (p < .05) sind fett gedruckt.
1 0 = Kein Elternteil im Ausland geboren; 1 = Mindestens ein Elternteil im Ausland geboren
2 0 = Alle anderen EGP-Klassen; 1 = Obere Dienstklasse
3 0 = Nein; 1 = Ja

Es wird deutlich, dass weder der Migrationshintergrund der Schülerinnen und Schüler noch der sozioökonomische Status Unterschiede bezüglich der häuslichen

Ausstattung mit Computern erklären. Gleiches zeigt sich für die Verfügbarkeit des Internets hinsichtlich des Migrationshintergrundes. Allerdings stellt sich der sozioökonomische Status als relevanter Prädiktor dar: So verfügen Kinder aus Elternhäusern, die der oberen Dienstklasse zuzuordnen sind, eher über einen Internetzugang als Kinder aus anderen EGP-Klassen. Zusammenfassend lässt sich sagen, dass nicht nur die deskriptiven, sondern auch die Befunde der Regressionsanalysen starke Hinweise darauf geben, dass von einer substantiell unterschiedlichen häuslichen Ausstattungssituation von Kindern mit und ohne Migrationshintergrund nicht auszugehen ist. Dies wird durch die sehr geringen Varianzaufklärungen der Regressionsmodelle deutlich.

In einem letzten Schritt wird nun auf die Nutzung digitaler Medien fokussiert und betrachtet, ob Schülerinnen und Schüler differenziert nach Migrationshintergrund den Computer zu Hause und in der Schule unterschiedlich häufig verwenden. Tabelle 5 fasst in einer Übersicht die Häufigkeit der Nutzung von Schülerinnen und Schülern, deren Eltern beide in Deutschland geboren wurden, sowie derer zusammen, von denen entweder ein oder beide Elternteile im Ausland geboren wurden. Die angegebenen Prozentwerte zeigen jeweils, welcher Anteil der jeweiligen Schülergruppe angibt, den Computer zu Hause bzw. in der Schule oft zu nutzen. Um die Übersichtlichkeit der Darstellung zu erhöhen, wurden die Antwortkategorien *Nie oder fast nie* und *Ein oder zweimal im Monat* zu *selten* und *Ein oder zweimal in der Woche* und *Jeden oder fast jeden Tag* zu *oft* zusammengefasst.

Tabelle 5: Häufigkeit der Computernutzung in verschiedenen Schülergruppen mit und ohne Zuwanderungsgeschichte zu Hause und in der Schule (Angaben in Prozent), TIMSS 2011, Schüler- und Elternangaben

Migrationshintergrund	Computernutzung zu Hause		Computernutzung in der Schule	
	%	(SE)	%	(SE)
kein Elternteil	67.4	(1.1)	26.6	(2.1)
ein Elternteil	70.9	(2.6)	30.9	(2.9)
beide Elternteile	79.1	(1.8)	32.4	(2.8)

Zum einen fällt auf, dass die Anteile der heimischen Computernutzung in allen drei Gruppen höher ausfallen als jene, die die Häufigkeit der schulischen Nutzung des Computers angeben. Zum anderen kann ersehen werden, dass Kinder, deren Elternteile beide in Deutschland geboren wurden, den Computer zu Hause und in der Schule weniger häufig nutzen als Kinder, deren Eltern beide im Ausland geboren wurden. Eine regressionsanalytische Herangehensweise macht deutlich, dass Kinder, von denen mindestens ein Elternteil im Ausland geboren wurde, unter Kontrolle des sozioökonomischen Status den Computer häufiger zu Hause nutzen als ihre Peers, deren Eltern beide in Deutschland geboren wurden (vgl. Tabelle 6).

Bezogen auf die Nutzung des Computers in der Schule gibt rund ein Viertel der Kinder ohne Migrationshintergrund an, den Computer oft in der Schule zu nutzen (26.6%). Bei Kindern, die einen partiellen Migrationshintergrund (nur ein Elternteil im Ausland geboren) aufweisen, gibt dies fast ein Drittel der Schülerinnen und Schüler an (30.9%). Sind beide Eltern im Ausland geboren, liegt der Anteil ebenfalls bei etwa einem Drittel (32.4%). Es wird somit deutlich, dass Kinder mit Migrationshintergrund in der Schule häufiger einen Computer verwenden. Ob sich damit der vielfach referierte Befund, dass Kinder mit Migrationshintergrund in der Schule Computer im Sinne einer inneren Differenzierung oder gezielten Förderung nutzen, auch in der TIMS-Studie vorliegt, kann mit der betrachteten Datenbasis nicht abschließend geklärt werden. Hinsichtlich der schulischen Computernutzung zeigt sich, dass der Migrationshintergrund der Schülerinnen und Schüler unter Kontrolle des sozioökonomischen Status keinen statistisch bedeutsamen Effekt auf die schulische Nutzung des Computers aufweist. Auch hier fällt auf, dass die Regressionsmodelle nur einen sehr kleinen Teil der Varianz in der häuslichen bzw. schulischen Nutzung aufklären können, die im vorliegenden Fall ein Prozent nicht übersteigt.

Tabelle 6: Regression des Migrationshintergrundes auf die Häufigkeit heimischer und schulischer Computernutzung unter Kontrolle der sozioökonomischen Status, TIMSS 2011, Schülerangaben

	Computernutzung zu Hause		Computernutzung in der Schule	
	β	t-Wert	β	t-Wert
Migrationshintergrund[1]	**.08**	**4.56**	.05	1.91
Soziale Herkunft[2]	-.03	-1.29	-.03	-1.57
R²	.01		.00	

β = Regressionsgewichte (standardisiert)
Abhängige Variable: Verfügbarkeit von Computern und Internetanschluss im Haushalt[3]
Signifikante Koeffizienten (p < .05) sind fett gedruckt.
1 0 = Kein Elternteil im Ausland geboren; 1 = Mindestens ein Elternteil im Ausland geboren
2 0 = Alle anderen EGP-Klassen; 1 = Obere Dienstklasse
3 0 = Nein; 1 = Ja

3. Zusammenfassung und Diskussion

Die Befunde des vorliegenden Beitrags stützen die Ergebnisse von Bonfadelli et al. (2008), Cinar et al. (2013) sowie Lins (2009) und Moser (2009) sowie anderer Autoren, die im Rahmen des Forschungsstandes zu Beginn des Beitrags referiert wurden: Auf der Grundlage der TIMSS-Daten konnte gezeigt werden, dass der Umgang mit Computern und dem Internet für einen Großteil der Viertklässlerinnen und Viertklässler – unabhängig vom heimischen Sprachgebrauch – zum Alltag gehört. Im internationalen Vergleich zeigt sich weiterhin, dass Deutschland zu den Ländern der EU und/oder OECD gehört, in denen sich, differenziert nach heimischem Sprachgebrauch, geringfügige nominelle Unterschiede in der häuslichen Computerausstattung zeigen. Ein ähnlicher Befund wird bei der Betrachtung des Vorhandenseins eines Internetanschlusses differenziert nach Migrationshintergrund offensichtlich: Hier sind vier Bildungssysteme zu nennen, in denen eine unterschiedliche Häufigkeit des Gebrauchs der Testsprache im häuslichen Umfeld mit unterschiedlich hohen Prozentsätzen hinsichtlich der Verfügbarkeit eines Internetanschlusses belegt ist. Für Deutschland zeigt sich, dass ein Großteil sowohl der Kinder, deren Eltern in Deutschland geboren wurden, als auch der Kinder mit mindestens einem im Ausland geborenen Elternteil zu Hause sowohl über Computer als auch über einen Internetanschluss verfügen. Regressionsanalysen unterstützen den Befund, dass sich Kindern mit und ohne Migrationshintergrund keine substantiell unterschiedliche Ausstattungssituation mit Computern und Internet zu Hause bietet. Unter der Kontrolle des sozioökonomischen Status der Schülerinnen und Schüler zeigt sich, dass der Migrationshintergrund einen positiven Effekt auf die Computernutzung zu Hause aufweist. Für die Nutzung des Computers in der Schule bestätigt die regressionsanalytische Betrachtung unter Kontrolle des sozioökonomischen Status nicht die Tendenz der deskriptiven Befunde: Der Migrationshintergrund der Schülerinnen und Schüler weist keinen Zusammenhang mit der Computernutzung in der Schule auf. Die Ergebnisse der hier dargestellten Regressionsanalysen sind jedoch insofern nur bedingt aussagekräftig, als die Variation in der Ausstattung mit und Nutzung von digitalen Medien nur zu maximal einem Prozent erklärt werden kann. Dies bedeutet, dass die vorliegenden Befunde als Hinweise gewertet werden sollten, die – auch bei Vorliegen einer repräsentativen Datenbasis mit großer Stichprobengröße – nicht überinterpretiert werden sollten. Zusätzlich muss einschränkend angebracht werden, dass der Beitrag die Unterschiede in der Ausstattung mit und Nutzung von digitalen Medien differenziert nach dem Migrationshintergrund der Schülerinnen und Schüler auf der Grundlage deskriptiver Statistiken aufgreift und somit die hierarchische Datenstruktur in TIMSS nicht berücksichtigt. Dies eröffnet ein Forschungsdesiderat, das in künftigen Studien zu beachten ist: Die Zusammenhänge sollten mehrebenenregressionsanalytisch (vgl. Raudenbush & Bryk, 2002) betrachtet werden, um schließlich zu klären, inwieweit der Migrationshintergrund von Schülerinnen und Schülern vor dem Hintergrund von Klassen- und Schulmerkmalen auf die Nutzung digitaler Medien in der Schule wirkt.

Neben methodischen Entwicklungsbedarfen muss weiterhin hinterfragt werden, inwiefern Datensätze aus internationalen Schulleistungsvergleichen überhaupt dazu geeignet sind, soziale Disparitäten in der Ausstattung mit digitalen Medien darzustellen. Der Vorteil von solchen empirischen Schulleistungsstudien liegt darin, dass parallel zu den Leistungen der Schülerinnen und Schüler Hintergrundmerkmale erhoben werden, die es ermöglichen, leistungsbezogene Unterschiede zu beschreiben. Da es gar nicht Aufgabe der empirischen Schulleistungsforschung ist, ein umfassendes Bild der Mediennutzung von Kindern und Jugendlichen nachzuzeichnen, wird dieser Vorteil – zumindest in TIMSS – damit bezahlt, dass die computer- und internetbezogenen Nutzungsfacetten der Schülerinnen und Schüler in den Fragebögen nicht in derart differenzierter Art und Weise erhoben werden können, wie es beispielsweise für nationale Forschungsanliegen möglich wäre, die speziell auf diese Fragestellungen abheben. Neben großen Datensätzen ist also idealerweise eine weitreichendere Differenzierung der Fragebogenitems in Schulleistungsstudien notwendig. Für die Erfassung der Qualität der Computernutzung im schulischen Bereich und zur Erfassung unterschiedlicher Nutzungsmuster verschiedener Schülergruppen wird es zukünftig weiterhin nötig sein, stärker auf die Unterrichtsebene zu fokussieren und dazu auch qualitative Studien wie Unterrichtsbeobachtungen und Videoanalysen einzusetzen.

Literatur

Baier, D., Pfeiffer, C., Rabold, S., Simonson, J. & Kappes, C. (2010). *Kinder und Jugendliche in Deutschland: Gewalterfahrungen, Integration, Medienkonsum. Zweiter Bericht zum gemeinsamen Forschungsprojekt des Bundesministeriums der Innern und des KFN*. Hannover: Kriminologisches Forschungsinstitut Niedersachsen (KFN).

Bonfadelli, H., Bucher, P., Hanetseder, C., Hermann, T., Ideli, M. & Moser, H. (Hrsg.). (2008). *Jugend, Medien und Migration. Empirische Ergebnisse und Perspektiven*. Wiesbaden: VS Verlag für Sozialwissenschaften.

Bonsen, M., Frey, K. A. & Bos, W. (2008). Soziale Herkunft. In W. Bos, M. Bonsen, J. Baumert, M. Prenzel, C. Selter & G. Walther (Hrsg.), *TIMSS 2007. Mathematische und naturwissenschaftliche Kompetenzen von Grundschulkindern in Deutschland im internationalen Vergleich* (S. 141–156). Münster: Waxmann.

Bos, W., Schwippert, K. & Stubbe, T. C. (2007). Die Kopplung von sozialer Herkunft und Schülerleistung im internationalen Vergleich. In W. Bos, S. Hornberg, K.-H. Arnold, G. Faust, L. Fried, E.-M. Lankes, K. Schwippert & R. Valtin (Hrsg.), *IGLU 2006. Lesekompetenzen von Grundschulkindern in Deutschland im internationalen Vergleich* (S. 225–247). Münster: Waxmann.

Bos, W., Tarelli, I., Bremerich-Vos, A. & Schwippert, K. (Hrsg.). (2012). *IGLU 2011. Lesekompetenzen von Grundschulkindern in Deutschland im internationalen Vergleich*. Münster: Waxmann.

Bos, W., Wendt, H., Köller, O. & Selter, C. (Hrsg.). (2012). *TIMSS 2011. Mathematische und naturwissenschaftliche Kompetenzen von Grundschulkindern in Deutschland im internationalen Vergleich*. Münster: Waxmann.

Cinar, M., Otremba, K., Stürzer, M. & Bruhns, K. (2013). *Kinder-Migrationsreport. Ein Daten- und Forschungsüberblick zu Lebenslagen und Lebenswelten von Kindern mit Migrationshintergrund*. München: Deutsches Jugendinstitut (DJI).

Erikson, R., Goldthorpe, J. H. & Portocarero, L. (1979). Intergenerational class mobility in three western european societies: England, France and Sweden. *British Journal of Sociology, 30*(4), 415–441.

Hugger, K.-U. & Hugger, M. (2010). Familie als Ressource wahrnehmen. Die Bedeutung von Computern und Internet in Migrantenfamilien. *Computer + Unterricht, 80*(10), 32–35.

Klieme, E., Artelt, C., Hartig, J., Jude, N., Köller, O., Prenzel, M., Schneider, W. & Stanat, P. (Hrsg.). (2010). *PISA 2009. Bilanz nach einem Jahrzehnt*. Münster: Waxmann.

KMK = Sekretariat der Ständigen Konferenz der Kultusminister der Länder in der Bundesrepublik Deutschland. (2006). *Gesamtstrategie der Kultusministerkonferenz zum Bildungsmonitoring*. München: LinkLuchterhand.

Lins, C. (2009). Internetnutzung von Migrantinnen und Migranten in Deutschland. Ergebnisse der Sonderauswertung des (N)ONLINER Atlas 2008. In U. Hunger & K. Kissau (Hrsg.), *Internet und Migration. Theoretische Zugänge und empirische Befunde* (S. 151–172). Wiesbaden: VS Verlag für Sozialwissenschaften.

Moser, H. (2009). Das Internet in der Nutzung von Jugendlichen mit Migrationshintergrund. In U. Hunger & K. Kissau (Hrsg.), *Internet und Migration. Theoretische Zugänge und empirische Befunde* (S. 199–212). Wiesbaden: VS Verlag für Sozialwissenschaften.

Mullis, I. V. S., Martin, M. O., Foy, P. & Arora, A. (2012). *TIMSS 2011 International Results in Mathematics*. Chestnut Hill, MA: TIMSS & PIRLS International Study Center, Boston College.

Raudenbush, S. W. & Bryk, A. S. (2002). *Hierarchical Linear Models. Application and Data Analysis Methods* (2. Aufl.). Thousand Oaks, CA: Sage.

Rutkowski, L., Gonzalez, E., Joncas, M. & von Davier, M. (2010). International large-scale assessment data: Issues in secondary analysis and reporting. *Educational Researcher, 39*(2), 142–151.

Schwippert, K., Wendt, H. & Tarelli, I. (2012). Lesekompetenzen von Schülerinnen und Schülern mit Migrationshintergrund. In W. Bos, I. Tarelli, A. Bremerich-Vos & K. Schwippert (Hrsg.), *IGLU 2011. Lesekompetenzen von Grundschulkindern in Deutschland im internationalen Vergleich* (S. 191–207). Münster: Waxmann.

Stubbe, T. C., Tarelli, I. & Wendt, H. (2012). Soziale Disparitäten der Schülerleistungen in Mathematik und Naturwissenschaften. In W. Bos, H. Wendt, O. Köller & C. Selter (Hrsg.), *TIMSS 2011. Mathematische und naturwissenschaftliche Kompetenzen von Grundschulkindern in Deutschland im internationalen Vergleich* (S. 231–246). Münster: Waxmann.

Tarelli, I., Schwippert, K. & Stubbe, T. C. (2012). Mathematische und naturwissenschaftliche Kompetenzen von Schülerinnen und Schülern mit Migrationshintergrund. In W. Bos, H. Wendt, O. Köller & C. Selter (Hrsg.), *TIMSS 2011. Mathematische und naturwissenschaftliche Kompetenzen von Grundschulkindern in Deutschland im internationalen Vergleich* (S. 247–267). Münster: Waxmann.

Trebbe, J., Heft, A. & Weiß, H.-J. (2010). *Mediennutzung junger Menschen mit Migrationshintergrund. Umfragen und Gruppendiskussionen mit Personen türkischer Herkunft und russischen Aussiedlern im Alter zwischen 12 und 29 Jahren in Nordrhein-Westfalen*. Düsseldorf: VISTAS.

Wendt, H., Tarelli, I., Bos, W., Frey, K. A. & Vennemann, M. (2012). Ziele, Anlage und Durchführung der Trends in International Mathematics and Science Study (TIMSS 2011). In W. Bos, H. Wendt, O. Köller & C. Selter (Hrsg.), *TIMSS 2011. Mathematische und naturwissenschaftliche Kompetenzen von Grundschulkindern in Deutschland im internationalen Vergleich* (S. 27–68). Münster: Waxmann.

Worbs, S. (2010). *Mediennutzung von Migranten in Deutschland*. Nürnberg: Bundesamt für Migration und Flüchtlinge (BAMF).

Autorinnen und Autoren

Wilfried Bos, Prof. Dr. phil. habil. (Jahrgang 1953), Univ.-Prof. für Bildungsforschung und Qualitätssicherung, Technische Universität Dortmund, Fakultät Erziehungswissenschaft und Soziologie, Direktor des Instituts für Schulentwicklungsforschung (IFS), nationaler Projektmanager u.a. für IGLU/TIMSS 2011. Forschungs- und Arbeitsschwerpunkte: Empirische Forschungsmethoden, Qualitätssicherung im Bildungswesen, Internationale Bildungsforschung, Evaluation, Pädagogische Chinaforschung.

Kerstin Drossel, Dipl. Päd. (promoviert) (Jahrgang 1983), Wissenschaftliche Mitarbeiterin, Technische Universität Dortmund, Fakultät Erziehungswissenschaft und Soziologie, Institut für Schulentwicklungsforschung (IFS). Forschungs- und Arbeitsschwerpunkte: Lehrerkooperation, Schulleitungshandeln, Motivation, Ganztagsschule, Schulleistungsstudien.

Birgit Eickelmann, Prof. Dr. phil. habil. (Jahrgang 1971), Univ.-Prof. für Schulpädagogik, Universität Paderborn, Fakultät Kulturwissenschaften, Institut für Erziehungswissenschaft. Forschungs- und Arbeitsschwerpunkte: Empirische Schulforschung, digitale Medien in Lehr-/Lernkontexten, Entwicklung des Schulsystems im 21. Jahrhundert.

Manuela Endberg, B.A. (Jahrgang 1989), Studentische Mitarbeiterin, Technische Universität Dortmund, Fakultät Erziehungswissenschaft und Soziologie, Institut für Schulentwicklungsforschung.

Julia Gerick, Dr. phil. des. (Jahrgang 1986), Wissenschaftliche Mitarbeiterin, Technische Universität Dortmund, Fakultät Erziehungswissenschaft und Soziologie, Institut für Schulentwicklungsforschung (IFS). Forschungs- und Arbeitsschwerpunkte: Schulleitungsforschung, Lehrergesundheit, qualitative und quantitative Forschungsmethoden, digitale Medien und Schulentwicklung, Schulentwicklungsforschung, Unterrichtsforschung.

Julia Kahnert, Dipl.-Päd. (promoviert) (Jahrgang 1984), Wissenschaftliche Mitarbeiterin, Technische Universität Dortmund, Fakultät Erziehungswissenschaft und Soziologie, Institut für Schulentwicklungsforschung (IFS). Forschungs- und Arbeitsschwerpunkte: Schulsteuerung, zentrale Prüfungsformate in der Schule (Zentralabitur NRW), Schulentwicklungs- und Unterrichtsforschung, digitale Medien und Schulentwicklung, qualitative und quantitative Forschungsmethoden.

Ramona Lorenz, Dr. phil. (Jahrgang 1984), Wissenschaftliche Mitarbeiterin, Technische Universität Dortmund, Fakultät Erziehungswissenschaft und Soziologie, Institut für Schulentwicklungsforschung (IFS). Forschungs- und Arbeitsschwerpunkte: Schulsteuerung, zentrale Prüfungsformate in der Schule (Zentralabitur NRW), Schulentwicklungs- und Unterrichtsforschung, Geschlechterforschung, digitale Medien und Schulentwicklung, qualitative und quantitative Forschungsmethoden.

Mario Vennemann (Jahrgang 1983), Wissenschaftlicher Mitarbeiter, Universität Paderborn, Fakultät Kulturwissenschaften, Institut für Erziehungswissenschaft. Forschungs- und Arbeitsschwerpunkte: internationale Schulleistungs- und Schuleffektivitätsforschung, digitale Medien in der Schule, professionelle Kompetenzen von Lehrkräften.

Wilfried Bos, Irmela Tarelli,
Albert Bremerich-Vos, Knut Schwippert (Hrsg.)

IGLU 2011

Lesekompetenzen von Grundschulkindern in Deutschland im internationalen Vergleich

2012, 274 Seiten, br., 29,90 €
ISBN 978-3-8309-2828-7

Mit IGLU wird seit 2001 alle fünf Jahre das Leseverständnis von Schülerinnen und Schülern am Ende der vierten Jahrgangsstufe im internationalen Vergleich untersucht. Anhand zentraler Merkmale wie soziale Herkunft, Migrationsstatus, Geschlecht sowie Lehr- und Lernbedingungen werden auch im Hinblick auf den Übergang von der Primar- in die Sekundarstufe I die Lesekompetenzen der Grundschulkinder analysiert.

Wilfried Bos, Heike Wendt,
Olaf Köller, Christoph Selter (Hrsg.)

TIMSS 2011

Mathematische und naturwissenschaftliche Kompetenzen von Grundschulkindern in Deutschland im internationalen Vergleich

2012, 314 Seiten, br., 29,90 €
ISBN 978-3-8309-2814-0

Mit TIMSS werden alle vier Jahre die Fachleistungen von Schülerinnen und Schülern der vierten Jahrgangsstufe in den Bereichen Mathematik und Naturwissenschaften im internationalen Vergleich untersucht. Dieser Band präsentiert die Ergebnisse der Untersuchung.